校长 XIAOZHANG

主　办：上海教育出版社

编辑委员会

主　　任：吕德雄　王铁军

主　　编：周龙军

副 主 编：程晓樵　路庆良　孟维杰

编　　委：（以姓氏笔画为序）

　　　　　王建磊　朱建人　汤　勇　李宝森　杨莎莎

　　　　　陈　璇　陈卫东　周　峰　周鑫燚　赵丰平

　　　　　夏建平　诸东涛　常红忠　童富勇

国内发行：

南京大圭文化传播有限公司

发行人员：

庞桂明　刘　宁　高向海

徐　林　胡　珏　荣　敏

投稿邮箱：

13151577810@163.com

3693448718@qq.com

图书在版编目（CIP）数据

校长. 第四辑 / 周龙军主编.—上海：上海教育出版社，2025.5. — ISBN 978-7-5720-3326-1

　Ⅰ. G471.2

中国国家版本馆CIP数据核字第2025WX6108号

策划编辑　刘美文

责任编辑　李良子　曹书婧　余佳家

封面设计　陆　弦

校长　第四辑
周龙军　主编

出版发行　上海教育出版社有限公司
官　　网　www.seph.com.cn
地　　址　上海市闵行区号景路159弄C座
邮　　编　201101
印　　刷　南京璇坤彩色印刷有限公司
开　　本　890×1240　1/16　印张 12
字　　数　304 千字
版　　次　2025年5月第1版
印　　次　2025年5月第1次印刷
书　　号　ISBN 978-7-5720-3326-1/G·2965
定　　价　98.00 元

如发现质量问题，读者可向本社调换　电话：021-64373213

目 录

教育技术

他山之石

合作学习在中国的发展及应用

◎盛一军

摘　　要　合作学习作为一种重要的教育方式，诞生于 20 世纪六七十年代，经过数十年的发展，受到学者和教师的广泛关注。合作学习通过分组学习促进学生间的合作，强调现代教学观中学生的主体地位，也与中国传统教育思想相契合。通过概述合作学习的定义、要素、实施方法及在中国教育环境中的理解和应用，构建一个全面的理解框架，以便更好地把握合作学习的理念。

关 键 词　合作学习；发展历程；应用；中小学

作者简介　盛一军，江苏省南京师范大学滨湖实验学校九龙湾分校教师，中级教师。

20 世纪六七十年代，美国教育界提出了合作学习的概念。在随后几十年里，合作学习逐渐发展为一种独特的教育模式，开辟了现代教学研究的新领域。在中国，合作学习的思想渊源其实古已有之，"教学相长""独学而无友，则孤陋而寡闻""和而不同"等，都是中国古代合作学习的教育智慧，涉及对合作学习的理论探讨。因此，合作学习这一概念一传入中国，便引起了许多学者的兴趣。本文从合作学习的定义、要素与实施方法等维度进行简述，促进读者对其的理解。

一、合作学习的概念

合作学习（Cooperative Learning）指通过一定的方法、模型和教学程序，将学生分组，让他们围绕共同的学习目标或成果进行合作，或者共同面对一个问题或任务。在这一过程中，学生必须通过展现相互依赖的行为模式来完成任务，同时确保每位成员的个人贡献都能得到应有的认可。为了实现共同的学习目标，学习者会通过信息共享、知识共建等手段来促进自己和他人学习效果的最大化。以色列学者沙伦强调，合作学习从来都不是一种统一、同质化的教学和学习方法。

合作学习没有固定的模式，但是具有以下特征：① 小组成员间围绕学习活动的积极互动；② 学生之间互助互促的合作行为；③ 在共同完成任务时展现出积极的相互依赖；④ 每位成员对小组工作成果承担责任。

（一）合作学习的要素

小组学习是合作学习的基本教学组织形式，但是开展小组学习不代表合作学习就能发生。美国约翰逊兄弟认为，合作学习的实施需要满足五个要素，包括：① 积极的相互依赖，同一组中的每个学生都对集体有独特的贡献，团队成员相互依赖，依靠彼此来实现目标，每个小组成员的努力都是必需的，对小组成功不可或缺；② 个体责任，每个学生都必须承担一定的学习任务，并要掌握所有要学习的材料，以确保小组的成功；③ 促进性互动，有些学习任务必须学生互动合作才能完成，在这个过程中，小组成员相互提供反馈，讨论彼此的推理和结论，通过互帮互助共同达成小组的目标；④ 合理使用社交技能，教师需要鼓励并帮助学生合理运用社交技能，以发展和练习包括建立信任、领导力、决策能力、沟通技巧以及冲突管理在内的人际交往能力；⑤ 小组评估，小组成员共同设定目标，并定期对团队表现进行评估，同时明确须做出的改进。学生需要反思小组活动的进展及功能发挥情况，以保持小组活动的有效性，确保未来能够更高效地运作。

（二）合作学习的实施方法

经过多年的发展，学者创建了许多开展合作学习的具体方法，其中使用得较为广泛的有：学生小组成绩分工法（Students Teams Achievement Divisions，STAD）、小组游戏竞赛法（Team Games Tournament，TGT）、切块拼接法（Jigsaw）、共学法（Learning Together，LT）、小组教学法（Small-group Teaching）。

学生小组成绩分工法的特点是：首先，依据学生的成绩水平实施异质分组；其次，在完成学习任务后，学生需参与测验，其个人得分将按特定规则转化为小组整体得分，以确保每位学生对小组成绩的贡献权重均等；最后，学生间的比较不采取全班范围的对比方式，而是将相同层次的学生进行相互比较，如每组成绩最好的学生进行比较。

小组游戏竞赛法的基本运作过程与学生小组成绩分工法相同，不同的是用每周一次的竞赛代替测验，竞赛中每组同一层次的学生之间展开竞争。

切块拼接法采取与前两种方式相同的分组，并将教学内容划分为多个独立而又相互关联的学习模块，小组中每个学生学习不同的模块。各组中学习相同模块的学生会先组成"专家小组"共同深入学习该模块，然后返回各自的小组，将学习到的知识教授给其他人。

相较之下，共学法的形式和过程更为简单，它要求学生在异质性小组中学习和完成任务，并依据小组的整体表现给予反馈。这种方式强调学生共同学习前的小组组建活动和对小组内部组员活动情况的定期讨论。

小组教学法是一种通用的课堂组织方式，学生被分为 2 至 6 人的小组，从整个班级都学习的内容中选出一个子课题之后，各小组再将子课题分割成个人任务，开展必要的活动以准备小组报告。最后，每个小组需要向全班展示和交流他们的发现，其他学生和教师对他们的演示内容进行评估。

二、中国学者对合作学习的理解

合作学习这一概念在 20 世纪 80 年代被引入中国。作为中国最早研究合作学习的学者之一，王坦对合作学习的定义是"以异质学习小组为基本形式，系统利用教学动态因素之间的互动，促进学生的学习，以团体成绩为评价标准，共同达成教学目标的教学活动"。相较国外的学者，中国学者在强调合作学习中学生的中心地位的同时，也强调教师在合作学习中的重要作用，提倡教师在合作学习中的"师道尊严""因材施教""启发诱导"等教学观念。

通过分析学者使用合作学习的目的，可以间接了解他们对合作学习的理解。对已有的文献进行分析后发现，许多中国学者明确表示在教学中采用合作学习是为了响应课程标准或者中国教育政策的要求。还有学者倾向于将合作学习视为一种教育理念的实践体现，而非单纯的学习或教育模式。这种教育理念强调学生是学习过程的主体，鼓励学生在各种学习任务中发挥主动性。除了能提高学习者的学习表现，部分学者认为合作学习作为一种人文主义且亲社会的教育形式，能够让学生在学习过程中降低学习和社交焦虑程度，提高自尊水平并改善人际关系的质量。也有部分学者对合作学习的理解较为简单，认为它是一种按照一定的操作程序和规则要求，将学生组织在一起共同完成特定训练任务的互助性学习方式，因此将其引入体育教学或者职业技能培训中。

我国学者普遍认为，在中国崇尚集体主义的文化背景下，合作学习的核心要素与儒家思想相契合，并进一步阐释了合作学习中部分要素的具体内涵：积极的相互依赖是通过小组成员的角色分工和资源共享实现的；促进性的交流互动不仅包括小组成员之间的交流互动，也包括学生与任课教师交互探讨；除了社会交往技能，也要强调学生小组合作技能的培养。有学者强调角色分工这一要素在合作学习中的重要性，如张利峰指出，在合作学习中，角色用于限定学生个体的行为及学生个体与他人互动的过程，角色设计的目的在于明确合作学习责任，通过角色支撑促进合作学习过程，因此需要为学习者提供如何执行角色及完成协作任务的提示。此外，教室环境也被部分学者视为影响合作学习功能实现的重要因素。建立互动丰富和反馈及时的信息化学习环境能解决合作学习中遇到的实际问题，从而提升合作学习的效率与质量。

三、合作学习在中国教育环境中的应用

根据已有文献分析，总体而言，合作学习在我国基础教育和高等教育阶段的应用方式没有太大的差异。我国的学者在实施合作学习时，主要采用以下三种方式：

第一，采用单一的合作学习方式，如学生小组成绩分工法、小组游戏竞赛法等。其中共学法是最常见的学习方式，而切块拼接法在实际应用中却相对较少被采用，可能的原因是其需要额外组织"专家小组"，增加了教师的组织压力，当班级中小组数目过多时，也不易于在课堂中实施。

第二，将几种合作学习方式相结合，如先按照学生小组成绩分工法的要求对学生进行分组，然后让学生按照小组教学法的要求完成相应的学习任务。每种合作学习方法都存在一定的缺陷，采用多种方式相结合的方法能够解决使用单一方式带来的问题。

第三，将合作学习的模式与其他学习模式相结合，如项目式学习、移动学习和翻转课堂模式。

引入其他学习模式有的是为了改进合作学习，有的是为了提升合作学习的效果或克服其局限性。例如，许多教师在实际教学中，往往将合作学习任务安排在课前，只在课堂上进行学习成果的展示，这导致学生更关注结果而非过程。为了改变这一状况，曹梅和白连顺将合作学习置于翻转课堂的环境中，让学生在课堂上进行合作学习，并在教师的监督下完成学习任务，从而加强了学习过程的互动性和监督性。也有学者利用合作学习来弥补其他学习模式的不足。如曹嬿在口译课程中发现，学生的自主学习往往缺乏有效的监督，于是她采用小组合作学习的方式，对学生的个体学习进行了有效的监督和促进。

此外，一些学者也比较了不同方式的优缺点，以寻找更有效的合作学习实践方法。郭炯和张程程通过调查学生对三种不同协作学习课程的看法，发现学生在涉及开放性学习内容的课程中展现出更多的合作行为。

四、结语

经过了几十年的发展，合作学习在当前的教育情境中仍然具有活力，并不断吸收新的元素。而在数字化背景下，如何利用技术助力合作学习的发展，进一步提高教学效果，是新时代学者需要考虑的问题。

参考文献：

[1] 韩笑.改革开放四十年我国合作学习研究的进展及趋势——基于 CiteSpace 工具的文献计量学分析[J].当代教育科学，2018（04）：76-83.

[2] Brody C，Davidson N.Introduction：Professional development and cooperative learning [C]//Brody C，Davidson N. Professional Development for Cooperative Learning: Issues and Approaches, New York: State University of New York Press, 1998: 3-24.

［3］Johnson R T, Johnson D W.Active learning: Cooperation in the classroom［J］.The Annual Report of Educational Psychology in Japan, 2008（47）: 29-30.

［4］Sharan Y. Learning to cooperate for cooperative learning［J］.Anales de Psicología, 2014, 30（03）: 802-807.

［5］Wittrock M C.The cognitive movement in instruction［J］.Educational Psychologist, 1978, 13（01）: 15-29.

［6］Stevens R J, Slavin R E, Farnish A M.The effects of cooperative learning and direct instruction in reading comprehension strategies on main idea identification［J］.Journal of Educational Psychology, 1991, 83（01）: 8.

［7］Slavin R E.Cooperative learning: review of educational research［M］. Needham Heights, Massachusetts: Allyn & Bacon, 1987.

［8］王坦.合作学习简论［J］.中国教育学刊, 2002（01）: 32-35.

［9］陈泓宇, 覃伟.高三复习中的合作学习模式初探［J］.中国教育学刊, 2013（A1）: 94-96.

［10］蒋波, 谭顶良.合作学习对转化小学"学差生"的实验研究［J］.中国特殊教育, 2007（02）: 82-85.

［11］饶贤清, 王薇, 马江山, 等.数学师范生职业技能训练及合作学习模式研究［J］.明日风尚, 2016（19）: 133-134.

［12］Chan K W. Cooperative learning in a HongKong primary school: Perceptions, problems and accommodation［J］. Intercultural Education, 2014, 25（03）: 216-228.

［13］彭红超, 姜雨晴, 马珊珊.基于翻转课堂的协作学习效果实证分析——以大学生"计算机网络与应用"课程为例［J］.中国远程教育, 2020（01）: 62-72.

［14］张利峰.基于角色脚本与问题提示的PBL在线协作学习活动设计与应用研究［J］.中国远程教育, 2014（02）: 36-40, 96.

［15］徐显龙, 王雪花, 顾小清.智慧教室小组合作学习设计及成效［J］.开放教育研究, 2017, 23（04）: 112-120.

［16］曹梅, 白连顺.面向数学问题解决的合作学习过程模型及应用［J］.电化教育研究, 2018, 39（11）: 85-91.

［17］曹嬿.口译课程中小组合作学习的实践与探索——一项基于英语专业口译初学者的实证研究［J］.西安外国语大学学报, 2014, 22（01）: 122-125.

［18］郭炯, 张程程.协作学习在研究生教育中应用状况的调查研究［J］.电化教育研究, 2008（05）: 77-81.

合作学习在基础教育阶段的应用问题探讨

◎ 陈　燕

摘　要 合作学习在我国教育领域已有多年的应用历史，了解其具体实施过程有助于对其进行更有效的改进。使用文献综述法分析现有研究，揭示合作学习在中国各教育阶段中的应用现状。总体而言，在我国的各教育阶段中，研究者应用合作学习的方式大体相同，但同时也进行了多样化的探索和实践。然而，分析具体的应用过程后发现，由于缺乏全面的合作学习实践指导，教师和学生在实施合作学习时仍面临诸多挑战。

关键词 合作学习；基础教育；应用现状；应用问题；文献综述

作者简介 陈燕，江苏省如皋市港城实验初中教师，中级教师。

合作学习理念于 20 世纪 70 年代初兴起于美国，随后逐渐发展为系统性的教学理论和教育模式。合作学习被认为是培养学生批判性思维、人际沟通、协作技能等重要能力的主要教学策略之一，因此在世界范围内得到了广泛的应用。这一概念在 20 世纪 80 年代被引入我国，一度被视为改革我国传统教育方式的重要举措。我国的研究者对合作学习展现出了浓厚的研究兴趣，认为其兼顾学业成绩、教学环境、学生个性化发展以及社会化进程，对于个人的成长、教育使命的达成都具有深刻意义。

若要将合作学习的积极影响落到实处，需要对其应用的具体过程进行探讨。本文旨在通过文献回顾，深入了解合作学习在中国不同教育阶段的应用现状，从中梳理和总结已有经验，以期为教师和其他教育工作者在日常教学中有效应用合作学习提供实用的指导和建议。

一、合作学习在中小学阶段的应用

根据对已有文献的分析，在过去十多年的时间里，我国研究者在基础教育及高等教育阶段对合作学习的应用效果进行了检验。从具体的学科类型来看，小学阶段，研究者对数学和语文这两门主要学科的关注较多。中学阶段，研究者更多聚焦于理科，对文科的关注则较为有限。相比之下，大学阶段的研究呈现出更加多元化的特点，自然科学类、人文类及社会科学类均有涉及。从学习场景上看，课堂教学依然是合作学习应用的主要场景。研究者也探索了合作学习在线上或移动学习环境中的应用，尤以大学阶段最为活跃，这可能与大学阶段更丰富的教育资源和更灵活的教学环境有关。

为进一步了解我国的研究者应用合作学习的具体过程，本文将从分组方式和角色分工、任务类型和合作行为、评价方式、教师角色四个方面进行深入分析。

（一）分组方式和角色分工

在现有的研究中，绝大多数研究者采用了异质性分组策略，即依据特定标准将学生划分为不同小组，以确保小组内成员多样性（即组内异质），而各小组之间则保持相对均衡（即组间同质）。相比之下，鲜有研究者选择随机分组或让学生自行组合的方式。此外,研究者通常采用静态分组的形式,即每个小组的成员长期维持不变,仅有少数研究会在学期中期进行重新分组。

在分组时,大多数研究者倾向于依据学生的学业成绩和能力水平进行分组,确保每个小组内都能包含成绩优异与有待提高的学生。此外,学生的性别、性格、兴趣和学习风格也是研究者进行分组的重要参考因素,这些多元化的分组方式旨在促进小组内的互补性。现有的研究通常将小组的人数设定为4至6人。研究者指出,当小组人数过多(超过8人)时,人数难以与任务数适配,会导致部分学生感到被边缘化,参与度降低。

部分研究者对学生在小组内的角色分工也进行了明确的规定,常见的角色有:负责小组的组织、管理和协调工作的组长,负责记录学习内容、小组讨论过程和小组学习结论的记录员,负责向全体学生展示小组学习成果的发言人,以及负责收集和整理学习资源的收集者。也有研究者按学习任务的需要对小组成员进行角色分工。在大多数研究中,学生在小组中的角色不固定,会轮流担任不同角色。但是也有部分研究者在实施合作学习时没有明确规定小组的分工,或者只是将成绩最好的学生设置为组长,要求他们负责学习活动的组织和学习任务的分配。

(二)任务类型和合作行为

由于不同年龄段学生的能力存在差异,研究者在不同教育阶段实施合作学习时,所设计的合作任务类型也不同。在小学阶段,学生通常需要合作完成问题解决类型的任务,根据学习单或者作业单的指导解决一个复杂的问题。在中学阶段,除了问题解决类型的任务,研究者还会为学生设计更为复杂的专题汇报类任务,以及对学生的动手操作能力有更高要求的创意项目类任务。此外,也有研究者组织学生合作学习以进行更有效的复习任务。在大学阶段,在上述几种任务类型的基础上,学生还会面临更多考量综合能力的

挑战,包括课题研究型、项目开发型和专业实践型学习任务。

分析学生的合作行为可以帮助我们了解合作学习是如何发生的。但遗憾的是,在现有的研究中,大多数的研究者都没有对学生的合作行为给予足够的关注。仅有少数研究者详尽地描绘了学生在合作学习的过程中,如何通过信息分享、观点交换、头脑风暴等互动方式,运用总结、推断、评论、分析和推理等交流策略来共同完成学习任务。而在大多数文献中,研究者只用"交流讨论""小组合作"等概括性的词语简单描述学生之间的合作行为,没有探讨这些行为的具体内容、互动模式或策略以及它们对学习成效的影响,限制了我们对合作学习机制的深入理解。

(三)评价方式

根据文献分析的结果,在小学阶段,只有教师参与学生合作学习效果的评价。这可能是因为小学生的自我反思能力和同伴评价的技巧尚未成熟,难以独立、客观地评估自己的学习成效或同伴的表现。而在中学和大学阶段,师生都会成为评价的主体,共同评价学生个体和小组整体的学习表现。"组内评价+组间互评+教师评价+测试"是各阶段教师最常用的评价模式。根据研究者的调查,学生也更加倾向于这种多主体评价方式。评价工具或标准通常由教师制订,这些工具和标准不仅关注学业成绩的评估,还涵盖了口头表达、交流沟通等合作技能。此外,有研究者进一步将学生对小组的贡献明确纳入评价体系,以更全面地评价学生的合作学习表现。在实际教学过程中,研究者还常常组织集体性的反思活动。这些活动鼓励学生、教师共同参与,旨在通过反思和讨论不断优化合作学习的实施策略,提升教学效果。

(四)教师角色

在我国各教育阶段合作学习的应用中,教师扮演的角色没有太大差异,一般起主导作用,是

合作学习活动的设计者、指导者、帮助者和促进者，为学生的合作学习创造条件。开展合作学习的前期，教师通常要完成分组、合作准备和备课这三项工作。首先，在分组时，为了加强小组成员之间的积极相互依赖，许多研究者设计了支持任务，即确立组名、组训和小组奋斗目标。其次，根据对现有研究的分析，只有少部分研究者会进行合作准备。在这部分研究者中，大多数人只是提前告知学生学习目标和评价标准，少数研究者会提供充分的时间让学生互相熟悉并练习合作技巧。最后，教师的备课工作具有共性，都包括选择的学习内容、准备合作学习的材料并进行合理的分解。

实施合作学习时，教师通常只扮演学习活动的组织者和监督者，不会直接干预学生之间的合作交流。部分研究者会安排教师在学生开展小组学习前进行大班教学，为学生提供必要的合作知识基础和背景信息，以促进学生之间的有效合作。此外，合作学习结束后，教师往往需要进行总结、答疑，并对个别学生进行有针对性的指导，这一点在大多数研究中得到了强调。

二、合作学习应用在中小学阶段存在的问题

虽然合作学习在我国中小学阶段的应用已经比较娴熟，但实践中仍存在不少问题。一方面，教师在实施合作学习时存在一些问题。第一，合作学习过程形式化。部分教师不会仔细选择合适的教学内容，在组织合作学习时也只是将分组、布置任务、个人完成任务、小组讨论、小组汇报等环节进行简单的拼凑。第二，教师在分组过程中容易忽视为学生明确角色分工的重要性，这可能导致合作过程中的混乱和低效。第三，教师设定的学习目标不合理。合作学习的成效依赖于团队内每个成员能力的综合发挥，但遗憾的是，多数教师设定的目标过于单一，成绩优秀的学生往往仅凭个人之力即可完成，因此未能充分发挥合

作学习的优势。第四，部分教师过分强调教师对学生团队的控制，忽视学生团队的建设和学生自我管理技能的培养。第五，教师在实施合作学习时会受客观条件影响。例如，由于一个班级的学生人数较多，小组数量较多，难以有效管理，特别是在教室和实验室空间有限的情况下，小组之间容易相互干扰。

另一方面，学生在合作学习中也面临挑战。首先，当合作小组是按照成绩进行分组的时候，成绩较差的学生参与度不高。一是因为在讨论时他们的观点经常会被其他组员忽视；二是小组失败时，这些学生常被归咎为责任方；三是学习任务主要由成绩优异的学生承担，限制了其他学生能力的发挥。而成绩好的学生同样感受到压力，一是受"搭便车"效应影响，觉得自己被其他人"拖累"，因而参与意愿下降；二是面临考试（竞争）压力时，这些学生实际更希望进行独立学习。其次，小组讨论中的发言不均衡现象显著，表现为两种极端：有的学生缺少参与合作学习的兴趣，参与讨论的意图很低；有的学生则表现出个人主义，通过打断他人的发言来强调自己的观点，或是选择闲聊来引起他人的关注。最后，面对争论，学生普遍感到沮丧且缺乏有效的应对策略。有些学生可能缺乏包容心，还难以控制自身情绪，这给学生的合作学习造成了不小的障碍。

三、结语

综上所述，合作学习在我国各教育阶段的应用整体流程上没有太大差异，但在具体细节上，会因各年龄段学生的心理能力特点和各教育阶段的教育资源及环境差异而有所不同。根据研究结果，学生在合作学习中遇到的问题一方面是自身原因导致的，即缺少合作意识和合作技能；另一方面则是因为教师的学习任务和目标设置不合理，导致学生的角色分工不明确，合作效率低下。因此，教师在设计合作学习的任务和目标时，需

要确保其既具有挑战性和复杂性，又适合团队合作，从而激发学生的合作动力和积极性。此外，为了有效培养学生的合作意识，教师需要采取合理的奖励机制，帮助学生明确合作与竞争之间的界限与关系。

　　教师在合作学习中面临的问题也是由多种原因导致的。首先，部分教师对合作学习的核心理念理解不够深入，在实施过程中往往忽视了合作学习的关键要素，即积极的相互依赖、明确的个体责任、促进性的互动、合理运用社交技能以及有效的小组评价。这些要素的缺失直接影响了合作学习的效果。其次，合作学习的合理操作比较复杂且要求甚高，它要求教师对每个学生的能力水平和教学内容的特点都有深入的了解和把握。这不仅增加了备课的难度，也给教师带来了较大的组织压力。为解决这些问题，应当给教师提供详细全面的指导建议，并鼓励教师寻求合作、利用现代教育技术，提高教学效率和效果。

参考文献：

[1] Loh R C Y, Ang C S.Unravelling cooperative learning in higher education [J].Research in Social Sciences and Technology, 2020, 5（02）: 22–39.

[2] 韩笑.改革开放四十年我国合作学习研究的进展及趋势——基于 CiteSpace 工具的文献计量学分析[J].当代教育科学, 2018（04）: 76–83.

[3] 许益镌.小组学习促进《植物检疫》课程教学效果的探讨[J].环境昆虫学报, 2016（03）: 665–668.

[4] 蒋波.合作学习会影响学优生吗？——小学五年级一个班级的实验研究[J].上海教育科研, 2007（01）: 64–66.

[5] 何洋, 井乐刚.偏远地区初中课堂上的合作学习教学实践[J].生物学教学, 2019, 44（10）: 32–34.

[6] 蔡青, 张惠.合作学习在英语专业教学中的实践与研究——《高级英语》课文文化背景介绍研究[J].河北师范大学学报（教育科学版）, 2008（02）: 67–71.

[7] 张雪.合作学习在地理课堂的应用及学生反馈[J].中学地理教学参考, 2013（C1）: 45–46.

[8] 陈泓宇, 覃伟.高三复习中的合作学习模式初探[J].中国教育学刊, 2013（A1）: 94–96.

[9] 谭诗清.导师制下初中物理小组合作学习的实践与研究[J].中学物理教学参考, 2015（14）: 68–69, 2.

[10] 肖铖, 琼达.大学英语教学中合作学习的实验研究——以西藏大学为例[J].西藏大学学报（社会科学版）, 2014, 29（03）: 169–176.

[11] 尹军霞, 沈国娟.由任务驱动的团队自主合作学习教学模式在微生物学课程中的探索和实践[J].微生物学通报, 2016（02）: 410–416.

[12] 蒋波, 谭顶良.合作学习对转化小学"学差生"的实验研究[J].中国特殊教育, 2007（02）: 82–85.

[13] 常俊跃, 宋璐.区域国别研究课程小组合作学习探索[J].外语学刊, 2023（03）: 81–87.

[14] 张红波, 赵文强.基于中学信息技术课的协作学习模式的应用研究[J].现代教育技术, 2009, 19（09）: 47–50.

[15] 徐财科.合作学习的误区及应对策略[J].教师, 2009（02）: 60.

[16] Dyson B, Shen Y, et al.How cooperative learning is conceptualized and implemented in Chinese physical education: A systematic review of literature [J].ECNU Review of Education, 2022, 5（01）: 185–206.

新时期学前教育事业发展的制度保障与政府责任

——学习《中华人民共和国学前教育法》的体会

◎吴中明

摘　要 教育之基，在于幼学。《中华人民共和国学前教育法》基于当前中国学前教育发展过程中，办学主体多元化导致的政府职责定位不清晰、管理机制不完善、幼儿园公益性和普惠性不足等问题，对中国学前教育的性质、内涵、办学主体、政府责任等核心问题做出了实质性的立法界定，明确了学前教育中政府的办学职责，为实现中国学前教育的公益性和普惠性提供了依据和保障。

关键词 学前教育；学前教育法；制度保障；政府责任

作者简介 吴中明，江苏省淮安市韩桥幼儿园党支部书记，高级教师。

儿童的成长和发展决定着一个国家的未来命运。拉·夏洛泰在《论国民教育》中写道："我大胆向国家要求，教育只能依靠国家，因为教育的本质就是国家的事务，因为这个国家对教育自己的成员有不可剥夺的权力，一句话，因为国家的儿童应该由国家来培养。"2010年，世界幼儿保育和教育大会指出，儿童保育和教育的主要责任方是政府。政府必须提供强大的、清晰的政策来保证早期保教在质量和数量上的公平性；必须建立稳固的法律体系来保证儿童接受早期教育的权利和连续性。

我国历来重视学前教育。但是由于一些历史性、体制性的原因，特别是相关法律规范的欠缺，使得中国学前教育存在办学主体多元化的问题，加之缺乏相应的法律依据，未完全形成分工明确、协调配合的学前教育管理体制，对学前教育的指导和监督不够到位，影响了学前教育的发展。

学前教育要想获得长远发展，必须在法律上进一步完善。2018年9月7日，学前教育法被纳入全国人大常委会立法规划的一类立法项目；2020年9月7日，《中华人民共和国学前教育法草案（征求意见稿）》面向社会公开征求意见；2023年6月2日，国务院常务会议讨论并原则通过《中华人民共和国学前教育法（草案）》（以下简称《草案》）；2023年8月28日，《草案》提请十四届全国人大常委会第五次会议初次审议；2024年6月，全国人大常委会第十次会议对《草案》进行二次审议；2024年11月8日，《中华人民共和国学前教育法》（以下简称《学前教育法》）正式通过，2025年6月1日起实施。这对未来中国学前教育的法治化和规范化发展具有重大意义。

一、学前教育办学主体多元化发展历程

中华人民共和国成立之初，政府接管私立幼

儿园，组建公办幼儿园，收回了学前教育管理权，同时动员各种社会力量发展工矿、企业、农村集体的幼儿教育事业，建立起了以单位办园和集体办园为主体的学前教育体系。教育部发布《幼儿园暂行规程（草案）》和《幼儿园暂行教学纲要（草案）》，规定公办、私立幼儿园的兴办与停办等事宜均由各市、县人民政府统筹管理。这个阶段的学前教育办学主体和监管主体是政府。政府设立管理机构，完善管理体制，积极履行政府的管理责任。

改革开放初期，中共中央、国务院转发了《全国托幼工作会议纪要》，提出发展学前教育要坚持"两条腿走路"的方针，即国家教育部门办园与社会多方面力量办园两条途径并行，包括单位部门办园、集体与个体民众办园等。由此，中国学前教育逐步形成以政府、妇联等具有单位福利性质的集体办园和其他部门办园的公办园为主，机关企事业单位民办园为辅的办学体系。随着经济体制改革的深化，学前教育发展愈加市场化。曾经是城市学前教育主力军的企事业单位办园逐步与单位分离或停办，同时，一些地方政府简单套用企业改制的做法，将幼儿园推向市场，减少或停止投入，使得公办园数量急剧减少。据统计，1980 年到 1990 年，单位部门办园与集体办园数量占园所总数的比例高达 90% 以上，集体办园比例一直超过 70%，而教育部门办园所占比例则始终在 10% 以下。政府不再是主要的办学主体。

二、学前教育办学主体多元化引发的问题

学前教育办学主体多元化虽然一度促进了学前教育的普及，但也使得政府作为办学主体的职责不明确，导致学前教育发展不规范，削弱了学前教育的公共属性，发展方向难以把握。

（一）政府职责定位不清晰，管理力量不足

当前，我国实行"地方负责，分级管理"的学前教育管理体制。在由计划经济向市场经济转型过程中，通过行政手段管理学前教育的做法受到挑战，政府职能新的定位又未能及时明确，加上对学前教育重要性的认识不足，有的地方政府出现了责任不到位甚至推卸责任的现象，一定程度上弱化了政府在学前教育事业发展中统筹规划、政策引导、规范管理、队伍建设、质量提升和督导评估等方面的重要职责。

（二）学前教育应有的公益性、普惠性不足

我国早期的学前教育措施和政策均表明学前教育属于一项公共事业，具有公益性、普惠性。然而，随着学前教育被推向市场，大量民间资本涌入，一些个人利用财政性经费、国有资产、集体资产或者捐赠资产举办或者支持举办营利性民办幼儿园；一些社会资本通过兼并收购、协议控制等方式通过公办幼儿园、非营利性民办幼儿园盈利。虽然 2011 年颁布的《幼儿园收费管理暂行办法》规定公办幼儿园不得以营利为目的，学费要按照办园成本的一定比例收取。但与公办幼儿园不同，民办幼儿园在按照办园成本的一定比例收取学费的基础上，还可以取得一定的经济回报。逐渐地，学前教育市场过度逐利，忽视了学前教育的公益性本质，导致学前教育普惠性不足。

三、《学前教育法》对于明确学前教育办学主体、规范学前教育发展的重要性

明确政府的责任与使命对于学前教育的发展至关重要。这关系到公权力对一项事业投入所需担负的责任以及将受到何种监督。为了规范学前教育的发展，我国政府也一直在做积极的探索。《学前教育法》体现了与中国现行学前教育政策的衔接与贯通，并在贯彻落实政府关于学前教育改革发展的决策部署、坚持公益普惠基本方向、坚持学前教育的政府主导等方面都作出了明确规定，特别明确了学前教育归属于学校教育制度起始阶段，应坚持政府主导、以政府举办为主，为

中国建构服务全民终身学习的教育体系实现了立法层面的重大突破。

（一）明确了学前教育发展中政府的责任与使命

学前教育由谁主导提供是决定一国学前教育办园制度性质的关键问题。《学前教育法》规定"学前教育是国民教育体系的组成部分，是重要的社会公益事业"，在此基础上强调"发展学前教育坚持政府主导，以政府举办为主"，并要求"国家推进普及学前教育，构建覆盖城乡、布局合理、公益普惠、安全优质的学前教育公共服务体系"。这明确了国家和政府是建立健全学前教育机制的主体，学前教育是国家责任。

政府负有统筹责任。《学前教育法》强调学前教育的统筹工作由省市政府负责。包括健全投入机制；县级人民政府对本行政区域内学前教育发展负主体责任；学前教育财政补助经费列入各级预算；政府统筹制定财政补助和收费政策，合理确定分担比例；坚持以政府举办为主；等等。上述条款对学前教育的办学主体、经费分配、公办幼儿园的角色定位等都作出了清晰界定。

政府负有具体规划及实施责任。《学前教育法》第二十五条指出，"县级以上地方人民政府应当以县级行政区划为单位制定幼儿园布局规划，将普惠性幼儿园建设纳入城乡公共管理和公共服务设施统一规划"，着力构建覆盖城乡、布局合理、公益普惠的学前教育公共服务体系，公平配置教育资源，努力保障所有适龄幼儿受教育的权利。

政府负有保障责任。《学前教育法》第六条指出，保障适龄的家庭经济困难儿童、孤儿、残疾儿童和农村留守儿童等接受普惠性学前教育。对保障普惠性学前教育政策的实施，以及所有学龄前儿童受教育权的保障，均在法律层面作出了规定。

政府负有监管责任。为保证幼儿园的教育质量，《学前教育法》第二十九条对幼儿园的设立条件进行了规范。第三十条明确规定，必须"经县级人民政府教育行政部门依法审批、取得办学许可证后"方才可以注册登记。该项条款有望彻底纠正以往幼儿园申办门槛"低"，审批过程"软"的现象，对办园质量亦可起到保障作用。

此外，《学前教育法》进一步构建了包括政府责任、领导责任、机构责任、人员责任等在内的法律责任体系，并明确了相应的处罚。

（二）凸显了学前教育的公益性和普惠性本质

政府作为学前教育办学主体，在实现学前教育公益性、保障学前儿童受教育权利方面具有明显优势。世界主要国家和地区均通过对公办学前教育优先、重点投入来保障学前教育的稳定发展，实现学前教育的公益性和普惠性。

《学前教育法》第三条明确规定，学前教育"是重要的社会公益事业"，对学前教育姓"公"不姓"私"的性质进行了清晰的定位，明确学前教育具有社会公共服务的性质。它不是商品，不是市场运作的产品，而是由政府公权力支持并大力推进的社会公益事业。第五条进一步指出，学前教育应坚持政府主导、以政府举办为主，要大力发展普惠性学前教育资源，鼓励、引导和规范社会力量参与。基于此，《学前教育法》就经费问题作出规定，如明确县级以上人民政府需履行资源配置、经费投入、预算管理和审计监督责任，国务院和省级人民政府负责"统筹安排学前教育资金"，"任何单位和个人不得侵占、挪用学前教育经费，不得向幼儿园非法收取或者摊派费用"。上述条款赋予了基层政府更大的财政划拨的权利，在国家自上而下财政拨款的机制下，地方政府可以根据当地的实际情况，在权利许可的范围内自行调控学前教育的经费预算，助力学前教育快速均衡发展，对学前教育普惠性目标的实现具有举足轻重的作用。

以公为主是保障学前教育普惠供给的核心路

径。对于如何有效保护现有的公办学前教育事业，《学前教育法》在第三十四、第三十五条作出了明文规定："公办幼儿园不得转制为民办幼儿园。公办幼儿园不得举办或者参与举办营利性民办幼儿园和其他教育机构。""幼儿园不得直接或者间接作为企业资产在境内外上市。"为了严守公办幼儿园办学性质的底线，必须对公办园进行多方保护，"多渠道增加、严堵流失口"，切实保障普惠性学前教育资源的充足供给。

保障公办幼儿园数量的稳步增长的同时，结合我国幼儿园的办学现状，《学前教育法》对民办普惠性幼儿园作出规定，进行支持和规范。如第六十四条规定："地方各级人民政府应当通过财政补助、购买服务、减免租金、培训教师、教研指导等多种方式，支持普惠性民办幼儿园发展。"与此同时，《学前教育法》亦对营利性的民办园进行了严格限制，在第三十五条明确指出，"社会资本不得通过兼并收购等方式控制公办幼儿园、非营利性民办幼儿园""幼儿园不得直接或者间接作为企业资产在境内外上市"，对资本的逐利行为进行严格限制。遏制学前教育市场过度逐利，是保障学前教育公益性和普惠性的重要前提。

（三）强化学前教育监督管理，提升学前教育办学质量

为了提升学前教育质量，需要政府加强监管。没有政府的严格监管，即使投入大量公共资金，也无法提供高质量的学前教育。针对目前我国学前教育监管中存在的问题，《学前教育法》进一步完善了学前教育监管体制，落实了政府监管学前教育的责任。

1. 合理划分了政府间学前教育监管权限

《学前教育法》第八条："省级人民政府和设区的市级人民政府统筹本行政区域内学前教育工作，健全投入机制，明确分担责任，制定政策并组织实施。县级人民政府对本行政区域内学前教育发展负主体责任，负责制定本地学前教育发展

规划，统筹幼儿园建设、运行，加强公办幼儿园教师配备补充和工资待遇保障，对幼儿园进行监督管理。乡镇人民政府、街道办事处应当支持本辖区内学前教育发展。"学前教育监管内容由中央统一确定，赋予市县执行权和省级对市县执行中央规定的监督权，有利于保障重要学前教育政策的有效落实。

2. 明确了各部门间的具体监管职责

《学前教育法》第九条："县级以上人民政府教育行政部门负责学前教育管理和业务指导工作，配备相应的管理和教研人员。县级以上人民政府卫生健康行政部门、疾病预防控制部门按照职责分工负责监督指导幼儿园卫生保健工作。县级以上人民政府其他有关部门在各自职责范围内负责学前教育管理工作，履行规划制定、资源配置、经费投入、人员配备、待遇保障、幼儿园登记等方面的责任，依法加强对幼儿园举办、教职工配备、收费行为、经费使用、财务管理、安全保卫、食品安全等方面的监管。"本条规定能有效避免学前教育监管工作中多头管理和职权交叉问题，切实保障学前教育的规范化发展。

3. 强化了督导问责和质量监测职责

《学前教育法》第七十三条："县级以上人民政府教育督导机构对学前教育工作执行法律法规情况、保育教育工作等进行督导。督导报告应当定期向社会公开。"第七十四条："国务院教育行政部门制定幼儿园保育教育质量评估指南，省级人民政府教育行政部门应当完善幼儿园质量评估标准，健全幼儿园质量评估监测体系，将各类幼儿园纳入质量评估范畴，并向社会公布评估结果。"以上条款均有利于保障中国学前教育办学质量的提升。

四、结语

教育立法是促进教育功能实现的一种手段，它把根据教育规律确定的教育工作规律上升为一

般的强制性规则,借此调节教育法律关系,避免教育工作的随意性以及其他人为因素对教育的干扰,从而为教育功能的实现创造一个相对稳定的环境。

中国学前教育立法从无到有,步履艰难,如今已步入法治轨道。在构建服务全民终身学习的教育体系的大背景下,面对推进公益性和普惠性的挑战,确保所有学龄前儿童的受教育权依然任重道远。相信在新法出台之后,学前教育将进一步走上法治发展道路,实现我国学前教育规范可持续发展。

参考文献:

[1] 吴式颖.拉夏洛泰及其《论国民教育》[J].北京师范大学学报,1989(04):20-26,36.

[2] 冯晓霞,周兢.构筑国家财富——联合国教科文组织首届世界幼儿保育和教育大会简介[J].学前教育研究,2011(01):20-28.

[3] 孙康.《学前教育法》立法背景下我国普惠性民办学前教育的性质定位研究[D].华东师范大学,2021.

[4] 蒲晓磊.拟强化政府办园责任[N].法治日报,2023-08-29(002).

[5] 杨婷,吴遵民.终身教育背景下学前教育发展的路径与机制——读《中华人民共和国学前教育法(草案)》[J].现代远距离教育,2020(05):18-25.

[6] 王玮瑜.论我国建国以来三部幼儿教育《纲要》中教育目标的演进[J].当代教研论丛,2014(04):6-7.

[7] 丁金霞,庞丽娟.社会体制转型与学前教育的重新定位[J].学前教育研究,2010(03):3-7.

[8] 蔡迎旗,王佳悦,张亮.我国学前教育供给模式的演变历程与展望:1949—2019[J].华中师范大学学报(人文社会科学版),2019,58(05):25-37.

[9] 郭学毅.社会体制转型与学前教育的重新定位[J].长江大学学报(社会科学版),2013,36(03):158-159.

[10] 刘璞.我国学前教育法律制度的建构——以基本权利功能理论为视角[J].湖南师范大学教育科学学报,2019,18(01):19-26.

[11] [美]纽曼.学前教育改革与国家反贫困战略:美国的经验[M].李敏宜,霍力岩主译.北京:教育科学出版社,2011.

[12] 刘悦,姚建龙.学前教育立法的亮点与若干争议问题——以《学前教育法草案(征求意见稿)》为例[J].中国青年社会科学,2021,40(04):116-123.

校长领导力视角下学校艺术教育课程建设的策略 *

◎ 蒋显敬　吴昌龙

摘　要 在当前教育体系中，艺术教育被赋予了提升学生创造力、审美能力和人文素养的使命。校长作为学校的领导者，其领导力对学校艺术教育课程建设与实施具有决定性的影响。从校长领导力视角出发，正确认识校长领导力的内涵，探讨如何通过领导策略和措施推动艺术教育课程的有效建设。

关键词 校长领导力；艺术教育；课程建设；实施策略；综合素质

作者简介 蒋显敬，江苏省丰县实验小学党支部书记、校长，正高级教师；吴昌龙，江苏省苏州市工业园区独墅湖学校教师，一级教师。

随着社会经济的发展和教育理念的更新，艺术教育已成为全面提高学生素质的关键领域之一。然而，在教育实践中，艺术教育常常面临着资源配置不足、师资力量薄弱、课程内容单一等问题。这些问题的解决，离不开校长强有力的领导和科学决策。校长的领导不仅关系到学校发展方向的选择，而且直接影响到艺术教育课程的建设质量和实施效果。因此，从校长领导力的视角出发，研究学校艺术教育课程的建设与实施，对促进艺术教育的发展具有重要意义。

一、校长领导力的内涵与角色定位

领导力并非一个新鲜词。多数情况下，领导力就是一种特殊的角色和责任。领导力是个人在领导管理过程中发挥的作用，是贯彻组织发展战略意图、完成组织预定发展目标的能力。作为学校的掌舵者，校长在学校发展中扮演着至关重要的角色。《校长论：有效学校的创新型领导》中说："当校长进入学校时，是带着他们的价值观、信仰和哲学观一起来的。校长通过自己的价值观进行领导。"校长领导力指的是校长办学治校的能力，是贯彻学校发展战略意图和完成学校预定发展目标的能力。这要求校长不仅要有广阔的视野，还要有前瞻性的思考能力，以便在课程设计中融入多元文化的元素，激发学生的潜能。

（一）作为领导者，在推动艺术教育的过程中发挥引领作用

作为引领者，校长要找准方向，深耕优势，形成属于"我自己"的鲜明特质，通过品行与能力的展现赢得更多信赖。这要求校长深刻理解艺术教育的价值和意义，并在此基础上塑造学校的艺术教育理念与特色。同时，通过自身的教育视野和影响力，为艺术教育课程的建设提供方向性的指引，并通过各种渠道传达艺术教育的重要性，从而形成全校上下对艺术教育的共识和支持。

* 本文系江苏省教育科学"十三五"规划课题"构建'艺韵课程'促进学校整体变革的实践研究"（R-c/2020/03）成果。

（二）身为决策者，校长需要为艺术教育课程建设制定决策

有效的决策需要校长对艺术教育有深入了解，并且能够结合学校的实际情况做出科学合理的选择。此外，考虑到艺术教育的特殊性，校长还需要平衡学术课程与艺术课程之间的关系，确保双方协调发展。

（三）作为管理者，校长要保障艺术教育课程的顺利实施

校长必须建立一套有效的管理机制，以确保艺术教育课程的质量与持续性。这包括对艺术教师的专业发展给予支持、监督教学质量、评估学生的学习成果、维护艺术教学环境等。通过这些管理活动，校长能确保艺术教育资源得到合理配置和利用，同时也能发现并解决实施过程中的问题。

（四）作为组织者，校长需要协调各种资源促进艺术课程的发展

校长的领导力对艺术教育课程建设起着至关重要的作用。组织专业培训、邀请外部艺术家进校交流、策划艺术节等活动、与社区和家长建立合作关系，聚集各方力量共同推进艺术教育项目。通过这些组织工作，校长不仅能增强学校的艺术氛围，还能提升学生的艺术实践机会，使艺术教育课程更加生动有趣、贴近实际。

二、校长领导力对学校艺术教育的影响

校长领导力对学校艺术教育的影响深远而广泛。一个具有卓越领导力的校长，能够深刻认识到艺术教育在培养学生创造性思维和情感表达中的独特价值，从而在学校的整体发展规划中赋予艺术教育以重要的地位。

（一）确立愿景，引领方向

校长的领导力首先体现在为学校艺术教育设定明确的愿景上。通过清晰、具体地定位艺术教育在学校整体教育中的地位和作用，引导教师、学生和家长共同认识艺术教育的价值和意义。当校长以身作则，将艺术教育视为提升学校文化氛围、促进学生个性发展的关键途径时，其行动和态度会传递给学校的每一个人，从而形成全校范围内重视和支持艺术教育的共识。这种共识有助于推动相关课程建设的顺利进行，为艺术教育的深入发展奠定基础。

（二）策略规划，统筹兼顾

在艺术教育课程建设的具体实施过程中，校长的领导力体现为合理分配资源和战略规划的能力。他们需要仔细评估学校的资源状况，包括师资力量、教学设施等，并根据艺术教育的需求进行合理调配。确保艺术教育得到必要的物质和人力资源保障，是校长领导力的重要体现。同时，校长还应倡导跨学科的合作方式，关注艺术课程与其他学科课程的结合与互补，促进学科之间的交叉与融合，使艺术教育成为学生综合素质教育的一部分。通过细致的规划，确保艺术教育课程既系统又多元，满足不同学生的需求。

校长还需要关注艺术课程与学生发展的关系，确保艺术教育能够真正为学生的成长和发展服务。应根据学生的兴趣和需求，不断调整和完善艺术课程设置，使其更加符合学生的实际需要。同时，校长还应鼓励学生参与艺术实践和创新活动，为他们提供展示才华和交流学习的平台，激发他们的创造力和创新精神。

（三）文化建设，营造氛围

学校艺术教育发展中尤为关键的一环是文化建设，它关乎整个学校艺术教育氛围的营造。健康、积极、富有艺术气息的学校文化能够极大地激发学生的创造力和想象力，使他们在艺术的熏陶下茁壮成长。校长发挥领导力，推动并组织多样化的艺术活动，营造一个充满艺术气息的学校环境，让艺术成为学校生活的一部分，使学生在其中感受艺术的魅力和价值，提升他们的艺术修养，从而更加积极地参与艺术课程的学习和

实践。

（四）持续改进，追求卓越

优秀的领导者总是不断追求卓越，校长在艺术教育课程建设中也应如此。始终保持对课程效果的关注，不断收集学生和教师的反馈信息，以了解课程的优势和不足，从而推动课程内容和教学方法的持续改进。此外，校长还应关注艺术教育领域的最新动态和趋势，积极引入新的艺术形式和教育资源，为学校的艺术教育注入新的活力。有这种持续改进和追求卓越的态度，校长就能够推动学校艺术教育的持续发展，使之保持与时代的同步，为学生提供更优质的艺术教育。

三、学校艺术教育的课程建设策略

课程作为学校教育的核心载体，其质量与内涵直接影响着学生的知识构建、技能发展和情感态度价值观的形成。在核心素养日益受到重视的今天，校长课程领导力面临着新的挑战和机遇。校长课程领导力不仅是落实"双减"政策、减轻学生课业负担的关键，更是提升学校育人质量、促进学生全面发展的重要保证。校长要把自己的课程思想转化为学校课程的顶层规划设计，在认真落实国家课程方案的基础上，将地方课程、校本课程有机融合，形成学校独特的课程结构。

（一）课程目标的明确性是确保教学质量的基础

在教学实践中，课程目标的明确性如同指南针，为教学活动提供了清晰的方向。校长作为学校教育的引领者，应与教师团队紧密协作。确立清晰的课程目标是确保教学质量的首要任务。精确设立的目标使师生双方能够明晰教学方向，从而确保教学内容和教学方法的针对性与有效性，增强课程的内在连贯性和外在一致性。这种连贯性和一致性不仅有助于学生对知识的系统掌握和深入理解，还能促进他们形成完整的知识结构和思维体系。对于教师而言，明确的目标有助于聚焦教学重点，精心设计教学活动，引导学生积极参与、主动学习；对于学生而言，明确的目标则能使他们更清晰地认识到自己的学习方向和目标，增强学习的自觉性和主动性，为后续的教学活动奠定坚实的基础。

（二）艺术教育课程设置应注重多元化和综合性

艺术教育课程设置的多元化和综合性是现代教育理念的重要体现。校长应着眼于学生全面发展的需要，推动课程设置的优化，丰富艺术教育的内涵。首先，艺术教育课程应该注重多元化，即涵盖各种不同的艺术形式和技能，让学生能够接触到不同的艺术风格和表现方式，从而培养他们的审美能力和创造力。其次，艺术教育课程应该注重综合性，即注重与其他学科的交叉融合，培养学生的综合素质和创新能力。校长可以鼓励教师挖掘传统艺术的深厚底蕴，同时引入现代艺术的新理念、新技法，让学生在传承与创新中感受艺术的魅力。这种融合不仅有助于拓宽学生的艺术视野，还能激发他们的创造力和想象力。

（三）加强师资建设是艺术教育发展的重要保障

作为校长，应当高度重视艺术教育教师的专业发展，为他们提供各种培训和交流机会，帮助他们提高教学水平，促进个人成长。学校应积极打造一支多元化、专业化的师资队伍，具体可采取以下措施。首先，定期组织教师参加各类专业培训，包括艺术教育理论、教学方法、艺术技能等方面的课程。这些培训可以帮助教师更新知识，提高教学水平。其次，鼓励教师之间进行交流合作，通过互相学习和借鉴，共同提高教学能力。此外，学校还可以聘请有丰富艺术实践经验的专家和行业精英作为兼职教师，为艺术教育注入新鲜血液。通过打造一支高素质、高水平的师资队伍，学校可以为学生提供更加优质的艺术教育服务，从而培养出更多具有创新精神和艺术素养的人才。

（四）创新教学方法是艺术教育课程改革的关键

创新教学方法是艺术教育课程改革的重要组成部分，也是提高学生综合素质的重要手段。校长应积极鼓励教师采用项目化学习、合作学习、探究性学习等新颖的教学方法，激发学生的学习兴趣和创造力，进而提升他们的艺术素养和综合素质。这些教学方法不仅有助于学生深入地理解艺术的本质和内涵，提高他们的艺术素养，还能培养学生的团队协作能力和问题解决能力。同时，学校还可以利用现代信息技术手段为艺术教育注入新的活力。数字艺术课程可以利用多媒体技术展示丰富多彩的艺术作品，让学生在视听上得到更加直观的体验。通过多媒体技术的辅助，教师可以让学生更加深入地了解艺术作品的形式、风格和内涵，培养他们的审美能力和创新思维。虚拟现实技术则为学生提供了沉浸式的艺术体验，学生可以身临其境地感受艺术家的创作过程，了解艺术作品的创作背景和灵感来源，极大地激发学生的学习兴趣和创造力。

（五）建立评价体系是艺术教育课程的重要一环

科学的评价体系能够为艺术教育课程提供重要指导，确保其朝着正确的方向发展。校长作为学校的最高管理者，应当与教师共同参与建立评价体系，确保其符合教育规律和学生发展需求。在评价体系的构建过程中，应注重过程评价与结果评价的平衡，既要关注学生在学习过程中的表现，也要关注最终的学习成果。同时，应鼓励学生和教师共同参与评价，以便更好地了解教学情况和学生的进步。这样能够促进教学相长。通过评价体系，不仅可以反映学生的学习成果，还能反映出教师的教学效果，有助于提高教学质量和学生的学习效果。此外，评价体系还可以为学校提供反馈信息，以便及时调整教学策略和课程设置，以满足学生的个性化需求。只有这样，才能真正发挥艺术教育课程的价值，培养出具有创新精神和审美能力的优秀人才。

四、结语

校长的领导力是学校艺术教育课程建设与实施的核心动力。通过明确领导力在艺术教育中的重要角色，采取有效的建设与实施策略，并在面对挑战时灵活应对，才可以有效推进艺术教育的发展，最终实现提升学生综合素养的目标。未来，我们期待更多的校长能够发挥其领导力，使艺术教育成为推动学生全面发展的重要力量。

参考文献：

［1］孙小燕，程晋宽.中小学校长领导力：内涵、架构与提升路径［J］.江苏教育，2022（90）：27-30.

［2］［美］杰拉尔德·C·厄本恩，［美］拉里·W·休斯，［美］辛西娅·J·诺里斯.校长论：有效学校的创新型领导［M］.黄崴，龙君伟主译.重庆：重庆大学出版社，2004.

［3］谢凡.面向未来的校长领导力进阶［J］.中小学管理，2024（01）：1.

［4］周建华.指向核心素养提升的校长课程领导力［J］.创新人才教育，2021（04）：6-11，16.

"五力并举"提升学校青年行政干部治理能力

——以锡梅实验小学为例

◎华丽芳　匡贤云

摘　　要　学校行政干部治理能力的高低直接关系到学校的整体运行与发展。从对行政干部队伍建设的三个关键思考出发，深入探讨三个重要的变革方向，全面而系统地梳理锡梅实验小学行政干部培养的思路和经验，可为推动学校教育的持续发展和创新进步提供有益参考。

关 键 词　学校干部队伍建设；治理能力；学校发展；变革

作者简介　华丽芳，江苏省无锡市新吴区锡梅实验小学书记，校长，正高级教师；匡贤云，江苏省无锡市新吴区锡梅实验小学综合办主任，一级教师。

教育大计，教师为本。教师是学校发展的主力军，是促进学生健康成长的重要他人。学校的快速发展需要一个优秀的教师团队，而领导这个团队的关键人物就是学校的行政干部。无锡市新吴区锡梅实验小学（以下简称"锡梅实小"）位于江南第一古镇——泰伯故里梅村，地域文化丰厚。学校以"敏毅"为校训，传承泰伯弘毅精神，践行吴地"梅"文化，致力于五育融合的全景教育。近年来，锡梅实小坚持"全景育人、赋力成长"的办学理念，通过课程统整、跨学科主题学习等方式进行综合育人的探索与实践，努力打造以学生为中心的全景教育品牌。

一、学校行政干部队伍建设的三个思考

在社会发展日新月异的时代背景下，学校行政干部治理能力的高低直接关系到学校的整体运行与发展。因此，寻求持续加强行政干部队伍建设、提升其治理能力的方法显得尤为重要。

（一）思考一：当前学校行政干部治理能力面临怎样的挑战

一是治理体系不够健全。学校行政干部治理体系的不健全影响了学校的整体发展。首先，管理制度的缺失或不完善导致行政干部在履行职责时缺乏明确的指导和依据。其次，岗位职责模糊、权力边界不清导致行政干部在工作中容易出现推诿扯皮的现象。再次，监督机制不到位导致行政干部在工作中缺乏约束和压力。最后，学校行政干部之间以及部门之间的沟通与协调不畅导致工作配合不紧密等问题。

二是治理手段不够丰富。经调查，目前学校治理改革还存在较为明显的路径依赖，行政干部缺少多样的治理手段，习惯按照老经验、老方法进行管理，无法有效应对错综复杂的情况。行政干部运用系统思维和数字化改革贯通学校教学、科研、管理之间关键节点的能力亟待强化。

三是治理效能不够充分。我们发现，在实际

管理中存在"多头治理""重复采集"的碎片化治理问题。学校行政治理的连贯性和稳定性不高，决策的执行力和完成度欠佳，整体资源不足与部分资源闲置之间的矛盾日益凸显，治理成本居高不下，治理效能亟待提升。

（二）思考二：学校行政干部应该具备哪些能力

学校行政干部的治理能力包括领导力、执行力、沟通力、内生力和影响力。提升这些能力有助于学校行政干部更好地履行职责，推动学校的发展。

领导力是学校行政干部的核心素质，主要体现在把握学校发展方向、团队建设和目标引领等方面。优秀的学校行政干部能够清晰地描绘学校的发展愿景，明确工作目标，并通过制订科学合理的计划引领学校走向成功。

执行力是学校行政干部将决策和计划转化为实际成果的能力。在执行过程中，优秀的学校行政干部注重细节，关注执行效果，及时发现问题并采取措施加以解决，确保学校工作的顺利进行。

沟通力是学校行政干部与教师、学生、家长及社会各界进行有效交流的关键能力。优秀的学校行政干部能够清晰准确地表达自己的想法和意图，同时善于倾听他人的意见和建议，并积极寻求解决问题的最佳方案。

内生力是学校行政干部自身具备的内部实力和发展动力，具体包括个体的知识、能力和情感态度价值观系统，是推动个体发展的强大内驱力。在快速变化的教育环境中，优秀的学校行政干部能自觉地参与培训和学习，以积极的状态应对新的要求和挑战，为学校的创新发展提供有力支持。

影响力是学校行政干部通过自身言行和能力来影响他人、推动学校发展的能力。优秀的学校行政干部能够以身作则，树立榜样，通过自身的优秀表现来影响和激励团队成员。同时，他们还善于利用自身的影响力来争取外部资源和支持，为学校的发展创造有利条件。

（三）思考三：如何提升青年干部的治理能力

锡梅实小青年教师居多，他们身上被寄予了最美好的期盼。锡梅实小从青年教师入手，通过对青年干部的培养推进学校教育治理现代化。我们根据学校的实际情况，从青年干部的培养机制、培养路径、评价方式三个方面做出变革，采取五大行动，培养青年干部的领导力、执行力、沟通力、内生力和影响力，提升其治理能力。

二、学校行政干部队伍建设的三个变革

近年来，锡梅实小建立健全有利于年轻干部成才的机制，通过梯级培养的方式，在"沉浸式"的行思融通中引领青年教师的成长。

（一）变革一：改变青年干部的培养机制

1. 层级一："光系列"工作坊

我校面向全体教师，规划"光系列"工作坊教师梯队，按照入职年限分成"晓光工作坊""星光工作坊""玖光工作坊""重光工作坊"。每个工作坊每年都有具体的考核任务，并安排优秀的骨干教师作为"坊主"，以师徒结对的方式引领青年干部成长。

2. 层级二："骨干教师成长营"

我校以专业成长为主要分类标准，面向部分骨干教师，构建"骨干教师成长营"。在"光系列"工作坊中脱颖而出的青年教师可以升级进入"骨干教师成长营"，在师徒结对的基础上，以"师父＋徒弟＋导师"这种"三人行"的方式对青年教师进行培训和考核。

3. 层级三："青梅学院"

从"骨干教师成长营"中考核选拔优秀的青年教师进入"青梅学院"。"青梅学院"成员来源范围广、领域多、层次高，并聘请无锡市教师发展学院张先义院长为导师，依托市内外名师、特级教师等力量实行一对一定向帮扶，对标找差，

有针对性地提高青年教师的综合素养。在"青梅学院"培训中脱颖而出的优秀教师，我校会给予行政跟岗的机会，参与中层干部的管理锻炼。经过跟岗锻炼后，教师可正式进入学校的行政管理队伍。目前我校有7位青年教师经过考核进入行政管理队伍。

（二）变革二：变革青年干部的培养路径

根据行政干部五大必备能力，我校立足青年干部的发展现状，萃取梅里"吴文化"的精髓，以跨学科主题学习为基点，进行"梅·毅"好教师团队建设。依托"5+N"慧生长项目，开展"五梅"行动，以综合育人为导向，以项目实施为载体，以学科实践为抓手，以学科融合为运行机制，探索干部培养的新时代路径，构建全景育人导向下的管理创新范式，促进青年干部的高位发展。

1. 开展红梅铸魂行动，提升领导力

我校通过凝聚地域文化、校园文化，凝练青年干部形象。以"梅·毅"讲坛为平台，立足中华优秀传统文化，结合无锡市一校一品党建品牌"暖暖亲子情、共筑中国梦"组织青年党员干部开展"三个一"活动，着力提升团队成员的师德境界和领导能力。同时，开展"梅·毅良师"评选活动，引导全体青年干部争做以德立身、以德立学、以德施教的楷模，努力成为政治素质过硬、业务能力精湛、育人水平高超的优秀教师，增强在教师群体中的威信，提升领导力。

2. 推进青梅赋能行动，提升执行力

我校近年来实施青梅赋能行动，着力解决跨学科主题学习实践过程中的重难点问题，引领青年干部做教学改革的探路者、课题研究的开拓者、协同发展的领跑者。

（1）开发跨学科主题学习课程

根据团队成员的构成，以课程统整理念为引领，融通校内外、线上线下各类资源，从五育融合课程的目标体系、结构体系、实施模式三个维度进行设计，形成以劳动教育为主体的"劳动+"五育融合跨学科主题学习课程体系。

（2）构建跨学科四式教学范式

基于目前课堂教学现状中的问题，实施课堂变革，构建跨学科四式教学范式，即问题式导学、沉浸式研学、讨论式历学、融合式拓学。跨学科四式教学范式构建与实践催生青年干部更多的专业思考，提升他们对课程的统整意识、建构意识和教学变革能力。

3. 实施绿梅学习行动，提升沟通力

社会的进步与技术的发展需要人们具有"跨界"的能力。我校在省前瞻性项目、市规划重点课题"敏毅文化导向小学课程统整行动研究"和市少先队重点课题"勤娃'匏'创主题学习乐园的建构行动"的基础上，以课程统整理念为引领，校、家、社合力，着力解决五育融合实践过程中的重难点问题。在课题实施过程中，要求青年干部从学生、家长、社会的角度看待问题，鼓励他们耐心倾听学生的声音，积极与家长沟通，关注社会热点和趋势，不断提升沟通能力。

4. 践行墨梅浸润行动，提升内生力

做好基于青年干部个体的成长规划和基于青年干部团队的整体研修，能有效促进团队的高位建设。创新研修的内容和方式，从实施路径和教师专业发展路径双向出发，践行墨梅浸润行动，让青年干部自觉主动地参加各类研修活动，提升专业内生力，积蓄发展的新动能。

（1）探索研修实施路径

我校从研修的实施路径出发，强调以问题为导向，以需求为根本进行分析，从"师德、教学、技术、管理、素养"等五大板块出发架构青年干部研修体系，让研修体系具有科学性、实践性、可操作性和校本特色。

（2）定制专业发展路径

我校通过对青年干部进行调查，了解每个人的发展需求，开展个性化的活动，鼓励青年干部打造自己的教育、教学、科研风格。基于干部队伍结构的实际,从课程层级递进的角度,规划从低阶经验性课程到高阶创新性课程的课程层级。同时提供差异化的研修资源,为不同层级的青年干部确立不同的发展目标,定制"研修"课程包。

此外,在参加校本培训的基础上,我校推荐青年干部参加更高级别的研修学习。通过打造校级、区级、市级、省级的研修进阶路径,全面促进青年干部跨越式发展。

5. 深化"锡梅"传播行动,提升影响力

为促进青年干部团队的建设,我校通过加强顶层设计、加强辐射引领来深化"锡梅"传播行动,促进联动发展,使建设有保障、实践有团队、展示有平台,提高青年干部的影响力。

（1）加强顶层设计,形成联动机制

学校层面建立青年干部建设领导小组,为青年干部团队建设提供学习培训、研究交流等服务,打造集教学资源、教师资源、教科研资源为一体的青年干部专业成长共同体。探索教育行政部门、师范院校、教师发展机构和学校"四位一体"的新路径,构建一个专职和兼职相结合、多学科专家与管理者相结合的专业化团队,形成"资源共享、优势互补、协作双赢"的联动机构。

（2）加强辐射引领,促进协同共建

青年干部团队通过集中研讨、专题培训、跟岗实习等多种形式带动其他学校教师团队的共同发展,依托省网络名师工作室、省乡村骨干教师培育站、无锡市四有好教师团队建设等研训平台,承办区域教育教学展示活动,增强青年干部的影响力。

（三）变革三：改变青年干部的评价方式

对青年干部的培养始终坚持严字当头,层层把关,帮助他们在严管下成长,磨砺中成才。

1. 明确组织架构与职能分工

每个学期初,校长室拟定每个科室的分管职能,并由各科室主任具体分工到人,确保每位行政干部知晓自己的职责;同时各部门分工不分

家,在学校德育、安全和课题研究等问题中,人人都要担起责任。

2. 推行绩效考核与反馈机制

根据青年干部的工作职责和目标,制订具体的绩效考核标准,确保考核结果的公正性和客观性。定期对青年干部进行绩效考核,评估他们的工作成果、工作态度和能力水平,进而提供有针对性的反馈和指导。

3. 创设人文环境与关爱氛围

建立和谐良好的人际关系,倡导相互尊重、积极向上的工作氛围,减少内部矛盾和冲突,为行政干部提供稳定的工作环境。依托我校打造的四条主题文化长廊举办文化活动、宣传优秀事迹,营造风清气正的人文环境,激发青年干部的责任感和使命感。学校党支部通过"书记下午茶"平台与干部谈心,密切关注其思想动态,帮助解决实际困难,把组织关心体现在平时、倾注在日常,充分激发青年干部干事创业的积极性。

三、结语

学校青年干部作为学校管理的核心力量,其治理能力的高低直接关系到学校发展的质量和水平。从"三次思考"引发"三种变革"再到"五大行动",五力并举拓宽青年干部培养路径,切实提高青年干部的综合素质和专业能力,着力打造一支富有教育情怀、"锡梅"情结、充满朝气和活力的青年干部团队,推动学校教育的持续发展和创新进步。

参考文献：

[1] 陆海峰. 以"五机制"全链条撬动学校干部梯队建设[J]. 江苏教育, 2024（06）: 51-54.

[2] 朱国斌. "三环五步"式跟岗培训助力学校干部成长[J]. 湖北教育（政务宣传）, 2022（07）: 38-39.

[3] 刘帮成. 当前青年干部治理能力提升应精准破解哪些难题[J]. 国家治理, 2021（32）: 3-7.

学校阳光文化的建构策略与思考

◎颜红华 秦 勋

摘 要 建湖县第一实验小学教育集团遵循"阳光育人，多彩成长"的办学理念，着力打造"向光生长"的阳光文化，确立"培养阳光儿童"的育人目标。我校倡导"教育即生长，似阳光普照"的教学观，以"阳光环境、阳光管理、阳光课程、阳光教师、阳光学子"为载体，不断提升价值力、彰显文化力，提高集团化办学品质。

关 键 词 学校高质量发展；教育改革；阳光文化

作者简介 颜红华，江苏省建湖县第一实验小学教育集团校长，高级教师；秦勋，江苏省建湖县第一实验小学教育集团综合部主任，高级教师。

面向新时代，建湖县第一实验小学教育集团着力打造"向光生长"的阳光文化，践行"阳光育人，多彩成长"的办学理念，确立"培养阳光儿童"的育人目标，以"阳光环境、阳光管理、阳光课程、阳光教师、阳光学子"为载体，不断推进学校高质量发展。

一、营造热情向上的阳光环境，提升阳光文化的浸润性

我校积极构建雅致、润物的人文环境、活动环境、物化环境，突出阳光文化的育人功能，让学校的一草一木、一砖一瓦都成为育人的载体，让学生在诗情化、艺术化、哲理化、人性化的校园人文空间里提升人生境界。

建设充满阳光文化的育人环境："向光生长"校训雕塑、表现拔节生长的雕塑、体现奋发向上的阳光石刻、充满童趣的阳光文化墙、丰富多彩的阳光宣传栏等，处处营造格调高雅的阳光文化氛围，让墙壁"说话"，花草"发声"。

建设充满童趣的活动场地：阳光耕读园、阳光运动场、阳光一多书吧、"小脚丫"书廊、雕光时刻、感恩池等场地，都是师生成长的乐土、享受的家园。

构建物化环境：星光大道、阳光大道、林光大道、时光大道、智慧广场、阳光城、彩虹城等，还有以学风命名的乐学楼、善思楼、笃行楼、日新楼、沐光楼等，各式物态文化荡涤着师生的心灵，唤醒师生的文化自觉。物化环境配合独特的班级文化，能够增强班级凝聚力，有力地促进学生的全面发展和健康成长。

二、推行光明正向的阳光管理，提升阳光文化的自觉性

阳光文化具有"明亮而温暖、本色而多彩、优质而普照、极速而缓慢"的特质。我校在阳光文化的映照下，擘画学校发展的美好愿景，让内涵发展充满阳光，让每一位教职工时刻都明确个人的价值追求和学校群体的价值走向。

（一）阳光管理彰显人文化

我校通过召开教职工代表大会，广泛征求教职工对学校管理的意见和建议，讨论学校教育教学改革的重大事项，审议通过各项规章制度等，

切实保证学校行政决策的透明、公正，充分发挥教师工作的主动性、创造性，使所有教师的才能都得到充分发挥。

（二）阳光管理彰显制度化

我校大胆创新，下移管理重心，提升管理实效，实施阳光管理，把各项规章制度变成教职工内在自觉，使管理走向精致。积极实施并创新"向我看，跟我干，我们一起做模范"阳光管理论坛，形成"1234"阳光管理工作制度、"334"德育管理项目、教学五认真"周检查、月展评"制度、"131"集体备课模式、"相约星期四·名师讲堂"校本教研制度、温馨"6+1"教师办公室文化评比办法、"我是漂亮一小娃"学生核心素养展评制度等校本管理规章，实现从规范管理到示范引领的升华。

三、打造温暖开放的阳光课程，提升阳光文化的发展性

我校积极落实"双减"政策，聚焦"创特色、树品牌"目标，高定位、健步走，培养"乐学、善思、笃行、日新"的阳光儿童。我校两所分校在传承与发展中逐步提炼出湖阳路小学"四生"和汇文西路小学"四汇"文化特色，既突出各美其美的"一校一品"文化名片，又彰显美美与共的集团有影响力的文化品牌。

（一）打造生长课堂

我校倡导"教育即生长，似阳光普照"的教学观，从生命的高度来认识课堂，构建"生命对话"的生长课堂范式："情景导入—学习感知—合作探究—建构生成"，用阳光文化映照课堂，以课堂温润童心。制定阳光课堂"听说读写思、可算做评礼"十条学生课堂必备素养，以"学思融通"课改理念为引领，积极开展"四段八步"课堂范式研究，以"小学合作学习"为载体，大力倡导学习方式的转变，鼓励学生积极思考、主动探究，在合作中互学互助，进而促进学生思维进阶。

（二）开展生命践旅

我校围绕"亲近与探索自然、体验与融入社会、认识与完善自我"三个维度开展"体验式"的实践活动。"生命践旅"顺应了儿童的天性，让儿童在自主实践活动中获得体验和提升。

春季"亲近自然"，让学生懂得敬畏自然、崇敬生命、敬重生活。春季开展以"踏青"为主题的活动，组织学生走进大自然，瞻仰名人故居，游历实践基地，参观科技教育场馆，摘野菜、赏野花、放风筝、听鸟鸣、玩泥巴……"逍遥于天地之间而心意自得"。

夏季"游历访学"，组织学生参加"科技之星"夏令营、信息奥林匹克竞赛夏令营、"情牵九龙"香港游学夏令营、书法文化交流夏令营、"读书行天下"文化交流之旅夏令营、经典英语体验夏令营等活动，拓宽学生的视野，锻炼他们独立生活、和谐相处、友好交往的能力。

秋季"体验农玩"，让学生走进乡村，体验"农活、农乐、农俗、农情"。农活——挖山芋、摘棉花、学栽种……农乐——搞野炊、看捕鱼、踩莲藕、打水漂、扎稻草人……农俗——看露天电影、举行篝火晚会、参观老村庄……农情——做农民生存状况调查、与乡村小学生联欢。

冬季"童话世界"，开展以"雪的童话"主题实践活动。如今，学生的脚印已深深印在全县十多个乡镇的土地上。我校学生和乡镇中心小学的学生一起开展了系列实践活动，给他们的童年留下了美好的回忆。在历届"生命践旅"活动中，学生进步明显。他们被生活感动着的同时，也用自己的行为感动着别人——自理能力提高了，知道关心父母与他人了，对生活的理解也丰富与深刻了，心里有了对美好的向往与追求……更重要的是，这短暂的实践之旅已成为他们宝贵的精神财富。

（三）创设生趣社团

学生社团是校园文化建设的重要载体，是第

二课堂的引领者。我校实施"五维"评价，构建"双减"新生态，通过开展阳光社团活动，把课堂的生长点迁移到班级社团活动中。

铜管乐团：为丰富学生课余生活，陶冶学生情操，我校组建了大型阳光铜管乐队，还参加了盐城市首届少儿春晚演出。

娃娃足球：我校以足球传统学校为抓手，用快乐足球文化打造阳光校园，把足球带进体育课堂；编写《娃娃足球》校本教材，组建娃娃足球队，参加各级比赛；编排快乐足球操，开展足球阳光体育活动，丰富学生的校园生活，培养他们团结协作、顽强拼搏的团队精神。

科技航模：我校开设科技航模、科技小发明、金钥匙等兴趣小组，做到"五定"：定指导教师、定活动计划、定活动内容、定时间、定阵地。我校航模多次代表建湖县参加江苏省中小学生科技航模竞赛并获得优异成绩。

淮杂艺术：我校根据建湖县"灵龙水乡，淮杂故里"的特色主题，努力创建浓郁的淮剧特色校园文化环境，专门规划设计了淮杂体验馆，利用走廊、楼梯平台、橱窗、教室板报等位置，图文并茂地呈现淮剧服装、道具、唱腔、脸谱、名角、名篇名剧等，让学生沉浸式体验"非遗"的独特文化魅力。重点打造与淮剧有关的社团活动，成立灵龙小剧团、淮剧剧本创作社团、淮剧道具制作社团、淮剧乐团、小品社团、方言相声社团、小摄影家社团、小名嘴俱乐部等，编写淮剧、杂技校本教材，安排专业教师进行淮剧、杂技教学，使地方非物质文化遗产得到传承。

益智珠心算：我校致力于传承中华民族优秀的珠算传统文化，以开展珠心算活动为重点，充分发挥珠心算在开发少年儿童智力潜能、培养坚强意志品质等方面的独特作用，使学生的计算能力、记忆能力、注意力、想象力等得到提高，有效促进学生的个性发展，促进学生非智力因素的养成，进而推动教师的专业化成长、学校的特色化发展。

七彩剪纸：我校邀请民间剪纸非遗传承人定期到校为学生讲授剪纸课程，积极培养学生的剪纸兴趣，锻炼学生双手的灵活性和协调性，提高学生的动手能力，同时让学生了解民俗、熟悉生活、陶冶情操，努力开拓我校校本课程的广阔空间与美好前景。

四、锤炼博学慧教的阳光教师，提升阳光文化的普惠性

我校积极构筑教师高位发展平台，努力打造一支师德高尚、业务精湛的新时代"四有"好教师团队。

1. 实施"三格"工程

培塑青年教师，积极实施课堂教学"三格"工程，推进新教师"入格"课堂、青年教师"升格"课堂、骨干教师"风格"课堂竞赛活动，举行"名师·新秀"同题异构课堂展示活动和师徒同伴听、评课活动，对骨干教师与青年教师进行"捆绑式"指标考核，促进师徒共同进步。积极组织教师参加"苏派名校联盟"组织的"教海探航"征文、"教海领航"培训、"杏坛杯"苏派青年教师课堂教学展评等品牌教研活动，让教师的教学技艺在活动中得到展示，教学能力得到锻炼。

2. 名师示范引领

我校充分发挥省、市、县"名师工作室"的示范引领作用，构建阳光教师发展共同体，促进全体教师共同成长；定期在集团联盟学校开展名师"走教"和"送培"；线上的网络研修与线下的现场研修联动，利用网络媒体，搭建助教、助研、助训、助学、助管的"五助"网络平台，与苏南、苏中名校的名师进行互动交流，让教师不出校门即可参与名师教学观摩、听课研讨活动，为我校的生长课堂提供高端引领。我校还为青年教师设计了《教师年度小课题研究手册》，留下每一位青年教师幸福成长的足迹。通过课题研究，提升教师

的科研意识和从事课题研究的能力，促进教师从教书匠型教师向科研型教师转变，让更多教师走上名师之路。

五、培育生机勃发的阳光学子，提升阳光文化的体验性

阳光普照，童心绽放。我校尊重儿童的个性，尊重儿童的差异，强调关怀儿童的独特个性，扬长避短，成就每一个儿童生命的卓越。

（一）重素养发展

我校紧密围绕品德建设、体能发展、语言发展、艺术表现、个性发展等五个方面，建立"漂亮一小娃"素养发展十大标准：有一颗爱心和孝心、能声情并茂地朗读文章、能写一手漂亮的字、能写一手文从字顺的文章、会一项小制作或小发明、会踢足球和跳绳、有一项美术特长、会演奏一种乐器、会唱淮歌、掌握一套劳动技能。既有基础指标，又有个性发展指标。明确素质发展方向，培养学生综合素质，培育阳光学子。

（二）重习惯养成

好的行为习惯、思维方式让学生终身受益。我校从课前准备、问好、坐姿、站姿、举姿、问答、质疑、讨论、倾听、阅读、书写、合作交流、下课十三个方面给予学生指引和要求，形成"乐学、善思、笃行、日新"的学风。通过学生课堂素养的提升，提高教学质量，为学生的幸福人生奠基。

（三）重品格提升

积极实践特色课程，开展新时代阳光学子品格提升工程建设，实施阳光德育管理项目，培养具有团结友爱的情感、文明有礼的习惯、安全自护的

意识、诚实守纪的品质、乐学向上的阳光学子。

（四）重多元评价

为构建符合素质教育思想，有利于促进学生全面、终身发展的多元评价体系，我校实行阳光少年系列评比，评选"十佳少年""风采少年""尚美少年"。

六、结语

学校的教育要像阳光普照一样，以自然的本色唤醒教育的自觉，以生活的真情温润生活的真知，以心灵的高尚照亮心灵的纯真；要让教育似阳光之火热灿烂、温润柔绵、无私充沛。我校倡导有温度、有温情的教育，倡导关注学生的生命成长，倡导在有限的生命里绽放无限的精彩，描绘"阳光普照，童心绽放"的生动图景。

我校先后荣获"绿色学校""全国中华优秀传统文化传承学校""全国青少年校园足球特色学校""江苏省文明单位""江苏省教育工作先进集体""江苏省'生活教育作文'特色学校""盐城市文明单位"等殊荣。面向新时代，建湖县第一实验小学教育集团旗舰下的湖阳路小学和汇文西路小学，一路阳光普照，童心绽放，将继续在历史传承与时代发展中逐日而行，向光生长！

参考文献：

[1] 张德，吴剑平.校园文化与人才培养[M].北京：清华大学出版社，2001.

[2] 张启春，张学云.对校园文化建设的几点思考[J].黑龙江高教研究，2001（05）：23-25.

[3] 姚文忠.校园文化建设的内涵[J].教育科学论坛，2017（23）：3-5.

新时期学校建设的新样态
——以常州市同济中学为例

◎张　萍

摘　　要　"十四五"时期，常州市同济中学面对教育现代化的新要求和新挑战，进行了第六轮三年主动发展建设。我校在落实立德树人、铸魂育人的基础上，深入践行"同舟共济"的办学核心理念，科学设计学校建设思路，不断完善学校建设方法，在主动发展中迈向教育现代化。

关 键 词　学校建设；五育并举；智慧校园；学校治理；教育现代化

作者简介　张萍，江苏省常州市同济中学党支部书记、校长，正高级教师。

常州市同济中学创办于1964年，是一所常州市教育局直属的初级中学。办学六十年来，我校秉承"管理民主、教风严谨、学风浓厚、质量优良"的同济传统，为社会培养了大批优秀人才，赢得了较好的社会声誉，先后荣获全国绿色学校、江苏省示范初中、常州市优质学校、常州市五一劳动奖状、省前瞻性项目学校等荣誉称号，形成了良好的发展态势。

常州市教育局实施的三年主动发展规划工程推动了我校的飞跃性发展。2021年，我校在前五轮三年主动发展规划的坚实基础上，制定了第六轮三年主动发展规划，办学品质得到进一步提升。

一、学校建设面临的挑战

第六轮学校主动发展正好处于"十四五"时期，这是我国开启全面建设社会主义现代化国家新征程、向第二个百年奋斗目标进军的重要时期，也是国家加快推进高质量教育体系建设、常州加快提升教育现代化水平的关键时期。新的环境和形势对办学品质提出了时代新要求。

（一）落实五育并举，对增强学生适应未来发展的综合素质提出新要求

进入新时代，培养德智体美劳全面发展、担当民族复兴大任的时代新人，是党和国家对人才培养的新要求。坚持五育并举，落实立德树人、铸魂育人，要求增强学生适应未来发展的能力与素养，提高学生元认知发展水平尤其是对知识技能的迁移和实际运用能力；强化社会情感能力，着力提高学生创造性问题解决能力，在"双减"背景下全面提升教育教学质量。

（二）新科技广泛应用，对加快教育教学模式创新提出新要求

以5G、人工智能、大数据等为代表的新一代信息技术正在加速向各领域全面渗入，要求我们对教育评价模式、传统教育边界、教学组织形式、知识获取方式、教师角色定位等进行深刻变革。学校需要主动捕捉技术变革新机遇，加快推进教育观念更新、模式变革和体系完善，积极顺应信息化、智能化发展趋势，建立教育信息化研究与

应用的骨干教师团队,提高教育信息化实际研究与应用的深度和广度,提高泛在学习与智慧教育融合发展水平。

(三)深化教育综合改革,对提升学校创新策源与治理能力提出新要求

国家从全面提高义务教育质量到深化课程教学改革、推进新时代教育评价改革等一系列顶层设计的完成,提出了学校高品质、创造性落实国家改革目标的新要求。同时,人民群众、社会各界对教育的品质也有新的期待和要求。因此,学校要提升改革创新策源能力和创新活力,提高学科课程建设的思维含量,建立健全激励普通教师参与科研的长效机制,增强各类教师专业发展活动的内部关联性,全面提升教师参与教育教学研究的时间和覆盖面,推进学校品牌建设,发挥标杆示范作用,彰显学校高品质。

二、学校建设的思路和方法

(一)落实五育融合,形成立德树人新格局

坚持五育并举、融合育人,把落实立德树人根本任务贯穿教育教学全过程。在面向全体学生的全面发展基础上探索全过程育人,健全学校、家庭、社会协同育人机制,整体打造同济德育、课程、课堂品牌,高品质促进学生德智体美劳全面发展,为每一位同济学子成人成才奠定基础。

1. 协同推进育人环境文化建设

立足新时代加强学生综合素养和更好把握未来的能力要求,充分发挥环境育人功能,深入推进同济"五园"文化教育,系统化阐释同济文化,系统化整合文化建设内容,系统化开展百米长廊环境设计,最大化增进同济文化的传播与认同,形成"同·济文化"品牌。同时,挖掘社会场馆德育资源,拓展"五园"文化空间,实施校内校外结合、线上线下结合、展示与评价结合、在校学子与毕业校友共同参与的"同·济励志地图"项目。

2. 统筹推进德育课程实施

完善同济德育课程体系。统筹开展爱国主义教育、社会主义核心价值观和中华优秀传统文化教育,将各类主题教育纳入德育课程内容体系。立足各年级学生身心发展特点及自济、勤济、博济各维度的培养目标,丰富各维度课程内容,促使各维度相互融合。聚力德育课程实施,优化分类型课程菜单,探索走班制课程形式,形成德育课程实施的常态机制。

3. 完善素养导向的课程体系

以提升学生学习素养为导向,高质量落实国家新课程要求,开齐开足开好国家课程,完善"同济"课程体系。高质量落实课程标准,进一步加强对课程目标、内容、实施与评价的全过程管理,积极探索学生学业成果的过程性评价。提升教研水平,争创学科基地,联合探索创新人才早期培养。通过科普课程建设、科学家工程师进校园、科技导师团等多种形式,为同济学子的科技探索实践提供多样化的机会、平台与支持,培育青少年科创意识与创新素养。提升以机器人、非遗传承等为特色的创新教育校本综合课程建设水平。优化课程资源,引导学生参与社会实践、社区服务、参观考察、研学旅行等综合实践活动,丰富学习体验。

4. 强化体育、美育、劳动教育

构建好"体育盒子"课程。严格落实义务教育阶段体育课刚性要求,针对学生身心特点,突出体育素养培养重点,完善"同行"体育课程。重点推进体育课程改革,构建适合学生"全面发展+个性成长"的校本体育课程,总结体育课程模式。

建好"同文"艺术中心。逐步完善学校艺术工作,重点打造吉他品牌。用好吉他艺术中心,聘请专家来校指导,拓宽学生的知识面,提高学生欣赏美、创造美的能力,培养学生的人文底蕴和科学精神,加强内外交流,进一步扩大影响力。

用好"同耕文化园"。划分区域分年级、分班级进行"农耕种植"体验活动。学生通过种植花草蔬果，亲近自然，体验劳动，学用结合，知行合一。结合劳动教育推进同耕园的建设，倡导家长、教师和学生一起参与同耕园建设。

5. 加强社会情感能力教育

以我校"梦想课程"为载体，以培养全人为目标，以帮助学生成为"求真、有爱的追梦人"为价值追求，以合作、体验、探究等学习方式，进一步培养学生适应社会所必需的健全品格和关键能力。完善心理健康教育体系，进一步通过学科渗透、专题讲座、定期授课等方式，协助学生增进心理健康、优化心理素质、开发心理潜能。加强相关师资培训、班级心理委员培训，完善基于同伴教育的心理健康教育模式。配齐配强专职心理教师，加强学生心理健康服务，深入开展学生生涯教育与指导。

（二）激发教师潜在活力，成就教师队伍新成长

坚持"以人为本、同融幸福"的教师发展理念，充分激发教师教书育人、干事创业的潜力活力，全面提升教师专业能力和水平。

1. 丰富"立德立行铸师魂"党建品牌

加强学校党组织和党员队伍建设，突出全员全方位全过程师德养成，推动师德师风建设常态化、长效化。进一步弘扬新时期人民教师"奉献、友爱、互助、进步"的志愿精神，立足教育、服务社会，积极参加教师免费义务导学等志愿服务，树立为民服务的教育思想，突出全员、全方位、全过程师德养成，增强教师职业幸福感、荣誉感、使命感。进一步开展"劳模进校园"活动，让模范教师、优秀教师先进事迹深入人心，以身边典型带动、引领教师崇尚先进、学习先进、争当先进，塑造教师良好形象。完善师德制度规范，在各类表彰评比活动中突出师德标准。加大师德问题的查处与惩治，坚决维护好风清气正的学校教育生态。

2. 提升教师专业发展素养

重点提升教师因材施教的能力，加强教师落实立德树人、实施新课程新教材、培育核心素养的专业能力和水平。着力培养教师信息素养、心理健康教育、生涯指导、家庭教育指导和跨学科指导等能力。推进师资研修内容的主题化、系列化和课程化，引领教师开展深度研修，促进教师科研能力尤其是基于证据的实证研究能力提升，强化教师实施创新项目和设计实施评价等方面的能力。以教师创新能力提升为驱动，持续改善学校教育教学工作，切实解决教育教学中存在的问题，有力促进教师的专业成长。完善教师专业发展管理机制，建立健全各年龄段、各层级教师的个人主动发展规划机制。

3. 加强"同济好教师"团队建设

组建教师成长营，以项目发展为契机，以课题研究为抓手，促进教师主动研修，使教师的教学理念不断更新，教学技能不断提升，从而实现专业发展。重点打造同济名教师工作室、同济新教师成长营、同济信息化骨干教师等团队，建立并完善团队管理、培训体系；通过活动和研修的系列化实施，配合规范的评价考核制度，最终形成同济教师队伍的发展特色。

4. 优化教师工作环境

用心推进"同仁关爱工程"，在落实"课后延时服务"的大背景下，合理解决教师午休、教师子女教护及健康需求等切身问题。开展同仁关爱活动，贴近教师，贴心服务，强化过程设计，组织好全年的同仁关爱活动，通过具体细节让教师感受到职业幸福。培育教师文化认同感，在"环境育人"理念的指导下，立足"软环境"建设，进一步建设好、宣传好、解读好学校的校园文化，培育教师对现代教育理念、学校发展价值、学校管理文化等方面的认同感和归属感。加强"信赖职工之家"建设，通过组织教工锻炼、比赛，提高教

职工的身体素质和心理素养；通过申报省、市总工会重点研究项目"'双减'课后服务教职工子女教护项目"，让"教护项目"护航"双减"政策，努力建设党组织领导的引领力强、凝聚力强、服务力强、创新力强的群众工会组织，为教育教学质量的大幅提升作出应有贡献。

（三）推进智慧校园建设，为师生发展提供新支持

深入推进新技术赋能教育，推动信息技术与教育教学、学校治理的深度融合，促进教学、教研、学校治理和生活服务的流程、系统升级，助力数字化转型，让学生学习更有趣，让成长更快乐，为师生发展提供更为便捷化个性化的服务与支持。

1. 提升校园信息化、智能化的基础环境

实施学校信息化基础设施提升工程，推进5G、物联网等新技术的应用。高水平打造智慧教室，强化数据采集、保护以及合理开发应用等功能。维护并升级普通教室，配备电子班牌、选课系统，促进个性化学习，支持混合学习。提升"智慧图书馆"等公共空间和理化生实验教学空间等专用教室的信息化水平，为师生提供更多学习、教育、科研数字资源。优化STEAM学习中心功能，开设智能机器人、3D打印、开源电子、木工制作等体验、兴趣课程。以优化服务为重点，依托智慧校园平台，提升后勤信息化、智能化管理，提高服务事项网上办理效率。

2. 加速信息技术赋能教与学

完善智慧课堂教学系统，为师生提供高效的预习、上课、作业、辅导、评测等各个学习环节的引导。优化体验，提升效能，完善以学生学习为中心、线上线下融合、师生交互探究、课内外融通、促进各学科素养整体提高的课堂教学新生态。推行数字化教案，整合校内外资源，进一步

建设好数字化教育教学资源库和学习资源库，服务学生学习发展。设计和推进"信息技术环境下交互式情境教学实践研究"，组建骨干教师团队，将信息化应用与教学变革深度融合。开展教师数字化素养培训，赋能同济教师、同济课程、同济教学、同济治理、济楚学子的创新发展，助力智能时代高品质"立德树人"的同济品牌。

3. 创建教育场景应用

依托智慧校园建设，加强数据整合应用，有效整合学校内部事业、调查、质量监测等各类型数据，打破数据孤岛，增进校内教育教学资源数据共享，并与权威专业的研究数据库实现链接，推进数据在学校自我监测与主动发展规划中的应用。探索推进包括学生体质健康追踪、教师发展成果累积统计、家长意见收集与免费指导课程等场景应用。

三、结语

自建校以来，我校以"建设成为学生喜爱、家长放心、教师幸福、社会认可的高品质学校"为愿景，不断奋进。在今后的日子里，我们将继续深入践行"同舟共济"核心理念，扬同济精神，育同济文化，办同济教育，树同济品牌，培养德智体美劳全面发展、具有同舟共济精神与能力的时代新人。

参考文献：

[1] 褚宏启.核心素养的国际视野与中国立场——21世纪中国的国民素质提升与教育目标转型[J].教育研究，2016，37（11）：8-18.

[2] 中华人民共和国教育部.中共中央、国务院印发《中国教育现代化2035》[J].中华人民共和国教育部公报，2019（Z1）：2-5.

高品质幼儿园特色文化体系探索与构建
——以南京市学子路幼儿园为例

◎陈贻莉

摘　　要　文化建设作为幼儿园教育的重要组成部分，对园所各项活动有着潜移默化的影响。高品位的园所文化有助于优化园所氛围，提高教学质量，激发师幼潜力。以南京市学子路幼儿园高品质办学过程中深化学校文化的实施路径为例，从理念到行动作全方位的阐述，极具典型意义与价值。

关 键 词　文化建设；幼儿园；高品质教育

作者简介　陈贻莉，江苏省南京市学子路幼儿园园长，高级教师。

幼儿园文化是在长期的教育实践过程中形成的一系列价值观、信念、行为规范和态度。不仅包括园所的使命、愿景和核心价值观，而且包括园所环境、师幼关系、课程设置等方方面面。我们清楚地认识到，一所幼儿园的文化深刻影响着教师的教学方式，幼儿的生活、游戏、学习态度及园所整体的教育质量。因此，我园自开办以来，即明确了开办一所高品质、现代化、创新型园所的愿景。具体如下：

办园理念：在自然中寻求温暖的力量。

办园宗旨：成就幼儿快乐、充实而富于挑战的幸福童年。

办园目标：培养健康活泼、善于观察、勤于思考、乐于创造、勇于表达的儿童。锻造兼具爱与责任的教师团队。

我园教师、幼儿、家长是园所文化的重要主体，其对本园文化的自信成为持续提升教育质量的源泉。一是培养儿童自信。园所文化的自信能够传递给幼儿，在这样的环境中成长，能培养他们对自我和文化的认同感，从而提升自信心和社会适应能力。二是激发教师潜能。教师对园所文化有自信，就会更积极地参与教育活动，灵活运用本园的特色，使教育教学更具创新性和吸引力。三是增强家长参与感。园所文化的形成离不开家庭和社区的支持。家长认同并参与幼儿园的文化建设，能够增强家庭与幼儿园之间的联系，共同促进幼儿的发展。四是推动持续改进。自信的园所文化不是一成不变的，而是随着社会和教育需求的变化不断调整和完善。这种开放的态度有助于教育质量的持续提升。

一、环境教育设计的园本实践：文化辐射教育内涵的最佳体现

文化引领下的园所愿景对园所的发展有深远的指导意义，我园在日常保教行动的每一天都将愿景融入每一项教育活动，使我园在快速变化的社会中保持活力与竞争力。我园环境教育设计的园本化实践有三个实施路径，以下详述。

（一）创设具有儿童美学意蕴的幼儿园环境

我园坚信"美是有用的"，将信念融入环境教育设计的方方面面。我们的行动依据是《3—6岁儿童学习与发展指南》。

发挥功能区域的复合作用。我园将幼儿园环境作为一个整体来思考，室内外各区域都是既开放又相对独立的，区域之间可无缝对接、实现联动。把握自然与雕饰的边界。环境创设的最高境界是保持物态样貌，体现环境的自然属性。以儿童视角切割时空线索。幼儿的视角，有平视、俯视、仰视三个维度。我们突破以往单一、固化的环创设计模式，由平面转为立体化创作。基于空间线性，给幼儿提供可理解、可互动、可自由表征的机会，鼓励幼儿用自己的方式进行三维空间的填充。

（二）放大幼儿园环境的游戏化功能

"游戏是幼儿的基本活动"，是幼儿探索世界的工具，也是诉说生活的方式。我园采用"环境n+"的策略与构造，借鉴日本建筑师仙田满"游环构造"概念的精华，通过循环往复的游戏线路设计和套叠，将建筑、幼儿与游戏有机结合，创设对幼儿有长久且强大吸引力的游戏环境。这样的环境包含自然空间、开放空间、道路空间、无秩序空间（留白空间）、秘密空间与游戏设施空间。环境催生游戏与"非遗"瑰宝的结合。

"非遗"是中国传统文化的经典，传承"非遗"有幼教人的一份责任。要有效传承，必须找到其与幼儿兴趣相一致的契合点。我园邀请南京"非遗"传承人的代表走进幼儿园，通过现场演示和介绍，唤醒幼儿的好奇心，引发其兴趣并积极参与其中，感受"非遗"魅力。

（三）升华环境的课程性价值

环境是最好的课程资源。它既是课程创生的来源，也是课程实施的载体，更是课程实施的结果。

做有准备的环境，让课程得以生发。我们不只囿于幼儿园的一方小天地，而是纳入社会、大自然和家庭，扩大幼儿实际生活的圈子，由此营造出丰富的生活、话题、体验和资源，促进有意义的课程生发。做有记录的环境，让课程得以发展。好的环境能引发和支持幼儿以多种方式进行持续的、较为深入的探究活动，使其学习方式由被动转向主动。环境不但推动课程的生发，而且是最佳的"记录"方式：它"陪伴"并"目睹"了幼儿游戏与探究的过程。做有延续性的环境，让课程得以优化。

环境给课程的产生与发展提供了支架，也推动了课程的延续和深化。我园根据幼儿审议，不断进行环境的改造，以影像、海报、计划书等形式呈现幼儿活动探索的痕迹，反映教师课程实施的策略，让幼儿的成长看得见。

二、课程建设：与文化互为影响的积极建构

园所文化对课程建设具有重要的引领作用，文化价值观念、教育理念和核心价值观直接影响课程设置和教学活动的设计与实施，使之更符合我园的文化特色和宗旨。同时，课程内容也是园所文化的具体反映，幼儿园的文化传承和特色会直接融入课程内容，使课程更具园本化风格与特点。不断深入开发与利用园本课程资源，不断增强幼儿的文化认同感。

基于对我园自然条件、现有资源的调查分析，结合幼儿兴趣与需求，灵活设计，落实幼儿的主体地位，回归自然教育理念，建构以幼儿为本位的自然游戏场实施样态，在园本化课程实践与探索的过程中积累经验，可为自然游戏场建构提供典型样态范本。同时，活动的实施可促进课程走向园本化，使与我园相契合的适宜、有效的课程体系更加完善。

（一）课程内容基本框架

现阶段我园课程内容主要有基础课程、开放课程、拓展课程。其中基础课程是以南京师范大学《卓越课程》为蓝本建构的园本化主题活动实施样态，以领域教学为补充，涵盖日常生活活动、班级区域活动。

开放课程以"探索日活动"为日常实施样态。

我们期望在自然游戏场中，幼儿作为一个能动体，能积极主动地阐释、利用和创造自己的空间，建构自身特有的空间经验。将更多权利让渡给幼儿，尊重幼儿的声音，让他们参与空间的布局和设计。在良好的文化氛围中消解各种固定的边界，获得情感体验，从而建构一种平衡的教育共同体关系。园本节日是打破时空界限，师幼共同围绕一个话题展开的系列活动，以生成为主。

拓展课程以社团活动为主，关注幼儿个性化发展。以幼儿的现实生活和感兴趣的活动为课程的基点，从生活出发，满足幼儿的需要；挖掘幼儿的多元潜能，丰富他们的精神世界，在自选社团活动中达成幼儿个性化经验的提升，实现幼儿的个性化发展。

（二）课程基本理念

我园课程的基本理念可以概括为以下几个核心词汇：自然、融合、参与、生长。

自然：教育要追随自然，尊重幼儿身心的自然规律，遵循幼儿的天性。"自然教育"不单是指让幼儿在自然中学习，还包括用更自然、更从容、更符合幼儿天性规律的方式帮助幼儿学习，追随自然的线索开展课程。这样的自然是赋能的、包容性的和无限性的。

融合：自然游戏场虽然强调幼儿园内场所的自然性，但并非只指单一的自然环境，而是要强化时空领域、关系、策略路径等要素，即打通时空领域，实现目标期待、时间空间、学科领域、内容路径等同频共振的融合。

参与：关注幼儿作为环境主体的地位，鼓励其对环境、材料等周围世界的主动作用，进行主动且有意义的建构。幼儿园各处都应该有幼儿的痕迹，要让幼儿成为环境创设和场所空间建构的参与者。在此过程中幼儿并非单打独斗，而是与同伴、教师共同建构、协同参与。在师幼、同伴的互动交往中，自然地产生学习行为。幼儿在师幼、同伴的语言互动、人际交往、操作和创造中

探索世界，无形中完成了自发自主的学习，增长了经验。

生长：生长指空间、幼儿、教师、课程的共同生长。彰显建构性场所精神的自然游戏场，其空间是不断生长的。幼儿处于自然游戏场中时，教师给幼儿赋能，幼儿能够基于自己的已有经验、兴趣、想象来与周围空间进行互动，不断建构属于自己的意义空间。这种建构性场所精神指引教师、幼儿对课程内容、空间资源不断进行优化、重组、改造，给课程不断注入活力，从而使课程焕发新意，促进园本化课程的可持续性生长。

三、师生互动：文化内涵深化与教育实践的结合

幼儿园里的师幼互动在文化内涵深化与教育实践的结合中发挥着重要作用。

（一）坚持以幼儿为中心的教学方式

教师通过观察与分析，了解每名幼儿的个性特点、已有经验，在充分理解幼儿的需求和兴趣的基础上设计相应的活动，建构课程。教师鼓励幼儿表达自己的想法和感受，在生活和游戏中通过多种形式表现和创作，为文化内涵的深化与教育提供生动的场景。个性化学习，即关注每名幼儿的成长节奏和学习能力，提供灵活的教学方法和内容，使每名幼儿都能以最适合自己的方式发展。互动与合作，即通过小组活动和合作学习，促进幼儿之间的互动，培养他们的社交技能和团队合作意识。全人发展，即不停留在幼儿获得知识技能的层面，而是更加重视情感、社会性、创造力等多方面的综合发展，帮助幼儿在全面发展的基础上富有个性地成长。

（二）尊重与包容的师幼互动氛围

通过师幼之间的平等交流和积极互动，教师能够引导幼儿理解和尊重不同文化的价值，培养他们的开放心态和包容精神。

积极倾听，即教师在与幼儿互动时，应积极倾听他们的想法和感受，关注他们的声音。遍过开放式问题和鼓励性的反馈，让幼儿感受到被理解和支持。情感支持，即营造一个充满温暖、关爱的环境，让幼儿感到安全和被接纳。教师应关注幼儿的情感需求，及时提供支持，帮助他们管理情绪和社交关系。促进自主性，即在互动中鼓励幼儿自主选择和决策，培养他们的独立性和责任感。教师应为幼儿提供适当的自由度，让他们在探索和尝试中学习。建设性反馈，即教师在评价幼儿的表现时，应给予积极的、建设性的反馈，注重过程而不是结果，帮助幼儿认识到努力和成长的重要性。

四、家园共育：文化延伸中的重要一环

家园共育强调家庭和幼儿园之间紧密的合作与沟通。家园合力不仅能更好地促进幼儿全面而富有个性的发展，而且在幼儿园园所文化中扮演着重要角色。

我园致力于家园共同体建构，并取得了一定的成果。促进亲子关系，即让家长更多地参与幼儿的教育，加强了家长和孩子之间的情感纽带，促进了亲子关系的发展。传递教育理念，即园方和家庭有着共同的教育目标和价值观，通过家园共育，双方能够更好地交流和传递教育理念，形成一致的教育合力。支持家庭教育，即园方通过家庭教育指导、家访等方式，帮助家长更好地了解孩子的成长和发展，提供相关的教育支持和建议。共同关注幼儿成长，即园方和家庭携手关注幼儿的学习、情感和行为，共同发现并解决幼儿在成长过程中遇到的问题，形成关爱共育的氛围。创设学习社区，即扩展幼儿学习和成长的社区，让家长成为幼儿教育的重要参与者，共同营造良好的学习环境。促进资源共享，即园方和家庭共享教育资源，组织家长会、家长培训、亲子活动等，丰富幼儿的学习体验和家庭教育内容。

通过家园共育，幼儿园园所的文化得以延伸，幼儿在幼儿园和家庭中得到更全面的关爱和支持，度过快乐、充实而富于挑战的每一天。

五、结语

在追求高品质教育的道路上，园所文化的作用不可忽视。它如同一盏明灯，指引着教育的方向；它又如同土壤，滋养着每一位学子的成长。通过明确愿景、优化园所教育环境、致力园本课程建设、强化师幼积极有效互动、推动家园共育等多方面的行动，学子路幼儿园的文化在不断升级，有效助力教育质量的节节攀登。未来，让我们在文化的引领下，共同迈向高品质教育的新征程，为每一个孩子的成长保驾护航！

参考文献：

[1] 郑金洲.教育文化学[M].北京：人民教育出版社，2000.

[2][美]罗西特.全面质量管理[M].李晓光等译.北京：中国人民大学出版社，1999.

小学体育与艺术融合的实践研究
——以阜宁县实验小学为例

◎周　扬　张吉扬

摘　要　"双减"政策的落地对学校内涵建设提出了更高的要求。在立德树人目标的指引下,多学科融合的全科育人实践成为学生全面发展的有效途径,体艺融合的社团活动也成为延时服务阶段学生自主灵活的选择。作为省体育教学传统校和中国书法特色校,阜宁县实验小学在实践中将体育和书法进行渗透与融合,确立"左拳右笔"体艺融合的主题,探寻理论支撑,创新实践路径,摸索出符合小学生身心成长规律的校本课程和社团活动。

关键词　小学体育;小学艺术;体艺融合

作者简介　周扬,江苏省阜宁县实验小学总务处主任,一级教师;张吉扬,江苏省阜宁县实验小学教师,二级教师。

"双减"政策实施以来,如何减轻学生学业负担,提质增效,促进学生健康成长和全面发展,实现教育的初心,一直是我们教育教学实践过程中的核心思考。

阜宁县实验小学是一座历经沧桑、与世纪同行的百年老校,已形成"一校四区一园一中心"的教育集团化的发展格局,先后获得全国"十五"重点课题实验研究先进集体、江苏省模范学校、江苏省电化教育示范校、江苏省体育传统项目学校、江苏省青少年科技教育特色学校、江苏省义务教育小学语文教材实验先进集体、江苏省教科研先进集体等称号。在中小学延时服务政策指导下,我校开展了系列实践探索。在延时服务期间,除了各学科教师对班级学生进行作业辅导和补薄提优之外,我校还依据学生兴趣爱好开展了一系列社团活动,丰富学生的校园生活。基于校园文化建设特点,我校对体育和书法进行有机结合,着重突出体艺特色内涵,大力推行以"左拳右笔"为主题的体艺融合校本社团育人新模式。

一、"左拳右笔"的内涵

新时代背景下,体育和艺术教育面临着新的机遇和更大挑战,有必要进行一定程度的融合与创新,以适应社会发展和时代要求。我校体艺融合教学模式通过艺术元素的融入,使体育课堂更加丰富多彩。

书法和传统体育一文一武,一个用笔,一个用拳,颇有异曲同工之妙。书法是我国传统文化的精髓,强调气韵生动,撇捺纵横间,书有尽而意无穷。中国传统体育项目有武术、太极、韵律操等,动作讲究行云流水,神韵十足。"左拳右笔"教学模式正是将传统体育项目和中国书法完美结合,是体艺融合的一次大胆创新。既能让学生不断提高身体素质,又能感受到中华优秀传统文化的魅力,可谓一举两得。

二、体育和书法融合的可行性

体育和书法虽然分属不同的艺术形式和文化领域，但它们之间仍存在着一些相通之处。二者都需要通过长期的训练以达到高质量的表现；在艺术表现和审美追求上都强调技巧和内在修为。这为两者之间的相互借鉴和学习提供了可能。

（一）体育和书法在技巧上的相通性

小学生的体育锻炼不能单纯从兴趣出发，而应在教师的科学指导下，熟练掌握体育动作的要领和技巧，反复练习，也就是要练好基本功。然后要学生做到全身放松，心平气静，集中注意力，全情投入。同理，小学生在刚开始接触书法时，也需要从横、撇、竖、捺等基本笔画练起，打牢基础，逐渐提高难度，反复练习，直到掌握各种笔画的书写技巧和规律。此外，书法学习还需要注重笔法、墨法和章法等。只有掌握了各方面的技巧，才能提升书法水平，写出优美、流畅的文字。

（二）体育和书法在效果上的相通性

小学生因其年龄的特殊性，定期进行系统的体育锻炼尤为重要。体育锻炼可促进小学生骨骼健康的生长发育，提高小学生的身体免疫力，强身健体。书法是中国传统文化的重要组成部分，习练书法既能够修身养性，还可以有效提高文化素养。书写时讲究气定神闲，通过长期的练习，还能调节人的情绪、锻炼人的定力。

可以说，体育锻炼和书法习练在功效上相互促进，相辅相成。这也是我们进行"左拳右笔"模式探索的重要灵感。

三、"左拳右笔"体艺融合实践

我校一直以来坚持打造"墨香明德"文化，以"左拳右笔，文武双馨"为育人目标，形成了"汲国学精髓，求书法大道，育谦谦君子，润明德书童"的特色育人品牌。在长期探索中，我校着眼校园文化特点，将体育与书法进行有机融合与优化，大力开展以"左拳右笔"为主题的体艺融合课程，开发出符合小学生身心成长规律的"踏诗而行"、书笔展示、拳笔书社、书法韵律操、书法旗阵等系列校本社团课程。

（一）陌上花开踏诗行，不负年华不负卿——踏诗而行

小学生由于年龄较小，自控力不够，尤其在上放学时，路队纪律差，讲话、打闹现象屡见不鲜。有鉴于此，"踏诗而行"应运而生。"踏诗而行"将书法、诗歌融入踏步，融入路队，让学生排着整齐的队伍，踏着欢快的节奏，齐声吟诵《题竹兰诗》《草书歌行》等书法诗篇，在维持路队纪律的同时丰富大阅读的内涵。

传统小学体育课堂以教师教授为主，学习的动作简单，难免枯燥乏味，降低了学生对体育课堂的热情和兴趣。小学生有其自身的特殊性，比如接受能力相对较弱、好奇心强、上课容易走神、注意力不集中等，这无疑给小学体育教师增加了工作难度。从"踏诗而行"取得的成效来看，体育课堂中引入音乐可以有效解决这些问题。尝试在热身活动环节选择一些欢快明朗的音乐进行课堂导入，在教学中引入节奏舒缓的传统民乐让学生更快地静下心来，更容易准确掌握动作要领，也能通过传统民乐的舒缓节奏，缓解体育运动时产生的疲惫感。

（二）大地为纸书文化，清水作墨谱华章——地书笔

传统体育课堂以田径类、球类运动为主，内容固化，模式单一。近几年，我校部分具备一定书法功底的体育教学工作者不断摸索，将书法引入室外课堂，逐渐出现了地书笔这种新的形式，极大地丰富了课堂内容。

地书笔是由海绵制成的笔，蘸上水可在地上习字。这种既方便又环保的书法形式，集锻炼身体和陶冶情操于一身，更能推动书法艺术的普及和学生习字水平的提高。

课堂采用"一对多"的模式。单一模式和内容不能满足所有学生的需求。我们在教学反馈中了解到，部分学生因为地书笔的引入，改变了对体育课堂的原始认知，渐渐培养起了对书法的浓厚兴趣，但仍有小部分学生因为地书笔的握笔和书写难度大，很难掌握其中的要领。故而我们采取"因生施策"的办法，密切关注这一小部分学生，帮助他们解决学习过程中遇到的问题。

在体育课堂中引入传统书法文化，丰富了体育课堂内涵，让学生既能准确把握动作要领，又能在体育锻炼中体会书法艺术的魅力，获得事半功倍的效果。

（三）灵动展书意，气韵强身心——书法韵律操

课堂学习更多时候是兴趣的培养、要领的掌握。要想培养学生良好的体育习惯，除了要开足课时、抓牢课堂教学质量外，还应当注重形式上的创新和内容上的丰富。

以书法操为例。我校将书法和中国武术、舞蹈相结合，以书法的点、横、竖、撇、捺等基本笔画为原形态，自编书法韵律操，融舞、乐、书为一体，让学生用肢体动作描绘出一幅生动的书法创作画面。每学期我校还会以班级为单位，举行书法操比赛。学生通过练习"左拳右笔"书法韵律操，在深刻体会传统文化精髓的同时，积极展示自己的青春风采。我们希望学生在体育锻炼中领悟书法韵律操丰富的文化内涵，并将之延伸到学习和生活中的每个角落，养成体育锻炼的习惯，进而不断提高个人修养和整体素质。

（四）赤橙黄绿青蓝紫，谁持彩练当空舞——舞旗

舞旗是中国传统武术表演中经常使用的舞蹈器械之一，由长杆和彩色布料制成，也被称为旗子、旗幡。在中国传统武术表演中，舞旗的视觉效果震撼、艺术感染力强，演员挥舞彩色的旗帜，配合背景音乐和肢体动作，展示优美、华丽、灵动的舞姿，营造出浓郁的文化氛围。总的来说，舞旗作为中国传统武术表演和训练的一种形式，具有独特的艺术魅力和文化内涵。

为此，我校专门成立了书法旗阵社团，以锻炼良好体魄、陶冶个人情操、展现自我风采为目标。将舞旗作为武术训练的重要内容之一，帮助学生提高身体协调性、节奏感、平衡度和团队协作能力，培养他们健康的身心素质和文化修养。

我校通过定期举办丰富多元的体艺类活动，有效促进了文化学习与体艺的协调发展，为学生搭建展示自我特长的舞台，助力学生早日实现自己的体育、艺术梦想。

四、家校双向奔赴的实践探索

习近平总书记明确指出："办好教育事业，家庭、学校、政府、社会都有责任。"学校不是万能的。教书育人，教书主要靠教师，育人根本在父母。目前来看，教育教学中还有很多问题需要学校和家长携手应对。因此，我校从实际出发，不断强化家校联动，形成家校共育合力，持续推动"左拳右笔"体艺融合育人实践的高质量发展。

（一）开展培训，提高体艺教育重视度

当前，只重视文化成绩而忽视体艺教育的现象仍在不少家庭存在。有的家长不懂得教育规律和孩子的成长规律，教育子女的方式比较简单粗暴；个别家庭背景特殊，导致部分青少年情绪压抑甚至产生心理问题。

有鉴于此，我校定期开展家长培训，邀请教育专家、心理咨询师等分期分批对全体家长开展线上、线下的培训活动，转变家长的"唯成绩论"，引导家长在密切关注孩子学业成绩的同时，允许孩子享有充分的课外时间和体艺空间。体艺教育在塑造孩子的健全人格方面有着不可替代的作用。只有从根本上意识到体艺的重要性，家长才能摆脱传统观念的束缚，为孩子的茁壮成长筑起一片广阔的新天地。

（二）陪伴督促，营造家庭体艺氛围感

在家长重视并密切配合学校体艺教育工作的前提下，学生的体艺素质能更快得到提升。因此，"家校结合"是体艺科研的必然选择。基于这一点，我校体艺融合实践更注重家校协作层面的探索。

我校依据学生身心发展的特点，提供了诸如快步行走、立体传球、交叉跳绳等一系列运动游戏，供低、中、高不同学段的学生自主选择。家长也可以和孩子一起参加体育运动，体验不一样的亲子时光。我们提倡学生假期里坚持运动，进行跳绳、慢跑、踢毽子等体育锻炼。此外，还鼓励学生通过书法创作、乐器演奏等艺术活动提高自我，并将上述活动项目作为常态化的体艺类作业，融入德育元素，形成翔实的训练计划表，布置给每一个学生。鼓励家长以照片、视频等形式记录学生的训练过程，助力家庭体艺氛围的营造。

（三）敞开校门，举办家校体艺联谊会

我校历来注重家校关系和亲子关系的培养，建立了良性的家校互动机制。我们邀请家长走进校园，定期开展丰富多彩的家校体艺联谊活动。例如，开展"亲子书法操"活动，让学生当一回小老师，教家长学做我校特色的书法韵律操；进行"家庭书法创作"比赛，让家长和孩子一起习字，积极营造墨香氛围，感悟中华书法文化的深刻内涵。这些活动不仅可以帮助家长切身体验学校的教学环境，还可以更好地了解孩子日常的学习、生活情况。

我校坚持从体艺课程开发、教师队伍建设、墨香文化打造、家校协同共育等方面出发，努力构建"左拳右笔，文武双馨"的育人体系，真正做到高质量育人，育高质量的人。

五、结语

"体艺融合"并非简单叠加，而是在现有体艺学科教学内容中努力挖掘育人要素。要实施"体艺融合"，除了开设国家规定的课程以外，还需要以校园文化特色为基石，充分发掘一切可以利用的教学资源，探索打造新的课堂模式。同时，教师需要具体问题具体对待，在学校的各类特色课程、主题活动中落实"体艺融合"，从课程标准、课程方案、教学进度、教学评价诸多层面融入体艺学科知识的教学。

我校在"体艺融合"方面的探究中积累了很多经验，成效是显著的。在切实提高学生身体素质和综合素养的同时，彰显了体育学科的独特魅力。我校将继续瞄准五育并举、全面育人的目标，依托我校体育科研既有成果，突出"体艺融合"，促进学生的个性发展，全力描绘"左拳右笔，文武双馨"教育理念下体育教学高质量发展的新画卷。

参考文献：

[1] 杨立梅.综合艺术课程与教学探索[M].北京：高等教育出版社，2003.

[2] 陈俏雨.浅析小学艺术课程改革的困难与问题[J].广西教育，2004（13）：44.

[3] 吴剑飞.简析小学体育校本课程的开发与应用[J].体育风尚，2018（04）：250.

[4] 刘成祎.小学体育规范化教学中教育技术的应用实践：以成都市武侯区为例[D].四川师范大学，2011.

[5] 龚正伟，黄超文.现代教育技术与体育教学[J].北京体育大学学报，2001（04）：517-519.

弘扬新时期教育家精神的路径探索

——以滨海县育才高级中学为例

◎朱万喜　韩　双

摘　要　2023 年 9 月 9 日，习近平总书记致信全国优秀教师代表，强调要"大力弘扬教育家精神"。总书记关于"教育家精神"阐释的六个维度分别体现了教育家的"精神之本""精神之源""精神之要""精神之基""精神之魂"和"精神之道"，赋予了新时代躬耕者崇高使命，为新征程加强教师队伍建设提供了根本，为新时代加快学校高质量发展指明了方向。

关 键 词　教育家精神；教育使命；教师队伍建设；新时期

作者简介　朱万喜，江苏省滨海县育才高级中学校长，正高级教师；韩双，江苏省滨海县育才高级中学副校长，高级教师。

2023 年 9 月 9 日，习近平总书记致信全国优秀教师代表，信中指出："教师群体中涌现出一批教育家和优秀教师，他们具有心有大我、至诚报国的理想信念，言为士则、行为世范的道德情操，启智润心、因材施教的育人智慧，勤学笃行、求是创新的躬耕态度，乐教爱生、甘于奉献的仁爱之心，胸怀天下、以文化人的弘道追求，展现了中国特有的教育家精神。"总书记关于"教育家精神"阐释的六个维度分别体现了教育家的"精神之本""精神之源""精神之要""精神之基""精神之魂"和"精神之道"，这是对教育家精神的深刻揭示和高度凝练，赋予了新时代躬耕者崇高使命，为新征程加强教师队伍建设提供了根本，为新时代加快学校高质量发展指明了前进方向。

滨海县育才高级中学全体教师深入学习贯彻习近平总书记重要致信精神，弘扬教育家精神，勇担躬耕者使命，将教育家精神贯穿教师队伍建设始终，用教育家精神引领教师专业成长，推动学校的内涵建设和高质量发展。

一、坚定"心有大我、至诚报国的理想信念"是教育家精神之本

爱国是每位教师的本分，也是每位教师的责任与使命。新时代躬耕者要矢志不渝以理想信念为根本，把"心有大我、至诚报国的理想信念"内化为对党的教育方针的忠诚坚守、对立德树人根本任务的落实落细；要坚定不移地用习近平新时代中国特色社会主义思想武装头脑、指导实践、铸魂育人，引导青少年学生确立正确的政治方向和鲜明的政治立场，以高远的志向、高洁的心灵和高尚的情操引领学生健康成长；要率先垂范，践行社会主义核心价值观，担负起传播知识、传播思想、传播真理，塑造灵魂、塑造生命、塑造新人的职责使命，见贤思齐、明德格物、立己达人、育人不辍，用大德塑造美丽灵魂，用大爱书写教育人生。

我校以本土抗日英烈王育才的名字命名，建校于百年党庆之时，校名也有"为党育人、为国

育才"的寓意，可以说是"幸逢复兴盛世，自带红色基因"。作为基层学校的躬耕者，我们更应该坚定"心有大我、至诚报国的理想信念"，赓续精神血脉、传承红色基因，依托"红色领航，铸魂育人"党建品牌，强化"思政育人"特色，注重培养学生的爱国主义情感和社会责任感，把学生培养成为有理想、有本领、有担当、堪当民族复兴大任的时代新人；要切实把炽热的教育情怀转化为持久的报国行动，在新办学校的建设发展中彰显新担当、展现新作为，努力"把教育办成老百姓想要的样子"。

二、陶冶"言为士则、行为世范的道德情操"是教育家精神之源

教师是立教之本、兴教之源，而道德是为师之要、育人之本。高尚的道德情操是教师践行立德树人的核心品质，也是教师提升职业境界的精神之源。教师要做到学为人师、行为世范，成为学生健康成长的引路人；必须坚持以德修身、以德立学、以德施教，用自己的高尚人格和模范言行为学生树立正确的价值标准和道德标杆。

我校坚持将师德师风建设作为第一标准，实施"铸魂崇德"队伍建设工程，实行师德考核与年度考核相结合的"双考核"制度，开展"涵育四有好老师"团队建设，其目的就是要用教育家精神来引领教师发展，赋能青年教师成长，树立"躬耕教坛，强国有我"的志向与抱负。在师德师风建设上，我校要求教师明确三个方面的要求：首先，应自觉提升自身的道德修养，以高尚的道德涵养人格，以丰富的人文精神陶冶情操，做社会主义核心价值观的坚定信仰者、积极传播者和模范践行者；其次，要以身作则、言传身教，用自身品德与言行影响和带动学生，帮助他们扣好人生的第一粒扣子；最后，要明确底线、红线、高压线，底线是职业道德要求，不能破，红线是廉洁从教纪律，不能闯，高压线是法律法规，不能碰。

三、涵养"启智润心、因材施教的育人智慧"是教育家精神之要

"启智润心、因材施教的育人智慧"生动诠释了教育的重要职责和必然要求。"启"意味着教育不是强制灌输，而是要注重启发式教学，发挥学生的内在主体性、主动性和创造性；"润"意味着教育需要像盐溶于水那样启润学生的心智；"因材施教"则揭示了教育的适切性和艺术性特征，要选择适合学生的教育，而不是挑选适合教育的学生。这就要求新时代的躬耕者要遵循教育的基本规律，把自己的温暖和情感倾注到每一个学生身上；从学生身心发展的特点出发，把知识讲授和价值观塑造结合起来；把每个学生视为一个个鲜活的生命个体，根据每个学生的兴趣、特长和认知水平量身定制教育方案，尊重和保护学生的天赋和个性差异，分层施教、定向施教，促进学生全面发展，让每一个学生都健康成长，让每一个孩子都有精彩的人生。

我校为了把课堂主动权交还给学生，培养学生自主、合作、探究的学习能力，提高课堂效率，探索和构建了"336"学养课堂教学模式。"336"即"三降三提六学"。"三降"指降起点、降难度、降容量；"三提"指提兴趣、提方法、提素养；"六学"指预学、导学、研学、助学、展学、评学。"三降"立足学情、强化基础，面向全体学生，注重教学实效；"三提"重点关注学生，以激发学生的学习动力为主，聚焦于知识学习，着重提升学生的品质；"六学"则是指向课堂教学，以学为本、以学引思，要求学生学思融合。"三提三降"是课堂教学的基本理念与原则，"六学"则是课堂教学的基本环节与操作要素。"336"学养课堂教学模式的建构与实施，体现了"启智润心、因材施教的育人智慧"，促进了学校内涵和质量快速提升。

四、秉持"勤学笃行、求是创新的躬耕态度"是教育家精神之基

"勤学笃行、求是创新的躬耕态度"是教育者在瞬息万变的时代得以安身立命的基本前提,更是教育家精神的深厚根基。时代洪流滚滚向前,科技进步日新月异,教育变革时不我待,更需要教师树立终身学习的理念,将眼光投射到更广阔的领域。讲台上教师的躬耕态度影响着教室里的教育温度,也影响着学生生命成长的宽度,更影响着教育的品质和发展高度。新时代的躬耕者应有精湛的学识、深厚的素养和创新的意识,秉持"勤学笃行、求是创新的躬耕态度",做学生前进道路上的引路人。

我校是一所新办学校,师资队伍整体偏年轻,30岁以下青年教师占66%;但同时我们拥有强大的名师团队,县局从南通、泰州、镇江等地为我校引入了34位名师。我校有县级的高中九大学科名师工作室,对内引领、对外辐射。从学校来说,要加大教师队伍建设力度,发展教师、赋能教师,给青年教师架梯子,给骨干教师压担子,给优秀教师供位子;从青年教师自身来说,要加快成长步伐,个人资源不足就靠集体活动来补,自身经验不足就靠踏实勤奋来补,自我能力不足就靠良好品德来补。我校为不同阶段的教师制订不同的发展任务和重点。新教师重培训,发展目标是抓规范;中青年骨干教师重培养,发展目标是当模范;老教师重培育,发展目标是做示范。面对变化不定的世界,教师必须提升自身学养,这是不变的铁律。教师成长没有捷径可走,扎根课堂、深耕教研,才能闪闪发光,我们不相信一鸣惊人,只相信厚积薄发。

五、勤修"乐教爱生、甘于奉献的仁爱之心"是教育家精神之魂

"乐教爱生、甘于奉献的仁爱之心"是师德之源,更是教育家精神的灵魂所在。教师职业的特殊性在于,这是一份更加需要爱的职业,是一份参与一个个鲜活生命成长的神圣职业。若教师缺失了对学生的爱和对教师职业的爱,那么教师的教育工作就失去了灵魂。新时代的躬耕者应自觉把教育作为毕生事业,常怀乐教爱生之心,无私关心关爱学生,俯下身来倾听学生的需要,及时回应学生的日常诉求,让学生真正感受到被尊重、被呵护与被爱,进而实现与学生生命及情感的双向奔赴。

我校的教风是"正德仁爱,乐教善导",教育信条是"教育的本质在于唤醒人的智慧、启迪人的心灵、释放人的潜能、促进人的发展"。我们要求每一位教师做到"走近每一位学生、尊重每一位学生、信任每一位学生、依靠每一位学生、欣赏每一位学生、教好每一位学生,深入学生、激励学生、鼓舞学生、感动学生、成就学生"。我校积极探索育人方式变革,大力推行全员育人导师制度,努力构建"生生有导师,师师皆导师"的育人新样态,明确导师的职责要求,落实导师的"五员"作用。一是导师要成为学生思想的引导员;二是导师要成为学生心理的疏导员;三是导师要成为学生课业的辅导员;四是导师要成为学生生活的指导员;五是导师要成为学生成长的向导员。每学期初,导师都要根据学生的个性档案制订一生一册指导方案,重点关注学生家庭状况、品行表现、身心健康、学习成长。导师人手一本《学生成长导师工作手册》,记载受导学生及家庭基本情况,记录成长导师谈心的内容及效果。全员育人导师制的推行,进一步完善了学校的教育职能,转变了教师的育人方式,改善了师生关系和亲子关系,健全了家校协同育人机制,提高了教书育人的针对性和实效性。

六、树立"胸怀天下、以文化人的弘道追求"是教育家精神之道

"胸怀天下、以文化人"是教育者的弘道追

求，更是教育家精神的价值所在。古往今来，弘道传道是教师的重要职责，贯穿于各级各类教育之中。新时代的躬耕者不仅要站稳三尺讲台，还要有更加宽广的视野和宏大的格局。新时代的躬耕者要将自己对教育事业的追求融入国家建设的宏伟事业；要关注世界、关注社会、关注人民生活，承担社会责任；要将知识内化于个体的生命体验，在教学过程中以"大我"情怀和"人文"方法去感化另一个生命，在与学生的生命交流中弘扬人间正道。

我校秉持"培根铸魂，育未来之才"的办学理念。"培根"即培中华文明与文化之根，让中华文脉代代相传；"铸魂"即铸中华民族精神与价值之魂，让核心价值观扎根华夏；"育未来之才"，就是为党育人、为国育才，就是培养担当民族复兴大任的有理想、有本领、有担当的时代新人。中华文明博大精深，中华文化源远流长，具有以文化人、以文明道的重要功能。我们要求教师深入学习中华优秀传统文化、革命文化、红色文化、社会主义先进文化，并将这些文化有机融入教书育人全过程，在潜移默化中实现铸魂育人。另外，我们还要求教师善于借鉴吸收人类一切优秀文明成果，努力培养具有家国情怀、全球视野、创新能力的高素质国际化人才，为推动社会进步和人类文明贡献智慧力量。

七、结语

人无精神不立，国无精神不强。教育家精神的提出，是教育强国之需、时代变革之需和教育发展之需。教育家精神是教师发展的灵魂和底蕴，也是教师成长的标杆和灯塔。弘扬教育家精神，不只适用于那些真正的教育家和少数的优秀教师，也适用于推动教育强国建设的新时代的躬耕者，包括每一位普通教师。弘扬教育家精神，不是要求每一位普通教师都成为教育家，而是要求他们用教育家精神引领自己、激励自己、成就自己，在日常的教育教学中把教育家精神"活出来"。作为新时代的躬耕者，要勇担立德树人使命，把教育家精神践行到每一次备课、每一节课堂、每一份作业、每一次面批和每一份考卷中，不忘初心，热爱学生，热爱教育，从"经师"走向"人师"，做新时代的大先生，为教育强国建设和民族复兴伟业做出更大贡献。

参考文献：

［1］习近平.习近平致全国优秀教师代表的信［J］.河南教育（教师教育），2023（09）：1.

［2］李政涛.让教育家精神"活"在教师日常教育生活中［J］.人民教育，2023（24）：38-39.

［3］王鲁沛.弘扬教育家精神　担起教师教育使命［J］.群众，2024（03）：37-38.

党建引领下的高中班级管理实践

◎许　添

摘　　要　教育是国之大计、党之大计。新时代的教育工作者肩负着"为党育人、为国育才"的时代使命，这要求教育工作者应把党建工作作为实现新时代学校高质量发展的重要内容，紧密围绕"立德树人"的根本任务，赓续党的精神血脉，践行为党育人的使命。在党建引领下，我校从班级事务、家校合作、多元评价三方面打造扁平化班级管理，全方位了解班级学生，贴地式介入学生学习过程、内心成长过程和志向选择过程，让班级管理在新时代展现出新的活力，让班级管理者从不同角度收获未来。

关　键　词　党建；班级管理；学生发展；高中；管理实践

作者简介　许添，江苏省苏州市吴中区苏苑高级中学教师，中小学一级教师。

高品质高中建设是新形势下推动江苏普通高中教育转型发展的一项前瞻性、战略性制度设计。2018 年 5 月，省教育厅印发《关于高品质示范高中建设的意见》，全面开启了我省高品质示范（特色）高中的创建和评估工作，成为江苏在全国普通高中高质量发展上先行探路的重要创新举措。多所学校在高品质理念、管理、队伍、课程以及学校文化与发展上都取得了丰硕成果。苏苑高级中学 2023 年开始申报江苏省高品质特色高中，在原有的扁平化班级管理的基础上，增强党建引领，贴地式关心学生成长。

党建引领下的扁平化管理班级不是表层意义上的学生参与班级管理，而是在新时代感召下以培养朝气蓬勃、锐意进取和具有社会担当的青年为目标的班级管理模式。在充分了解学生的基础上针对学生特点进行指导，贴地式介入学生学习过程、思想成长过程和志向选择过程，助力学生在高中完善自我、拥有理想、惟精惟雅、共美成长，为处在紧张学习中的莘莘学子登上更加广阔的平台而全网布局、精准施策。引导学生形成正

确的世界观、人生观和价值观，明确奋斗的意义，发挥学习的主动性，释放青春活力，在阳光下茁壮成长。

一、扁平化管理班级

受学业压力的影响，学生往往参与班级活动和班级建设的积极性不高，这不利于培养其为团体争荣的勇气和信心。要动员学生热情参与班级建设，增强班集体观念，需要实行扁平化管理。

（一）班级事务：学生从能者多劳到人人参与

随着学习任务加重，班干部往往是能者多劳，其他学生则对班级、学校事务参与度不高，或者直接无视。久而久之，不利于班级建设。

我校在管理中通过进一步完善扁平化管理策略，深化内部机制改革，促进工作高效开展，进一步激活学校内部管理动力。班级管理也是如此，班主任将权力下放到班级班委、班级团委，再鼓励每一个学生参与，进而形成管理互通。人人参与班级事务，达到师生、生生互通，充分展现班级学生的能力，秉着最合适、最需要

原则给学生安排岗位，发挥学生的特长、锻炼学生的能力。比如，在班级管理上采用男女双班长、男女双团支书的多核心管理方法，由班级核心自主招募班委成员，形成两大组比较完善的班委体系。班级常规和相关活动轮流布置给两组班委，班级事务人人参与，尽可能多地发掘学生的才能。

扁平化管理让更多学生参与班级管理、学科任务，有利于培养合作精神，让学生有更多表现机会，也让学生在不断交流接触中，看到身边同学的好品质、好方法。

（二）家长进校：家长从旁观者到参与者

班级管理需要家长的参与。家长适当参与班级管理能增强学生对时间的统筹能力并提升效率，对学生今后的发展会起到正面的作用。面对班级管理方式的改变，家长也要转变身份，从学生成长的旁观者、监督者变为参与者、指导者。家长通过参与和指导，用自己的行动告诉学生参与班级管理的重要性，帮助他们实现学习的可持续性。家长可以通过以下方式参与管理：走进班级，参与学生晚自习；观摩活动，为学生成长礼加油；参与学生的生涯规划等。

家长之间也可联动互通，互相帮助，保证学生做好自主招生、高考志愿填报等事务。比如，家长志愿者全程陪伴军飞、艺考等需要外出的学生，为他们提供必要的帮助。在 2019 年的军飞招飞中，我校黄同学家长承担了吴中区报名军飞学生的陪伴照顾工作，在各个环节中提供帮助。最终，黄同学作为苏州市当年唯一一名双学籍空军飞行学员被北京航空航天大学录取。黄同学的家长还参与辅导我校之后的招飞工作。今年，招飞已经成为我校高质量特色发展中重要的一环，五年内，我校有三名学生录取飞行学员，形成较好的辐射作用。

家长与学生的兴趣、机遇等对接，充分发挥扁平化管理带来的点对点优效，让家长发挥更大

的作用，让班级学生的发展更有保障。

（三）全面评价：教师从单视角到全方位

党建引领下，师生彼此尊重，用评价代替管理。评价是撬动学校管理的重要杠杆。然而，单一的评价体系只会造成千人一面，对学生如此，对教师亦是如此。

为实现对学生的全面评价，班级需要开展多种多样的评价，覆盖班级管理工作的各方面。此外，还应将评价的权力下放给学生，用生态的评价体系撬动学生成长，激发其积极性和向上生长的劲头，让每个人都能找到自己在班级里的生态位置，并在教师的引导下朝着更好的方向努力。

班主任也要将全面评价引入任课教师团队，鼓励教师对学生实行全方位的综合评价策略。对任课教师来说，应避免以单科成绩评价学生，而应全面地对学生进行评价，发现学生的亮点，树立他们学习的信心。对于班主任来说，在帮助任课教师发掘学生优点的同时，也要在班级管理中体现包容的教育理念，通过正面管教和评价，培养学生的自信心和处理困难的耐力、毅力，保护学生的心灵健康，激励他们不断进取。

全面评价是一张细密的精神激励网格，有利于学生树立信心，有利于教师准确认识学生，有利于学生学习时间的有序、有效安排。

二、贴地式介入成长

党建引领下的扁平化班级管理，最终目的是培养学生成才。授人以鱼不如授人以渔。班级管理中，班主任不能仅仅停留在口头说教，还要用最贴近的方式介入学生的成长过程。

（一）介入学习过程：从作业呈现到思维优化

贴地式介入、点对点辅导，是班级管理的重要内容。

在传统作业的批改方式中，教师很难发现学生知识掌握的程度、情感体验的深度、理解错误的关键、思考逻辑的过程等方面存在的问题。教

师介入学生的学习过程，询问学生做作业时的思考过程，能及时发现学生的问题并加以解决。比如，某学生在数学作业中注重答案的正确，经常省略解题步骤。为了帮助该生理解这种做法的危害，数学老师与他一起做题，比较彼此的解题步骤，最后发现了学生解题思维上的问题。在教师的指导下，该生终于明白了自己的问题，从此踏实书写，缜密思考。

贴地式介入学生学习，将作业背后的"病灶"挖出来，进而优化思维，开启真学习模式。

（二）介入内心成长：从发现惩戒到倾听沟通

贴地式介入学生内心成长，是班主任"终极精神关怀"的体现。如果班主任在管理中一发现学生的问题就惩戒，就会失去与学生深入交流的契机。

班主任需要做一个倾听者，认真了解问题产生经过，帮助学生分析造成错误的原因，然后与学生进行沟通，在思想和行动上与其达成共识。例如，某女生宿舍经常因为在休息时间聊天被扣分。教师与学生沟通后发现，出现这种情况的原因是学生学习动力不足，自我管理松懈，于是采取措施激发学生的学习动机，最后助力她们考上了理想的大学。

教师应对学生的每一个小错误进行引导，耐心细致地分析其中的原因，寻找处理问题的突破口，帮助学生把错误变成进步的契机。

（三）介入志向选择：从介绍者到指导者

贴地式介入学生的志向选择，需要班主任从介绍者转换为指导者，给学生建议并鼓励学生做出选择。

在学生进行志向选择时，班主任指导学生查询资料，了解志向选择的多种可能性，提醒学生志向选择的误区。学生越了解情况，对自己的志向就越清晰，对学习的要求也就越明确。同时，教师要提醒学生不要用目前的分数判断自己的未来，要通过认真学习创造更多的可能性，帮助学

生树立信心。

贴地式地介入学生的志向选择，不仅是信息分享，更是方法论的传授，对学生的未来发展有益。

三、全网布局，精准施策

我校紧紧围绕"高品质发展"，实现管理的科学化、规范化、精致化，使运行机制更加有活力。全网布局、精准施策，划分不同的网格，以小组为大格子设置层进式奋斗目标，以个人为小格子进行渐进式生涯规划，以机遇为微格子助力学生追梦。在党建引领下，将管理智慧和学生进取紧密结合，是班主任执行教育责任的必修课。

（一）奋斗目标：从单打独斗到团队作战

以小组为大格子设置层进式奋斗目标，摆脱单打独斗，提倡竞争与合作。以小组为单位，对学生进行优化组合，给予适当的共同辅导和共同交流时间，让学生能够在有限的时间内尽快找到方法。建立小组互助机制，提倡团队精神，形成更有效的带动。

例如，学生刚进校时，过集体生活没有一致性，缺少纪律自觉、学习自觉。针对这一情况，教师以宿舍为单位将学生分成一个个学习小组，发挥集体的作用。在学习小组的互帮互助下，学生在学习和自我管理上都取得了明显的进步。

以小组为单位，做好班级大格子的规划，发扬团队精神，互助合作，能有效提升学习效果。

（二）生涯规划：从局限性走向开放性

做好个人生涯规划的小格子，使其成为学生展望理想的窗口，而不是青蛙所见的"井口"。学生的目标不应局限于某一个大学，而应该是一个开放的大平台。

例如，我校往届高考生的志愿往往局限于名牌高校，而实际的录取情况却不如人意。志愿榜的设定不仅没能帮助学生找准奋斗的目标，提振

学生的士气，反而限制了学生的眼界。针对这一问题，我校在学生确立奋斗志向时，用阶梯型的志愿目标代替单一的志愿选择，详细指导学生的生涯规划，帮助他们了解心仪高校的信息；严格把关学生的模考，帮助他们了解自己的实际情况。

学生的生涯规划不应受目标的局限，而应拓宽眼界。把热爱的专业多级学校都展示给学生，让他们看到实现目标的可能性，才能激励学生往前进。生涯规划不应走向局限，而应登上更大的平台，走向开放。

（三）抓住机遇：从"幸运儿"到未雨绸缪

抓住机会，未雨绸缪。党建引领下新教育范式的生成和多元高考的落实，都需要用长远的眼光去看未来。将高考多元录取的机会看成学生追逐梦想的微格子，无论机会大小，都要鼓励争取。打造一流班级，鼓励学生有追梦的自觉。

班主任在高一就应将通往高考的多元化途径向学生做好说明，提醒学生在高中三年时刻关注变化，时刻做好准备，一旦机会来临就努力抓住，避免仓促应对。比如，学生在入学时就了解了各种自主招生的录取规则，并在接下来的三年里，在学校、家长的配合下，根据自己的目标，有针对性地专业化锻炼身体、参加各级各类竞赛、进行艺考特长的相关培训等，最终取得理想结果。为了学生能够在高考道路上走得更加宽阔，要重视学生各类素养的提升，让学生勇敢地走出课堂，参加全省乃至全国的竞争，通过榜样的力量加强班级奋斗的动力。

三年间持续准备，才能让学生在高考机遇来临时在最短时间内组织好材料进行投递获取资格。微网格点亮大愿望。

四、结语

长期以来，人们产生了一种惯性思维，即认为组织内部层级严格，分工明确，决策层、中间层与执行层之间存在明显界限且不可逾越。扁平化的管理模式不只在形式上减少了中间层级，更重要的是下放权力。党建引领下的扁平化班级管理和贴地式介入成长，让班主任给予学生充分的决策权，使他们不再只是教师决策的被动执行者，而是班级工作的主动参与者，更是自己未来的谋划者。这样不仅能调动他们以及背后家庭、社会的积极性，还能激发他们不断创新的欲望，变"一人意志众人执行"为"集体的事情大家想点子"。师生、家长在思想上更加明确，在目标上更为一致，在行动上更为有效。管理班级全网布局、精准施策，让学生超越自我有了更大的可能性。高中班级管理扁平化，贴地式介入学生成长，开辟新教育，走出大格局。

参考文献：

[1] 陈思洋.探寻普通高中高品质"育人之路"[N].江苏教育报，2023-09-01（001）.

[2] 符钰.笃行平民教育 致力特色发展——江苏省栟茶高级中学高品质特色（人文）高中建设的几点做法[J].华人时刊（校长），2023（11）：10-11.

[3] 曹静.论学校行政扁平化管理——以小学行政服务中心管理为例[J].现代教育，2021（08）：18-21.

[4] 封留才，傅振宏.建设浸润书院气质的高品质示范高中[J].江苏教育，2023（36）：48-52.

[5] 邵张裕.农村小学扁平化管理的操作范式探索[J].启迪与智慧（中），2020（10）：95.

运用积极心理学促进初中生自卑心理转变的策略探索

◎ 崔淑娟

摘　要　随着社会的快速发展，教育的内涵和外延也在不断扩展和深化，心理健康教育的价值逐渐凸显。在多元文化的冲击下，一些学生出现了不同表现形式的自卑心理。积极心理学采用科学的方法研究人类的幸福感和积极特质，鼓励人们发展个人潜力，追求有意义的生活，有利于为个人和社会带来积极的变化。将积极心理学运用到教育领域，可运用优势教育帮助学生克服自卑心理。

关 键 词　初中生；自卑心理；积极心理学；优势教育；学生发展

作者简介　崔淑娟，江苏省海安市城东镇西场初级中学，一级教师。

积极心理学（Positive Psychology）是 20 世纪 90 年代在美国兴起的一个新兴心理学领域。与传统心理学主要关注消极和病态心理不同，积极心理学是利用心理学目前已经比较完善和有效的实验方法及理论，研究人类的积极心理品质，关注人类的健康幸福与和谐发展。

初中阶段的学生正处于身心发展的关键时期，他们既面临着青春期的种种挑战，如身体的变化、情感的波动等，又承受着学业和人际关系的压力。在这一阶段，自卑心理往往成为他们难以逾越的心理障碍，表现为对自己的能力、智力、外表甚至与自己密切相关的人没有足够的自信心。这样的心理逐渐外化为缺乏进取心和挑战自我的勇气，使学生在人际交往中常常体会不到成就感。因此，自卑的人往往觉得自己一无是处，极度痛苦却无人倾诉。随着社会的快速发展变革和多元文化的冲击，自卑者呈现低龄化的趋势。

将积极心理学应用于教育领域，目的在于培养学生的积极品格和创造幸福人生的能力。这就意味着，教师不仅要着眼于学生的学业水平，更要关注学生健全的人格品质的养成。这不但有利于提高学生的情绪管理和人际交往的能力，对于帮助他们营造人生幸福感和价值感更是意义重大。

一、初中生自卑心理的产生原因

初中阶段有自卑心理的学生在社交方面比较被动，自我评价上往往过于负面，且会过度在意他人的评价，对批评和负面反馈非常敏感，甚至可能因为一次失败或挫折而长时间情绪低落。因此，他们在学习和生活中缺乏主动性和积极性，对新鲜事物或新的挑战缺乏尝试的勇气，会避免承担责任，害怕失败或被人评价。

基于所执教班级学生的状况，我认为初中阶段的学生之所以会产生自卑心理，往往是多方面原因造成的。

（一）学校特殊的地理位置

学校特殊的地理位置导致生源结构复杂，使得学生没有自信导致自卑。我校位于农村地带，然而其位置却紧邻繁华的县城。这样特殊的地理位置使我校的生源结构尤为复杂。近年来，随着县城教育资源的日益丰富，不少家长将孩子送往县城就读，导致我校的优秀生源逐渐流向县城的学校，本校的生源结构以中下等生为主。这样的生源结构会造成班级的学习氛围不浓厚，导致学生和教师都缺乏自信。

（二）外来务工人员子女带来的文化融合问题

外来务工人员子女的加入使文化融合成为难题，导致外来学生没有自信。近年来，随着我校所在区域工业园区的快速发展，吸引了大量的外来务工人员。他们的到来，不仅为当地经济注入了新的活力，也给我校带来了不少外来务工人员子女。据统计，我校每个班级平均有 12 名外来务工人员子女，占比相当高。这些外来务工人员子女由于文化差异、生活习惯不同，以及对新环境的适应问题，往往容易产生自卑心理。他们中的许多人在原来的学校可能是班级里的佼佼者，但到了新的环境，面对新的同学和老师，却感到无所适从。他们害怕被嘲笑，害怕被排斥，于是选择沉默寡言，自我孤立。

（三）不到位的家庭教育

不到位的家庭教育使部分学生难以形成活泼开朗的性格，从而导致自卑。根据西尔斯的亲密育儿法理论，亲密育儿法养育的孩子安全感往往比较强，与人的亲密度也高。因为他们经常有父母的陪伴，在与人相处时显得更加温暖和自信，也更愿意积极尝试，且充满安全感。然而，我校不少学生的父母以打工为生，很少能够为孩子提供亲密教育，导致部分学生缺少安全感，容易自卑。

（四）学生自身的不足

有些学生由于自身的一些不足产生自卑心理，如觉得自己体型过胖或长相丑陋；觉得自己的家庭不如别人的家庭富裕等。更多的学生是因为学业成绩不理想而产生自卑心理。鉴于我校现

状，作为学校的心理健康兼职教师，我在每年的心理健康普测中都会采用罗森伯格自尊量表来测试学生的自卑程度。

从本学年的测试结果来看，我校自卑者人数达到 35 人，占全校总人数的 6.3%，其中外来务工人员子女 20 人，占自卑者人数的 57.1%。作为教育工作者，我深知消除学生自卑心理，尤其是外来务工人员子女的自卑感，对于培养他们健康人格的重要性。

二、用优势教育消除初中生的自卑心理

帮助学生消除自卑心理的关键在于进行优势教育。美国学者安德森将优势教育定义为新型的教育理念，它需要教师在工作中有意识地发展和应用自己的优势以持续学习、提升教学水平、设计和实施教案、创建活动，帮助学生在学习过程中发现自己的天赋，发展和应用自己的优势，以学习知识、获得学习技巧、发展思考和问题解决技能，最终取得优异的成绩。简单地说，就是教师在教学中发现学生的优势，并帮助他们利用自己的优势获得最终的成功。

优势教育是积极心理学在教育实践中的具体运用。进行优势教育的前提是搞清楚每个学生的优势是什么。因此，在运用优势教育前要先对学生进行优势测量。可以参考彼得森的优势对比图来更好地了解初中生所具备的优势，还应在平时的工作中留心观察每个学生的优势所在，按其优势进行引导和教育，并通过表扬来鼓励学生利用其优势获取最终的成功。

（一）教师层面

向每个学生表达尊重和善意。教师应该尊重每一个学生，并向他们表达善意，比如，在校园里，当学生主动向教师问好时，教师也该回应学生，让学生感觉自己是被尊重的，能让他们感受到自己的价值。

让学生有归属感。教师应当给学生营造一个

轻松的环境，让学生可以自由表达自己的观点，让学生当自己的主人。比如，民主选举班级委员，并定期对班委进行民主考察，大家共同决定班委的去留。

与学生建立积极的关系。积极的师生关系应该是平等、尊重而非对立的，师生之间是战友而非敌人。积极的师生关系有利于维护学生的自尊心、树立学生的自信心。教师通过倾听和鼓励来支持学生，使学生充满信心和幸福感。

帮助学生发现优势并给予认可。很多学生在学习和生活上经常听到的是训斥和不认可，因此他们不能发现自己的优势。教师应该帮助学生发现并发展自己的优势，鼓励学生努力达到自己设定的目标。

对学生抱有积极的期待。教师应该向学生表露自己对他们的积极期待。教师的期待往往会内化为学生的动力，有助于学生树立积极向上的生活态度。

帮助家长认清自己在子女教育中的主导地位。父母在子女的教育上起着主导作用，但是很多父母却不能清楚地意识到这一点。教师要通过家校共育帮助父母认清这一点，这有助于父母在家当好孩子的表率。

（二）学生层面

评估学业并达成目标。学生应该有评估自己学业的能力，要清晰地知道自己擅长什么、欠缺什么，并为自己设定目标。设定的目标要努力达成，借此树立自信心。

合作完成任务。学生要有小组合作的意识并积极参与，与组员融洽配合来完成任务。这不仅可以提高学生的学习能力，而且能培养学生的合作精神，使学生间的关系更融洽。

为自己的成功喜悦。学生通过努力达成目标时，能够为自己的成功感到喜悦，并对自己充满信心，进一步深化内在动机。

三、优势教育在实际教育教学中的具体运用

（一）师生之间

1. 教师尊重每一个个体，学生将老师视作朋友

一段积极关系的确立有助于师生双方感到自信和幸福，从而共同成长。李镇西老师以平等的态度与学生相处，每次接手新的班级，他都会在开学前给学生写信介绍自己，让学生了解他的同时也拉近了与学生的关系。他的教育理念是："朴素最美，关注人性做真教育；幸福至上，享受童心当好老师。"这位教育巨匠让我们看到了师生积极关系建立所产生的积极效应。其实，除了给学生写信以外，我们能做的还有很多。小到对学生认真倾听、积极回应，大到向学生虚心学习并积极改正，都会让学生感受到来自教师的尊重，从而获得自我认同感和归属感，让学生受益终身。

2. 教师帮助学生发现自身的优势，学生发挥优势以取得成功

对于自卑的学生来说，发现自身的优势能够帮助他们对自己正确定位。

针对本班外来学生众多的实际情况，学校艺术节期间，我特意策划了一场以"家乡文化"为主题的展示活动，鼓励来自外地的学生积极排练节目，向全校师生展示他们的家乡文化。这些学生内心深处对家乡文化的热爱和自信是他们最为宝贵的财富。通过这次活动，他们不但能够展示自己的才华，而且能够找到一份归属感和自豪感，让他们在陌生的环境中找到属于自己的位置。

除了艺术节这样的大型活动，我还注重在日常教学中为学生创造展示自我的机会。在课堂上，结合学科特点，采用特殊的教学方法如课堂演讲等，鼓励学生积极参与，发表自己的观点和看法。同时，开展各种形式的竞赛活动，如英语书写大赛、英语口语比赛、英语课本剧表演等。

通过这些展示平台的搭建，学生逐渐发现了自己的闪光点，感受到了成功的喜悦。他们开始愿意与同学和老师交流自己的想法和看法。这些变化既体现在学习成绩上，也体现在他们的心态和行为上。他们变得更加积极向上，敢于面对困难和挑战，也学会了如何在团队中发挥自己的优势。

（二）生生之间

1. 建立正向的竞争关系

积极的竞争关系应该是健康正向的。学习上的竞争对手在生活中应该互帮互助，不能恶意打压，抓住机会就向老师狠狠地告一状。这样的竞争关系并不利于扭转自己的劣势或发挥自己的优势。势均力敌的人既是对手，也是朋友。学生应该在正向的竞争关系中激发自己的内动力，同时也可以在竞争中发现自己的不足并努力改进。

2. 在团队合作中取长补短

"三人行必有我师"，古人早已清晰地意识到了这一点。在团队活动中，学生应该既能发挥自己的优势，又能寻找学习的机会。这不仅能使他们顺畅地与其他团队成员合作，加强团队成员之间的人际关系，还可以通过反思自己之前的错误和改进提高取长补短的能力。

（三）家校之间

1. 学校尊重家庭文化，家长认同学校工作

不同的家庭有不同的家庭文化，来自不同地区的家庭可能还包含了不同的民族背景，如本班就有三名少数民族学生。不同的民族造就了不同的家庭文化，同一民族由于地域的不同，文化也会略有不同。比如，藏族人会在身上佩戴一些首饰，首饰在其文化中扮演着重要角色，富有深厚的文化意义。因此，学校要尊重家庭文化的不同，不能"一刀切"。

同时，对于学校的工作，家长也应认同并积极配合，要相信学校以生为本的决心，所有的决策一定是以学生的健康发展为前提的。家校双方一定是统一而不是对立的。

2. 学校开放沟通渠道，家长参与学校活动

学校应定期开展家校共育活动，如召开家长会、举行家长开放日活动，还可以通过学校公众号向家长传授育儿经验，推荐通俗易懂的家庭教育读物。每学期可以开展家访活动，班主任应将学生尤其是特殊学生的在校情况及时传达给家长，积极寻求家长的参与，共同教育好孩子，助力学生的健康发展。

四、结语

在教育的道路上，教师既是学生的引路人，也是同行者，与学生一起成长、一起进步。我坚信，在师生、家校的共同努力下，初中生的自卑心理将会得到有效转变，他们将会以更加自信、阳光、健康的姿态迎接未来的机遇和挑战。

参考文献：

[1]［美］威廉·西尔斯，［美］玛莎·西尔斯.西尔斯亲密育儿法［M］.赵家荣译.南京：江苏文艺出版社，2011.

[2]郭念锋.心理咨询基础培训教材（理论知识）［M］.北京：中国劳动社会保障出版社，2021.

[3]曾光，赵昱鲲等.幸福的科学：积极心理学在教育中的应用［M］.北京：人民邮电出版社：2018.

[4]李镇西.爱心与教育［M］.桂林：漓江出版社，2014.

小学阶段运用陶行知思想践行正面管教的思考

◎肖　杰　田　静

摘　　要　正面管教既是一种教育方法，也是一种教育思想，它与陶行知的教育思想有不谋而合之处。两者都强调要公平公正地对待学生，尊重学生，在平时的生活实践中让学生获得价值感与归属感。孩子是一个国家的未来，一个民族的未来。身为一线教育者，教师应在实践中切实思索如何教孩子去求真，学做真人。将陶行知教育思想与正面管教相结合，用于教育教学中。结合具体教育案例，探讨利用陶行知思想践行正面管教的方法。

关 键 词　陶行知思想；正面管教；小学

作者简介　肖杰，江苏省泗阳县北京路小学党支部副书记，高级教师；田静，江苏省泗阳县北京路小学教研处副主任，一级教师。

　　"正面管教"理论来源于美国，创始人是美国杰出的心理学家和教育学家简·尼尔森。正面管教，就是营造一个纪律性的环境，并发挥这个环境的积极性。正面管教之所以正面，在于教育者能够始终坚持和善而坚定的态度，让学生找到爱的归属和自身存在的价值，从而塑造学生独立而完整的自尊体系。结合陶行知教育思想，在教育教学中发挥正面管教的最大作用，可以从增强学生的归属感和价值感、构建学生完整的自尊体系、有效利用班会三个方面着手。

一、增强学生的归属感和价值感

　　归属感和价值感是学生心理健康和社会适应的基石。拥有强烈归属感的学生更容易融入集体，与同学建立和谐的关系，形成良好的社会支持系统。价值感则关系到学生的自尊和自信，是其内在动力的源泉。当学生感受到自己的价值被认可和尊重时，他们会更加珍惜自己，更有动力去探索和学习，从而实现自我价值。归属感和价值感在学生的成长过程中有十分重要的作用。陶行知先生"爱满天下"的教育思想正好与正面管教相辅相成：正面管教提出了"爱"和"尊重"对学生找到归属感和价值观的重要性，陶行知先生"爱满天下"的教育思想正好回答了我们如何去爱学生。

（一）建立积极的师生关系

　　教师作为学生成长过程中的重要引导者，其言行举止都会对学生的归属感和价值感产生重要作用。教师应该积极与学生建立平等、尊重、信任的师生关系，关注学生的情感需求，倾听他们的声音，理解他们的困惑和烦恼。通过与学生建立深厚的情感联系，让学生感受到被关心、被理解、被尊重，从而增强他们的归属感和价值感。

　　人都喜欢被表扬，孩子更是如此。教师多使用表扬、激励的话语，能够激发学生的学习兴趣，与学生建立深厚的感情。比如，当一名平时不善于展示自己的学生能正确回答问题时，教师可以亲切地说："你回答得非常好。你的声音多么响亮！从你的回答里老师感受到了你的勇敢和自信！"激励性的表扬可以在师生之间建立和谐的关系，让课堂氛围轻松愉悦，这样学生在课堂上才能敢于表现，敢于质疑，敢于展示。

当学生在课堂上遇到问题感到挫败时，教师可以进行积极的解释："孩子，今天是有点紧张了，是吗？下次做好充分准备，调节好自己的心情，老师相信你一定会成功的。""虽然这次展示失败了，但是老师发现你的展示过程很有逻辑性，老师相信逻辑性那么好的你一定能够把数学学得很棒。""没有做好充分准备的孩子上来展示，也有可能会展示失败，所以这不是你一个人的问题哦。"通过积极的解释提醒学生这次失败只是暂时的，一次的展示失败并不能证明自己学不好。积极的解释可以带给学生积极的情感体验，让学生感受到教师的理解和包容，更容易获得价值感和归属感。

（二）发挥师爱的作用

陶行知先生"爱满天下"的教育思想为我们提供了宝贵的启示。在教育实践中，教师应该用爱去温暖每一个学生，让他们感受到教育的温暖和关怀。师爱是教育力量的源泉，是教育成功的基础。正面管教是一种既不惩罚也不骄纵的管教方法，同样，教师对于学生的爱也应该是不骄纵的。

班上有一名叫小月的女生，成绩中等，学习习惯不太好。有一次，她因为贪玩没有完成作业，被我批评了几句。课间有学生拿着一张小纸条来向我报告，原来小月在小纸条上写了老师的坏话。看了小纸条以后，我心中有点生气，但转念一想，她也只是个在情绪中的孩子。想到正面管教所提倡的既不惩罚也不骄纵的教育方式，温和而坚定的教育态度，我把小月叫来办公室。小月刚开始很紧张，我温和地说："今天你被批评了，所以很生气，对吗？"小月垂着脑袋，点点

头。我笑着说："你不要紧张，老师并没有生气。这样，你自己反思一下有哪些做得不恰当的地方，打算怎么解决这些问题呢？"小月很意外地抬起头来看着我说："老师不生气吗？"看到我的笑脸，她又不好意思地低下了头，然后小声地说："不要告诉妈妈，行吗？"我肯定地说："可以，只要你用恰当的方式解决问题。"小月突然鞠了个躬说："对不起，老师，我不应该说你的坏话。今天中午放学之前我会把作业补上的。"中午放学的时候，小月如约补完了作业。我仔细检查后，表扬她的作业字迹工整。听到我的表扬，小月非常开心，郑重地说："谢谢您，老师。"在以后的时间里，我发现小月在课堂上的表现越来越积极，成绩也在慢慢地进步。我想，真正的师爱就是能够耐下心来选择正确处理问题的方式，给予学生安全感和信任感，激发学生的价值感，让学生感受到被尊重和被接纳。

总之，师爱是教育成功的关键之一，正面管教则是实现这一目标的有效方法。教师应该尊重学生的个性差异，以温和而坚定的方式对待学生；掌握有效的沟通技巧，建立良好的师生关系；以身作则，成为学生的榜样。通过这些措施培养学生的自觉性和责任感，促进学生的健康成长和全面发展。

（三）加强家校沟通

如果班级中的每一个学生都有强烈的归属感，在学校里能够感受到老师和同学的爱，那么在一定的程度上能够帮助学生形成健康的心理，减少不良行为。我所带的班级有 52 个学生。每个学生的家庭情况不同，其中有六七个学生来自离异家庭。记得有一个女生，父亲再婚，继母却不愿意抚养她。父亲没有办法，只能将她放在家教点寄居。她文文静静不爱说话，经常有作业不做或者迟到早退的情况。《正面管教》里写道："在不良行为的背后，是一个仅仅想要有所归属并且不知道该怎样以一种恰当、有效的方式来达

到这一目标的孩子。"这个女生只是缺少爱、缺少归属感，只是想被老师和家长关注而已。

为此，我召开家长会，在孩子和家长之间架起桥梁，让家长表达对孩子深沉的爱。我为学生准备了彩色的卡纸，要求他们用卡纸为家长做一份贺卡，写上心里话。然后通过微信群和家长秘密沟通，请每一位家长也为孩子准备一份相应的礼物，写上家长想对孩子说的话，把他们平时轻易不表达的爱表达出来。通过这种沟通方式，孩子能够感受到家长的爱，找到归属感。在这次家长会上，我邀请了那名女生的父亲作为特邀嘉宾。她的父亲当着全班同学和家长的面，声情并茂地朗读了自己的心里话，字里行间真挚的情感打动了在场的所有人。听了父亲的话，女生也十分感动，当场向父亲和老师保证她会改掉迟到早退的习惯，认真地完成作业。家校合作，成功地拯救了一个差点丧失归属感的孩子。

二、构建学生完整的自尊体系

（一）给予孩子爱和尊重

《陶行知教育文集》里要求教师"眼睛向下"，放下架子；教师要有豁达的心胸，真诚的态度，炽热的情感；公正地对待每一个学生，尊重每一个学生。正面管教有一个原理叫"赢得孩子"。赢得孩子有四个步骤：第一，表达出对孩子感受的理解，一定要向孩子核实你的理解是对的；第二，表达出对孩子的同情，而不是宽恕，并且告诉孩子你也曾经有过类似的感受和行为；第三，告诉孩子你的感受，进行真诚而友善的沟通；第四，让孩子关注于解决问题，直到你们达成共识。我曾经运用这种方法，处理过很多班级突发事件。例如，有学生一直在哭，问他原因也不回答。我本着尊重学生的态度和他进行聊天："我知道你现在一定很难过很伤心，对吗？"他不再沉默，告诉我同桌弄坏了妈妈送给他的礼物。我接着又说："对于礼物坏了，我表示很同情。其实我也曾

经因为自己心爱的礼物被妹妹弄坏了而伤心大哭过。"这个时候这名学生停止了哭泣。我接着说："其实哭解决不了问题，我们可以找到解决问题的办法。"后来他在同桌的帮助下用胶水和剪刀把礼物修好了。经过这次事件以后，我深刻地感受到理解和尊重学生的重要性。无论学生遇到什么问题，作为教师都应当本着一颗爱的心，站在尊重学生的角度上和他们进行沟通，找到解决问题的办法。

（二）培养学生解决问题的能力

授人以鱼不如授人以渔。传统的管教方式关注的是教给学生不要做什么，正面管教关注的是教给学生要做什么，思路从关注惩罚转向关注解决问题。

在一次班会上，我让大家进行头脑风暴：有些同学总是不做作业怎么办？下面是学生列出来的部分解决方法清单：用戒尺打手心；用课间玩耍的时间补作业；打电话给家长带回家补作业；罚他抄作业抄两遍；一次不写作业，扣掉争星本上十颗星。

学生能够提出很多种解决问题的办法，但是这些办法都具有惩罚性。接着我又进行了第二次头脑风暴，要求学生忘掉逻辑后果，给出非惩罚性的解决方案。我列出如下清单：每天安排一位同学打电话，提醒他按时完成作业；要求他每天作业写完以后拍照发在微信群里；让他每天写完作业后，打一个电话给老师汇报；不会做的题目可以空下来第二天来问同学和老师。

对比两个清单，我发现，第一个清单更关注过去，重于惩罚。若采取第一个清单的解决方案，很容易打击学生的积极性和自尊心。第二个清单更关注于将来，关注如何去解决问题。两个清单列出以后，我让学生自己选择解决这个问题的办法。大部分的学生选取的方法是第二个清单中的方案。通过让学生自己解决问题，让他们感受到自己的价值感存在感，增强他们的自

尊心。

三、有效利用班会

班会是对学生进行思想品德教育的主阵地，是学校德育工作的桥头堡。正面管教提倡将班级事务以及在班级中出现的问题放在班级会议上解决。班会的目的应该是教会学生相互尊重，学会爱自己；相互致谢，学会爱别人。让学生专注于问题的解决方案，筹划班级活动。《正面管教》里提出了有效班会的八大要素，包括：围成一个圆圈；练习致谢和感激；设立一个议程；培养沟通技巧；懂得每个人都是一个独立的存在；角色扮演和头脑风暴；分辨人们做一件事情的四个理由；专注于非惩罚性的解决方案。

在主持班会时，教师要格外注意自己的态度和技巧，还可以设计一些活动，帮助学生学习有效班会八大要素的使用技巧。比如，在一次班会上，我让学生以头脑风暴的方式列举出各方面的具体事例，以固定的格式"我要感谢某某同学为我做了某某事"练习致谢和感激。用这样的方式让学生学会关注别人、感谢别人，被感谢的学生也找到了自己的价值感。

班会的另一个目的是解决平时班级中出现的问题。在尝试解决问题之前，先教会学生专注于问题的解决方案。比如，在交通安全的主题班队会上，教师向学生提问：如果不走斑马线会怎么样？如果逆行会怎么样？如果不遵守交通指示灯会怎么样？利用启发式的问题来帮他们探讨不同选择所带来的后果。

此外，为了让学生充分体会到班会的重要性，教师要学会使用班会议程表。可以在教室墙壁上留下一块空白，将下一次班会需要解决的问题一一列在上面，每一位学生有什么问题需要解决也都可以写到议程上。

四、结语

爱是一种积极、温暖的力量，它能够塑造学生的行为、情感和品质，对学生的成长和发展起着至关重要的作用。温柔而坚定的教育态度、不骄纵也不惩罚的教育方式是另外一种师爱的表达，同时也对教师提出了新的要求：提高师爱水平需要教师加强自身修养、关注学生需求、积极沟通、给予关爱并不断反思和总结。

参考文献：

[1][美]尼尔森.正面管教[M].玉冰译.北京：京华出版社，2008.

[2]方明.陶行知全集[M].成都：四川教育出版社，1991.

[3]钟天骐.正面管教理论在小学班级管理工作中的应用[J].教育教学论坛，2020（24）：19-20.

[4]钱奕君.巧用行知思想，让小学德育更走心[C]//中国陶行知研究会.2023年第二届生活教育学术论坛论文集，2023：3.

核心素养视域下"三力论"的当代价值探析

◎杨娅萍

摘　　要　党的十八大提出"立德树人"的理论，作为教育改革的上层概念，旨在描绘新时代社会青年人才的理想形象。基于发展学生核心素养的视角探讨陶行知"三力论"在当下具有的时代价值，可给学校教育工作带来新思路，促进学生核心素养的发展。

关 键 词　学校管理；立德树人；三力论；核心素养

作者简介　杨娅萍，江苏省昆山市大市中心小学校教科室主任，中小学一级教师。

党的十八大提出"立德树人"的理论，高度重视培养什么样的人、怎么培养人的问题，重视提升学生的核心素养水平。作为新教育的创建者及旧教育的改革者，陶行知教育思想中的生活教育理论为当时落后的国办教育开辟了新的道路，他的生活教育理论、创造教育理论及乡村教育理论中都涵盖着丰富的学校教育思想。"三力论"是陶行知生活教育理论的重要内容，是陶行知教育目的观的重要体现。

一、主题思想概念概述

（一）"三力论"概述

陶行知"三力论"中，"生活力"概念初步形成于1922年的《评学制草案标准》中，陶行知倡导社会、个人和生活与事业本体三种需要与能力，其中最重要的是"生活与事业本体需要"。"生活力"概念的首次确切地提出是在《中国师范教育建设论》中，强调晓庄培养的学生是有"生活力"的学生，并对生活力作了初步细分，后在《教学做合一下之教科书》中对"生活力"从五个维度做出了明确的细分。在《在劳力上劳心》一文中，陶行知便提及"做"是学之中心，"我们必

须明白'做'是什么，才能明白教学做合一"。陶行知心目中理想的做法是什么？便是发展学生的"生活力"。

"自动力"的明确提出是陶行知在育才学校创办两周年时写下的《育才学校两周岁前夜》中，他提出培养学生的"自动力"，并对"自动力"作出说明，即"自动是自觉的行动，而不是自发的行动"。陶行知最早关于"自动"的想法出现在《学生自治问题之研究》一文中，但当时主要将自动局限于学生自治。

陶行知在《手脑相长》中提出人要通过"手与脑的结合"服务于社会，建设中华，收复失地；在《创造的儿童教育》中明确提出"解放创造力"与"培养创造力"，并做出了详细的讲解。陶行知指出传统教育课程设置不合理、缺乏创造性等不足，并称传统教育呈现出畸形的特征，在较大程度上压制了学生的自由意志、自身活力及自身创造力，最终导致学生呈现出普遍的文弱性。由此可见，以当时的传统教育方式培养出的"人才"是无法真正造福人类与服务社会的，无法满足当时的社会环境。

抗日战争后期，陶行知根据社会发展需求提

出了高瞻远瞩的"育才二十三常能",其中涵盖了"三力论"的内容,可以说是"三力论"的延展与具体化,逐渐形成学生必备的能力观。

(二)核心素养概述

核心素养是一种关于教育的上层概念,以其为基本理论的改革引发了研究热潮。2016年,《中国学生发展核心素养》发布。近年来,关于核心素养的研究呈现"遍地开花"之势。核心素养旨在描绘新时代社会青年人才的理想形象。国家出台了一系列重要文件,共同方向是培养中小学生的核心素养,体现核心素养的地位和价值,标志着核心素养由学术概念正式向实践操作转变。核心素养是对全面发展和素质教育的突破,以其为理论的教学改革已在中小学试行。

事实上,核心素养在我国学术界尚处于起步阶段。核心素养是多维度的概念,具有可迁移性和关键性,是为了适应未来社会和个人终身发展需要,集品德、知识、能力于一体的综合能力,是人在一生中不断处理问题的能力,是成功生活所必须拥有的素养。核心素养的关键是"核心"二字。要在全部素养中抓住"关键、主要、必要"素养,必须紧扣人的终身发展和社会发展需要。核心素养并非一个固定的概念,主要概括为"品德""知识""能力"三个维度,具备时代性和前瞻性。

1. 品德

人无德不立。良好的品德是学生的做人之本,具体表现为尊师重道、尊重长辈和注重个人品格。其中,尊师重道指向学校层面,主要指尊重老师、坚定信念,养成高度的社会责任感,愿意为祖国的发展奉献力量。尊重长辈指向家庭层面,包括尊重父母、爱护家人等,让学生养成有爱心、有耐心的良好品德,对学生身心发展起到至关重要的作用。注重个人品格主要指注重自身专业的发展,追求卓越的品质,同时也要恪守道德。品德不是空泛的概念,而应迁移到生活的方方面面,共同推动学生良好品德的养成。

2. 知识

知识基础影响品德与能力的发展。知识反映学生的知识储备,由通识性知识、条件性知识、理论知识、内容知识和实践性知识构成。学生通过学习,掌握数学、语文、英语、体育等基本知识和基本原理,掌握一些基础的健身动作,具有安全避险和急救知识,深入了解我国的一些传统文化知识,增强民族荣誉感和自豪感。对于普通个体而言,生活劳动离不开社会群体,这就需要人际关系知识为团体互动奠定基础。学生要通过自省实现品德提升和能力的自我超越,个人内省知识就显得尤为重要。不仅如此,学生还要了解国内外的一些基本情况,对当前实事有一定的把握;还需了解基本现代信息技术,不断强化自身知识,从而达到卓越。综上,卓越学生应当有渊博的知识和过硬的本领,以应对未来各种挑战。

3. 能力

能力是构建框架体系的重要维度,由运动能力、教学能力、沟通合作、竞赛管理、诊断评价、创新能力、科研能力、自我调控、信息技术、审辨思维和自主学习构成,在各国核心素养体系中都是表述的侧重点,是适应新时代社会发展所必需的能力。运动能力是强健学生体魄的必备能力之一。陶行知注重以全面教育来健全国民。要实现全面教育,就要求"身体和精神要全体顾到,不可偏废"。在体格健全方面,要实现耳目口鼻手足全面健全。陶行知对健全体格的内涵有较为全面的描述:"① 私德为立身之本;② 公德为服务社会、国家之本;③ 有人生所必需之知识与技能;④ 有强健、活泼之体格;⑤ 有优美和乐之感情。"

习近平总书记在安康市平利县老县镇中心小学视察时曾引用毛泽东的话:"文明其精神,野蛮其体魄。"陶行知之理论也与此相通。深受"试验主义"及"进步教育"思想影响的陶行知将相关的理论积极运用到归国后的教育实践中，晓庄学校的课程设置就浸润着这种思想。陶行知的生活教育理论中，健康的体魄被视为第一目标，这与陶行知对体育在生活与教育中的地位认知有密切关联。

学习能力不仅是能积极探索提高核心素养的学习方法，而且能科学设计自学计划，利用现代化技术合理利用学习资源，引发独立思考和主动探究，形成有效学习等；沟通合作能力主要指与同龄人亲近、平等地交流，同学之间懂得分享交流，实现互利互惠、协作共赢。核心素养视角下传统的学习方法已不适用，应侧重培养学生的合作交流能力、反省能力、解决问题能力等。教师应每做一件事情都比过去突破一点，立足批判性的立场反思问题，应对教学工作中的复杂性，从而推动教育事业进步。

二、"三力论"的当代价值

（一）"三力论"与核心素养是人才的标准

教育是培养人的活动。"三力论"与核心素养都回答了"培养什么样的人"，对人的标准做出了规范。

陶行知提出"三力论"的目的是培养社会发展所需要的人。通过培养人才推动社会发展。以"生活力""自动力""创造力"的标准教育学生，发展学生能力。核心素养是为了将学生培养成适应当下社会环境发展的人而提出的规格要求。"三力论"和核心素养都倡导学生德、志、情等方面的和谐发展；都主张社会与个人的有效融合。"三力论"中的"生活力"体现了个体生活必备的能力品质和社会发展所需能量；"自动力"反映了个人自觉性；"创造力"体现了个人和社会发展进步的源泉——创造。从核心素养的六大素养内涵来看，"健康生活"和"学会学习"指向个人生理和心智；"人文底蕴"和"科学精神"指向社会个体的精神生命，"责任担当"和"实践创新"指向个体的社会属性。可见，"三力论"与核心素养对

学校要培养什么样的人提出了具体要求，并且反映了个体与社会统一。

（二）"三力论"与核心素养的相同之处

从上文可以看到，"三力论"与核心素养都对社会、学校培养的人提出了具体要求，规范了人才培养。通过比对能够发现，它们还存在不少相同之处。它们都是吸收先进理论并结合国情的成果。陶行知是试验主义大师杜威的弟子，他的理论也受到了杜威的影响，认为试验能够发现新的理论，从而推动社会的发展。学校是发现新理论的主要"战场"。作为新教育的创建者及旧教育的改革者，陶行知教育思想中的生活教育理论为当时落后的国办教育开辟了新的道路。当时的政治腐败、社会困顿及自身求学的艰辛使陶行知笃定实现国家富强与社会兴盛的唯一出路在于教育。哥伦比亚大学求学期间，他深受杜威实用主义及"进步教育"思潮影响，为他的教育思想奠定了基础。陶行知的"三力论"是当时国内优秀教育理论与杜威实用主义理论的结合创新。

核心素养教育理论是从中国目前教育发展水平出发与国际接轨。《中国学生发展核心素养》由教育部委托北京师范大学历时三年研究发布，是针对学生发展的重大理论，将促进素质教育更上一层楼。"三力论"与核心素养都是从我国国情出发，结合国际社会上先进的教育理论，形成具有中国特色的教育方针，为我国教育发展提供了可行路径。

（三）丰富与落实核心素养

陶行知"三力论"中的"生活力"，在当时的教育环境下有效促进了学生发展。今天看来，依然有可以借鉴之处。

核心素养是当下学生成长发展的重要理论，符合国际社会教育发展的轨道。在深化教育改革的背景下，我们应当充分利用一切积极因素，深入发展教育水平，消除一切不利因素，切实达到教学目标。可以通过"三力论"来丰富核心素养

的内涵及其落实。

通过培养"生活力"可以落实"人文底蕴""健康生活"核心素养。陶行知在学校中开展戏剧、诗歌和演讲等活动，拓宽学生的艺术生活，促进学生人文精神的提高。当下的教育工作者也要把握教育中的艺术气息，多开展人文素质教育，营造学校的艺术氛围，培养学生的"人文底蕴"核心素养。追求体健是陶行知生活教育理论的首要目标。当下的学校同样要开足体育课，不能只追求形式和表面文章而忽略了学生健康的重要性。通过培养"自动力"可以落实"科学精神""学会学习"核心素养。陶行知认为，每个学生如果都能有"自动力"，那么学习将会"事半功倍"，学生拥有"自动力"就会自主学习、自我教育、自我探索。通过培养"创造力"可以落实"责任担当""实践创新"核心素养。陶行知认为，思想是"创造力的源泉"，手脑联盟是发展"创造力"的有效方法。因此，教育者不但要传授知识，还要发展学生的"创造力"，培养学生在思想源泉上的原动力，让学生做到手与脑的共同使用。只有敢于探索，敢于实践才能有新的创造，有了新的创造就要有责任与担当。

参考文献：

［1］方明.陶行知全集［M］.成都：四川教育出版社，1991.

［2］于日良.陶行知最早制订"中学德智体全面发展"校训［J］.爱满天下，2004（05）:64-66.

［3］胡晓风等.陶行知教育文集［M］.成都：四川教育出版社，2007.

［4］方明.陶行知名篇精选：教师版［M］.北京：教育科学出版社，2006.

［5］冉浩.陶行知生活教育学说目的论研究［D］.福建师范大学，2019.

［6］褚宏启.核心素养的概念与本质［J］.华东师范大学学报（教育科学版），2016，34（01）：1-3.

整合利用社区内教育资源，提升社区教育活动课程质量

◎丁　君

摘　　要　社区教育的发展离不开社区内各类资源，社区教育部门要对这些资源进行合理整合和优化利用，充分发挥社区资源的教育价值。在开发社区教育资源时，应该注重人的全面的、和谐的发展，注重人的生活的、现实的需要，注重人的终身的、不断的发展。同时也应该更加注重本土文化因子的挖掘，尤其是对社区内地域文化资源和具有传统影响力的社会活动的挖掘利用。

关 键 词　社区教育；资源；课程质量

作者简介　丁君，无锡市惠山区洛社社区教育中心校校长，中学高级教师。

什么是社区教育？国家标准化管理委员会是这样界定的：“在社区中，开发、利用各种教育资源，以社区全体成员为对象，开展旨在提高成员的素质和生活质量，促进成员的全面发展和社区可持续发展的教育活动。”整合和利用社区内外资源是负责社区教育的机构、单位的重要工作内容。现以无锡市惠山区洛社社区中心校为例进行论述。

一、整合和利用社区内教育资源的原则

太极拳作为中华民族传统文化的瑰宝，是一项古老唯美的健康运动。无锡市惠山区洛社镇是经济强镇、文化重镇，随着时代的发展，身体健康、心境宁和成了广大社区居民的向往与追求。在此背景下，2011年，洛社太极拳协会由钱荣、杭新宇等18位洛社镇的有识之士捐资100万元成立，在洛社镇企业家中掀起了学太极拳的热潮，众多居民也热切期待有机会参加这一运动。

（一）应注重人生活的、现实的需要

怎样利用好这一社会资源，让更多的洛社居民分享此红利？我校与太极拳协会携手，致力于打造“洛社太极”品牌和“太极特色镇”，洛社居民练习陈氏太极拳蔚然成风。我校提供一栋教学楼作为太极拳培训基地，每年提供10万元培训经费，并制定了各项培训制度章程，全力推进太极拳进社区、进居民。倡导全民健身，带动广大人民群众养成健康向上的生活方式，参与太极，积极传播太极文化，共创幸福家庭，促进社会和谐。企业家创办太极拳协会的初心和我校为社区服务的初心高度一致，同频共振带来的力量是不可思议的。我校与洛社太极拳协会的负责人共同商讨，拟定详细、周密的推广计划；太极拳协会100多位企业家会员出资出力，与我校的工作人员一起不厌其烦地一次又一次抱团走进社区、街道、工会企业、银行及政府机关，走遍了洛社镇所有社区（村），通过送教上门的形式，免费为广大群众传授太极拳的相关知识与技能。这些免费的“健身教头”依托我校提供的设施齐全、宽敞明亮、环境优雅的培训场地（洛社成教中心太极馆），先后开办了30多个太极提高培训班，共培

训太极爱好者3820多人，开启了太极拳的"巡回之旅"，掀起了洛社全民参与打太极拳的热潮。

如今，"洛社太极"这股春风已走进大街小巷，深入千家万户。社区居民学习太极拳以来，体检报告单上不健康的箭头越来越少了，有些原来有的病也在不知不觉中痊愈，人们的脸色红润了，心情愉悦了；夫妻双双切磋拳艺，兄弟姐妹交流拳艺，全家人在休闲时光全身心投入太极拳练习，整个家庭洋溢着浓浓的太极气息，远离了赌博等不健康的生活方式，家庭温馨和睦、其乐融融；每天晚上，太极拳爱好者们聚在一起，不再如以往喝酒闲聊，而是相互切磋拳艺，通过健身交友、修心、养身，社会和谐，安定团结。社区里少了一分嘈杂，多了一分和睦；少了一分慵懒，多了一分自律；少了一分无趣，多了一分技能。浩然正气、和睦友好、社区共学之风盛行。此外，还有许多意外之喜都不期而至。洛社太极拳协会组织的"千人太极演练展示"和"咱们工人有力量"活动，为中国太极成功获得吉尼斯世界纪录、申报世界非物质文化遗产作出了积极贡献。在无锡市首届武林大会上，洛社太极获得了5金7银；全国太极武术大赛上，洛社太极获得3金7银2铜，总成绩第12名的好成绩……

（二）应注重人全面的、和谐的发展

教育要坚持全部发育原则，即身体和精神兼顾，不可偏于一面。负责社区教育的机构、单位在整合和利用社区内资源时应该注重人的全面的、和谐的发展，不能只顾了身体的健康教育，而忽视了心理的精神教育。"幸福义工"是无锡市惠山区洛社镇的一个民间志愿服务队，"以真情奉献社会，用行动传递温暖"是这个团队的活动宗旨，队员们无私奉献，把爱和文明传播到洛社社区的每个角落，积极诠释洛社"大爱之城"的文明内涵，生动展现生活中的真善美，弘扬"互助、友爱、进步"的优良风气。这是一个充满正能量的社会团体，整合和利用好其资源来进行社

区教育必能促进居民个体的全面、和谐发展。鉴于此，我校与洛社镇幸福义工总站共同致力于志愿服务的开展与开拓，感染和引领更多爱心居民加入志愿服务队伍。

如今，"幸福义工"志愿服务团队已经成为一支强大的居民队伍，拥有128支专业志愿服务团队、30000余名注册志愿者、398名星级志愿者和38户志愿星家庭，引领文明实践新风尚。助人为乐"中国好人"苏大伟、杨钧卿、强银娣，敬业奉献"中国好人"秦肇荣都是"幸福义工"志愿服务团队中的典型榜样人物。现有"七色星空 心心点灯"视障青少年关爱项目、"幸福义工成长园"志愿者能力提升项目、"美丽洛社·绿心环保小屋建设"志愿服务项目、"候鸟益＋"新市民子女城市融入志愿服务项目、洛社镇"幸福360公益集市"志愿服务项目、"助夕阳"为老乐老项目、"幸福蒲公英"亲子悦读计划、"同心筑爱 共享阳光"残障者关爱项目等100余个品牌志愿服务项目。洛社镇各级志愿服务站每年举办各类志愿服务活动1800余次，参与志愿者超80000人次，服务视障青少年、新市民子女、计生特殊困难家庭和残障职工等各类群体达9000余人。以幸福的名义相约，以志愿的行动暖心，我校通过对洛社镇"幸福义工"这一教育资源的整合利用，不仅让洛社这座城有了更多的温情，也让更多的社区居民远离了各种社会陋习，在真善美、知情意、智仁勇等方面和谐发展。

（三）应注重人终身的、不断的发展

无锡市诗词协会惠山分会成立于2015年，会员是惠山区各行各业的诗词爱好者，上至黄发老儿，下至垂髫少年。这是一支非常小众化的团队，又是一支不断壮大的团队。

我校为该会提供了活动基地，并派专人负责，与该协会共同开展日常学习研讨活动，组织团队定期开展诗词专题知识讲座；以诗社的"碧山吟社"论坛作为平台，进行日常发帖和作品点

评工作；在无锡广播电台《梁溪诗话》栏目开展每日读诗活动；参与无锡大市的文化推广工程，如《历代诗人咏无锡诗》的分区赏析工作、每年总社的《碧山吟草》及《无锡旅游诗词》《江苏新田园诗词选编》的编印工作等。同时，我校还支持会员到人文荟萃之处去采风。目前为止，会员每年创作 600—800 余首诗词，部分发表于《中国诗词月刊》《江海诗潮》等专业杂志。

近年来，无锡市惠山区有不少学校成立了自己的学生诗词社团，但苦于没有专业人员前去指导。我校负责人和协会负责人共同组织了诗教工作小组，安排诗词造诣深厚、教学能力强的老师前往执教。协会诗教工作小组积极探索编写《惠山诗教学案》《诗教读本》。会员精心指导学生诗词格律知识，提升学生赏析水平，帮助一部分学生发表古典诗词习作。部分学生作品上了无锡诗词协会会刊《无锡诗词》，还有的发表在《中国诗词月刊》《江海诗潮》等专业刊物上。学生的组诗、散作《绿竹漪漪》《心灵文苑》由现代出版社出版发行，《木棉花的春天》《云杉集》由四川民族出版社出版。无锡市惠山区阳山中学获评"中华诗教先进单位"，前洲中学等几所学校评上了江苏省诗教先进，还有 6 人被评为江苏省诗教先进个人。该协会会员以饱满的学习热情和孜孜以求的精神在中华优秀传统文化创造性转化、创新性发展的探索中不断前行，社区教育的终身性与持续性得到了彰显。

二、整合和利用社区内教育资源的方法

负责社区教育的机构、单位应挖掘有区域特色的社区教育资源，拓展课程资源、乡土教育资源，探索社区教育资源整合的运作与利用管理机制，让社区教育资源得以合理整合与优化配置，有的放矢地用于居民、用于实处，实现社区内教育资源的交流、借鉴、共享。这对目前深化社区教育的发展具有重要意义。

现在，负责社区教育的机构、单位在社区教育资源的整合、利用上下了很多功夫，但所设课程大都缺乏教育元素，体现不出课程应有的要求，课程质量普遍不高。要提升社区教育活动课程的质量，必须将教育性摆在第一位，以活动为载体，预设教育目标并将之融入直接与间接经验、理论学习与实践活动。开发内容丰富、类型多样且具有教育性的活动课程，必须充分挖掘、利用、整合社区内外各类资源。其中，地域文化资源和传统的、有影响力的社会活动需要重点挖掘。

（一）充分挖掘社区内的地域文化资源

地域文化是在一定的地域环境中，与环境相融合、打上了地域烙印的一种独特的文化，具有独特性、不可复制性。每个地区都有自己的地域文化。厚重的文化记忆和丰富的人文资源给人以自信，本土优秀文化资源的发掘、先进文化基因的注入给人以定力。负责社区教育的机构、单位应该充分挖掘社区内的地域文化资源，用以提高该区域居民的文化素质、浓郁该区域的文化氛围，改善该区域经济社会发展的软环境。

洛社镇是一座千年古镇，一颗运河明珠。大运河文化是洛社历史文脉之根。"运河记忆"文化寻根课程旨在带领洛社社区居民走近洛社历史文化，寻找运河记忆。社区学院组织学员跟随运河文化寻根地图的索引，先后到洛社镇的李金镛故居、华圻小学旧址、匡村中学旧址、顾氏宗祠、王右军洗砚池、东陡门桥等 6 个省市文物保护点进行现场教学。每到一处都从楹联起讲，讲到其时、其人、其事。例如，在李金镛故居，就扣住"开矿安边兴利功业迈古今，义赈求实恤邻德政昭宇宙"的楹联，带领学员通过图文并茂的资料，走近首倡义赈、功绩卓著、戍边兴业、名垂青史的"黄金之路"开辟者李金镛；在匡村中学旧址，从"立德树人百十载，民生多艰冀英才"的楹联开始，走近诚信经商、热心办学的匡仲谋，了

解江苏省锡山高级中学的前世今生，感受"锡流"青年学生的热血爱国……在现场教学中，学员耳闻目睹熠熠生辉的英才事迹、鲜活动人的历史故事，构建起了形象、立体的城镇记忆、洛社记忆，更坚定了弘扬先贤风范的决心，也获得了继承中创新的行动启示。

（二）充分挖掘社区内具有传统影响力的社会活动

传统的、有影响力的社会活动是中华文化的特殊载体，负责社区教育的机构、单位如果能充分挖掘社区内具有传统影响力的社会活动，将其开发成活动课程供社区居民学习、参与，并为活动培养后备人才，那最终效果远不止形成具有品牌效应的社区活动课程资源，还能不断强化居民的社区意识、凝聚力及对社区的归属感，同时提升居民的文化品位，引导人们追求真、善、美，充分发挥社区文化对社区成员的思想和行为取向的引导作用。

"凤羽龙"即无锡市洛社镇花苑龙灯，俗称"鸡毛龙"，是中国舞龙艺术宝库中独具特色的一种龙灯舞蹈，也是洛社地区一项有着120余年历史的、妇孺皆知的社会活动。负责社区教育的机构、单位有责任充分挖掘此项资源，增添地方社区教育活动课程的历史文化含金量。"凤羽龙"活动课程以洛社镇舞龙协会为支撑，由各社区（村）居民学校具体组织开展。课程注重在传承的基础上进行创新，吸取民间传统舞龙的表演手法，结合现代表演技巧，大胆创新，从广场表演形式提升到舞台表演艺术。如今，洛社镇新开河村的"娃娃龙"、青龙桥村的"青龙"、盛巷村的"盛龙"和花渡村的"凤羽龙"等都拥有了稳定、敬业且有高超技能的学员队伍，为"凤羽龙"这一"非遗"文化遗产的传承提供了有力保障。

三、结语

社区教育是区域性经济和文化的产物。社区教育活动课程应该基于社区自身需要以及教育的收益来进行开发，负责社区教育的机构、单位应本着"立足社区实际、为社区发展服务"的宗旨，走进社区、走进万家，集思广益，开发出多彩、有效、生动的富含教育性的课程。

参考文献：

[1] 谢惠明.挖掘地方历史文化资源　开展社区教育主题活动——以江苏省宜兴市徐舍镇为例[J].艺术科技，2017，30（05）：438.

[2] 罗杰.发展社区教育　建设学习型社区[D].华中师范大学，2006.

校外教育高质量发展路径探究
——以泰州市少年宫为例

◎张　忠

摘　要 校外教育是我国基础教育的重要组成部分，是校内教育的有益补充与延伸。现以泰州市少年宫为例，阐述少年宫围绕"办人民满意的校外教育"的目标，通过加强党建引领、队伍建设以及推进教学改革等措施，切实提高学生综合素质和创新能力，为打造高质量发展的校外教育工作做出的新贡献。

关 键 词 少年宫；高质量发展；校外教育；教育工作

作者简介 张忠，江苏省泰州市少年宫主任，中学高级教师。

校外教育是我国基础教育的重要组成部分。校外教育机构包括公立校外教育单位、公立社会教育单位、民营教育培训机构、科研院所等。校外教育具有实践性强、开放性强、包容性强、黏合性强等特点，在推动科学教育方面有不可或缺的作用。

2024 年是中华人民共和国成立 75 周年，是实现"十四五"规划目标任务的关键一年。泰州市少年宫将坚持以习近平新时代中国特色社会主义思想为指导，深入贯彻党的二十大精神，全面落实党的教育方针，坚持立德树人根本任务，围绕"办人民满意的校外教育"的目标，打造高质量校外教育。

一、坚持党建引领，持续擦亮教育底色

少年宫党支部坚持并加强党对教育教学工作的全面领导，充分发挥党员干部的先锋模范作用，推进少年宫各项工作高质量发展。

（一）坚持立根铸魂，突出理论武装基础

坚持以"思想引领、学习在先"作为首要政治任务，深入学习贯彻党的二十大精神及习近平总书记关于教育领域工作的重要论述，采取多种学习形式，推动理论学习入脑入心、走深走实、见行见效。严格落实和规范"三会一课"、组织生活会、主题党日、民主评议党员等组织生活制度，开展形式多样的组织生活，增强党员组织观念，进一步提高组织生活质量，引导党员在学深悟透中加强理论修养，在真信笃行中积极担当作为。

（二）坚持政治统领，突出党建主体责任

认真落实党风廉政建设责任制，按照"为民、务实、清廉"的要求，开展警示教育，发挥廉政威慑力，营造风清气正的教育生态环境。加强党建工作与少年宫各项工作的深度融合，持续开展"党建+"系列活动，以党建引领教师成长、教学提质、学生成才、活动增效，持续增强党建文化影响力，创建"一校一品"党建品牌，推动党建工作迈上新台阶。

二、加强队伍建设，不断夯实教育根基

教师是教育强国的第一人力资源，是科技强国的第一保障，是人才强国的第一支撑。我们要

大力弘扬教育家精神，树立"躬耕教坛、强国有我"的志向和抱负，牢记"为国育人、为党育才"的初心使命，以教师之强，夯实教育强国之基。

（一）修师德，塑师风

为进一步强化师德素质，弘扬爱岗敬业、无私奉献的精神，我们通过开展师德培训、专题学习等形式多样的师德教育活动，引导广大教师以德立身、以德施教、以德育人，全面提升教师的政治素养和职业道德水平。通过开展"教师妈妈""明星园丁"等师德评选活动，进一步营造"人人争当师德先进，个个勇创教育佳绩"的浓厚氛围。我们还着力完善师德考评机制、师德师风监督机制，开展师德品行电话随访，组织学生评教、家长评教等活动，发挥考核导向作用，奖优罚劣，引导教师自省、自重、自律、自强，努力践行师德规范。

（二）强师能，提素质

我们通过开展教师沙龙、优质课评比、技能比武、专职教师年度研修成果汇报，以及组织教师参加各级各类基本功比赛、培训等活动，引领教师的专业成长。另外，我们进一步加强了骨干教师的梯队建设，以"名师工作室"为引领，组织名师工作室成员开展示范课、展示课、讲座等，打造一批引领教育高质量发展的领军人物，同时充分发挥"青蓝工程"的育人功能，发挥骨干教师的传、帮、带作用，积极开展骨干教师与青年教师的联合教研，促进青年教师快速成长，助推他们脱颖而出，早日成才。

三、推进教学改革，努力提升教育品质

教育教学质量是少年宫的生命线，是教师的立身之本。全体教师要把提升教育教学质量作为少年宫工作的永恒主题，积极推进教学改革、丰富课程设置、优化教学内容、探索先进理念、发挥教研支撑作用、变革育人方式，让课堂焕发生命活力，使教学效益最大化。

（一）坚守公益使命，汇聚爱心能量

少年宫作为公益性的校外教育场所，肩负着给予困境儿童更多关爱的责任。我们要不断提升困境儿童服务工作水平，将困境儿童的结对帮扶工作做深做实；继续扩大服务范围，主动与妇联、教育局、社区等部门联系，找寻更多有艺术、科技梦想的困境儿童，给予他们关怀帮助，为其免费提供培训学习的机会。同时，组织开展各类公益实践活动，不断提升儿童心理健康水平，帮助他们养成自尊自信、乐观向上的性格品质，促进他们健康全面发展。此外，我们要进一步加强"教师妈妈"团队管理，激发"教师妈妈"工作的主动性、创造性、积极性，引领"教师妈妈"用仁爱之心、赤子之心、宽容之心，当好困境儿童的筑梦人、引路人、知心人。

（二）优化教学管理，提升培训质效

常规管理是提高教育教学质量至关重要的因素。我们将遵循"常规为本、管理提质"的原则，以问题为导向，以高效的质量管理制度和工作机制建立为抓手，加强常规建设，落实教学规程，引导教师做到备课"深"、上课"实"、作业"精"、教学"活"、手段"新"、辅导"细"、质量"高"。持续重点加强上课与作业布置、检查等常规督查。主任室、教科室、教务处以及各教研组长要做到"敢抓敢管、真抓真管、实抓实管、严抓严管"，要主动下沉一线，查找专业共性和教师个性问题，多措并举、把脉问诊、解决问题、提质增效。同时，我们要进一步实施开放办学格局，持续开展家委会成员参与、监督、评议少年宫主要教育教学工作的活动，广泛听取社会、家长对少年宫工作的建议和意见，形成"家、社、校"一体的育人体系，共同助力青少年儿童健康成长。

（三）狠抓教育科研，深化教育改革

教学研究是提高办学质量、促进少年宫可持续发展不可或缺的动力。我们将进一步优化完善少年宫、教研组、备课组三级教研活动组织体

系，秉承"以研促教，以研提质"的教科研理念，以各专业教研活动为抓手，加强教考衔接，进一步提升教师的教科研意识，赋能教学提质。我们要以提高教学质量及推进教学改革为目标，围绕"教学理论的学习和研究""教学内容的优化和更新""教学方法的改革和创新""教学问题的提出与解决"等进行主题教研，以"有效教研"推进"有效教学"。全体教师要积极探索实施启发式、探究式教学模式，增强学生的主人翁意识，使学生变被动学习为主动学习，引导学生通过发现、体验、实践，培养创新思维和实践能力，教师要努力打造高效课堂，切实提升常态课、摄像课、研究课的整体水平。同时，我们要持续培育和加强教师的教科研成果意识。研是教的前提，能保证教师教的方向，教师要自觉学习理论、更新观念，积极撰写论文及参与课题研究，以科研带教研、以教研促教改，有效推动教育教学质量稳步提高。

（四）聚力人才培养，聚焦精品创作

我们以"培养造就拔尖创新人才，打造艺术、科技精品"为目标，勇于自我革命，走出舒适圈，改革社团管理办法，完善师生考核机制，创新优化教学内容，深化学科专业融合，强化课堂教学监管，推进梯队人才建设。社团教师要具备高尚的师德、高超的技能、高度的责任心、高深的艺术素养、高效的教学手段，勇于创新、勇于突破、勇于挑战，因材施教、分层辅导，以赛促学、以赛促练，积极创设、把握各级各类展示、交流、比赛契机，带领学员创作出一批思想精深、技术精湛、创作精美的艺术、科技作品，让学员在实践中挖掘潜能、提升素养、勇攀高峰。

（五）优化课程设置，丰富课程内容

课程是育人的载体。我们规划新增设少年急救官训练营、非遗手工坊、小小烹饪师、学前综合训练营、双语朗诵班、大提琴、合唱等课程。通过丰富的课程设置、多样化的活动体验以及有针对性的个性化教育，帮助学生找到主动发展的

起点和方向，激发他们的学习热情和动力，使他们张扬个性、发展特长。

四、创新活动形式，充分释放育人实效

作为未成年人思想道德教育的主阵地，少年宫要积极构建"德育为首、素质为重、育人为本"的教育模式，引导未成年人在丰富多彩的少儿群文活动中增长知识、陶冶情操。

（一）抓实常规德育，提高文明素养

我们要以日常行为规范教育为抓手，充分发挥课堂教育的主渠道作用。继续开展"德育之星"评选、"道德讲堂"等德育活动，围绕"社会主义核心价值观"，培育学生的道德自信、人文情怀和文明气质。同时，要强化德育在各学科中的有效渗透，积极挖掘学科德育元素，以知识为载体，潜移默化地让学生受到德育的熏陶、感染，塑造健全人格，培养高尚情操。此外，我们还要持续加强校园文化建设，通过展厅、展板、电子屏等文化元素，以正确舆论引导学生、以优秀作品鼓舞学生、以典型事例激励学生，从而促进学生健康成长。

（二）打造亮点品牌，凝练活动特色

为扩大"流动少年宫""快乐实践大本营""乐学课堂"的影响力和示范性，我们要革故鼎新、吐故纳新，让三大活动"更美""更新""更优"。"流动少年宫"是我宫为群众办实事的民生项目。将来，我们要继续探索"流动少年宫"美育与艺术、科技、体育、文化、劳动教育融合的新途径，充分挖掘活动蕴含的品德美、社会美、科学美、健康美、自然美等丰富美育资源。同时，"流动少年宫"将尝试以校为本，提供"菜单式"课后服务项目供学校选择，不断增强课后服务的凝聚力和吸引力。"快乐实践大本营"是孩子们向往的活动阵地。我们要努力用丰富多彩的活动，打造幸福乐园，点亮孩子们的美好生活。为持续加强校外教育与社区教育的有效衔接，我们将以

群众需求为导向，努力推进老百姓"家门口的少年宫"的建设，打造少年宫社区"党员驿站"、公益"乐学课堂"，推动师资、课程、活动下沉基层，开展中华优秀传统文化系列课程及活动，丰富社区儿童尤其是社区困境儿童的精神文化生活，助力他们健康成长。

（三）创新实践活动，增强育人实效

少儿主题活动是推进未成年人思想道德建设、培养未成年人综合素质的重要载体。我们将结合端午、中秋、春节等中国传统节日和重大纪念日，围绕爱国主义教育、民族精神教育、劳动教育、感恩教育等主题，开展形式多样的主题实践、研学活动，弘扬中华优秀传统文化，丰富未成年人的精神世界，培养他们的爱国情感。同时，为引领未成年人发展个性、培养特长，促进未成年人实践能力和创新精神的提升，我们将积极主办、承办市（区）中小学生艺术、体育、科技等各类交流、展示、比赛活动，为未成年人搭建更多锻炼自我、展示风采的平台，推动未成年人德智体美劳全面发展。

五、夯实保障基石，切实增进师生福祉

后勤及安全工作是少年宫工作的重要组成部分，是顺利开展教育教学活动的有力保障。我们将以营造和谐、安全、整洁的校园环境为目标，以为教育教学服务、为教科研服务、为师生服务为根本，努力构建安全、优质、平安、和谐的幸福校外教育园地。

（一）强化后勤支撑，提高服务质量

我们要不断提升服务意识，把师生利益、家长利益放在首位，全心全意地为教育教学服务，保障教学和办公需求。严格执行申请、审批、采购、验收、入库、报销制度，合理开支，勤俭办学。加强固定资产、教学设备设施的管理，定期检查、维护、更新，物尽其用，满足办公教学需求。加大校舍校产的检查、维修、保养，做好卫生、绿化等环境管护工作，营造舒适、优雅的教育教学氛围。

（二）提升安全管理，构建平安校园

校园安全是少年宫各项工作开展的基础和前提，我们要本着高度负责的态度，树立"安全第一"的观念，切实做好各项安全教育和防范工作。进一步完善安全管理责任制度，通过建章立制，达到规范师生行为、增强师生安全意识的目的。进一步加强安全管理及督查工作，加大安全防范硬件条件的投入，充分利用人员防范、设施防范和技术防范等手段，确保安全管理的各项措施落实到位。同时，结合全国中小学生安全教育日、防灾减灾日、安全生产月等重要节点，开展各类安全教育活动，增强师生的防护意识和自救自护能力，防患于未然。

六、结语

教师岗位是平凡的，但我们的事业是不平凡的。苦中作乐，方能回味无穷；乐在其中，方能历久弥坚。心之所系，行之所至。让我们用"四敢"强音吹响争先号角，以"敢为、敢闯、敢干、敢首创"的精神和实干行动，奋勇争先迈新步，踔厉奋发创佳绩，为打造高质量校外教育而继续奋斗。

参考文献：

［1］习近平.习近平致全国优秀教师代表的信［J］.河南教育（教师教育），2023（09）：1.

［2］张忠.开创校外教育高质量发展新局面［J］.华人时刊（校长），2023（08）：32-33.

［3］安敏杰.党建"双创"背景下高等职业院校党建工作品牌化建设实践研究［J］.才智，2024（27）：13-16.

［4］丁成刚.乡村学校少年宫书法教育的现状与对策［J］.教育文汇，2024（09）：63-65.

［5］龙壬哲."三全育人"模式下岭南音乐文化传承与多元创新［J］.乐器，2024（09）：93-95.

教师与中学生沟通艺术的案例分析

◎池　瑾

摘　要　学生的成长过程就是不断犯错和不断改错的过程。面对学生的错误，批评是教师使用频率较高的应对手段。但只有做到艺术地批评才能取得教育学生的最佳效果。教师批评要做到找准时机、选准场合，注意分寸、留有余地，倾注爱心，实事求是、公平公正，谈话真诚、语言贴切，换位思考、体恤学生，晓之以理、动之以情。

关键词　班级管理；学生成长；沟通；表扬；批评

作者简介　池瑾，江苏省宿迁市宿豫区燕山路初级中学教师。

批评一般是在学生犯了错误后进行的。犯错的学生往往内心诚惶诚恐，但表面上不动声色。他们对老师的批评，尤其是来自班主任的批评是比较在意的，而老师和班主任的批评又影响着学生未来的思想和行为，因此，我们要对学生进行艺术的批评。

一、批评要讲究艺术——艺术地批评学生是班级管理的有效手段

学生所犯错误的类型形形色色。班主任如果不加区分，千篇一律地用一种方法、一种手段去解决，必然酿成大错。

（一）批评要注意找准时机，选准场合

有一次，我去检查班上学生的晚睡情况，去的时候宿舍里的灯已经关闭，但有一间宿舍仍然还有讲话声。我在门外驻足几分钟后，觉得应该进去干预一下，敲了三下门，门没有开，里面却传出一名男生很难听的骂声。最后听出是我的声音，门才打开。开门的正是那名男生，他对我说："老师，我不知道是你，否则……"我不露声色，只是对他说："早睡早起，睡眠有保证，学习才有保证。"过后，那名男生主动向我认错并递交了书面检查，我对他进行了委婉的批评。试想，如果

当时在宿舍就对这名学生大发雷霆，换来的将会是什么样的结果？选择私下对他进行批评教育，既尊重了他的人格，又拉近了师生间的距离。

（二）批评要注意分寸，留有余地

绝大多数犯了错的学生内心是充满愧疚的，对这些学生的批评应该是点到为止，关键要看他们内心的体验。对于屡教不改的学生，"该出手时就出手"，不要因为一时的顾虑给班上其他学生造成一种老师怕管，不愿管的印象。但总的来说，不管对哪类学生进行批评，都应本着宽容、理解、惩前毖后、"治病救人"的原则进行。

在某年毕业的学生中，有一名姓张的女生给我留下了深刻的印象。有一次周日晚上开班会，在我讲得兴致正浓的时候，她随身带的手机突然响了起来，全班同学一下子把目光都投向了她。在之前的考试中，她的学习成绩一直往下降，当时看到这种情形，又联想到她的考试成绩，我发火了，当场对她进行了严厉的批评，并要求她下自习后到我的办公室说明情况。

后来我才了解到，她是一个单亲家庭的孩子，父亲因车祸死亡，她与母亲在一起生活。因为母亲常年在外做生意，为了便于联系，专门给她买了一部手机，而她上自习时因为疏忽忘记关

机。听了她的哭诉,我为我盲目过火的批评向她道歉,同时对她家庭的不幸遭遇表示同情,但也指出了在学校用手机的种种弊端。那次批评和谈话后,她没有再在学校公开场合使用手机,学习成绩也有了很大进步。这件事使我深深地感悟到一点:高明的教育者从来不用手术刀撕开学生的伤口,他只需把手指按在"病人"的脉搏上,通过望闻问切就可以深刻触及学生的灵魂,找出病因,开出药方,医好"病患"。

(三)批评要倾注爱心,师爱是德育之魂、育人之本

班主任对学生的批评可以"和风细雨",也可以"疾风暴雨"。不管是哪一种批评,要取得满意的教育效果都不能缺少爱心。

已毕业的一名姓李的男生,在初中时就是当地有名的"问题学生",在学校里人人谈他而色变,唯恐避之不及。初中毕业后,他以择校生的身份进入我校就读,而且恰好分在我所教的班级。新学期开始,他仍然旧习未改,抽烟、喝酒、打架、缺课,进政教处已经成为家常便饭。第一学期快结束的时候,他居然把酒拿到教室里喝!那天晚上,我非常生气,在办公室里对他进行了尖锐的批评。我知道,如果任由他发展下去,对他、对整个班级都会产生极为不利的后果。因为喝酒的缘故,在批评的过程中他竟然站立不稳,几次欲跌倒在地。后来我搬来一把椅子,让他坐下趴在桌子上睡,等他完全清醒再谈。一个小时后,他醒了。也许是刚才我的做法感动了他,他开始主动跟我谈起他的初中生活、他的家庭、他的困惑。我在批评他错误和不良习惯的同时,也指出了他的优点和长处,鼓励他不能自暴自弃,要抓住自己的特长好好加以培养,将来定会有大出息。说来也怪,第二天他就像换了个人似的,还在班上公开向全体同学道歉,并承诺要痛改前非,全身心投入学习。三年后中考的时候,他以优异的成绩被区重点高中录取。

(四)批评要实事求是、公平公正地进行

班主任对学生的违纪事件,特别是对小团体事件进行调查、批评时要坚持公平公正的原则,即实事求是,不偏袒事件的任何一方。即使事情发生在学习成绩好的学生身上也是如此,不能因为他们成绩好而放松对他们的要求,否则会害了他们。

有一次早操后,值周教师要求我们班留下清查人数,班上有一名姓许的男生就在下面牢骚满腹、怨言不断,最后公然与老师顶撞起来。我听说后,感到事情非常严重,因为这名男生平时在班上成绩不错,又是班委,工作也认真负责。这事虽然发生在他身上,但是不能说不具有普遍性,即有一部分学生只重视学习,不注重思想品德和情感的培养,对老师缺乏最起码的尊重。以这一事件为契机,我不但严厉地批评了这名男生,同时还在班上开展了以"做好人,读好书"为主题的班会。此举既教育帮助了犯错的学生,又从根本上扭转了班级的不良风气。

二、谈话是批评的升华——没有谈话的批评是不完整的

一般说来,班主任对学生进行批评,特别是在公开场合进行批评后,一定要做好善后工作,抹平学生心灵上哪怕是一点点的伤口,防止意外情况的发生。

(一)谈话要真诚,语言要贴切

殷殷的爱生之心是教育经历中一道最为赏心悦目的亮丽景致。教师只有投入真实的情感,才能更深刻地理解学生,体察学生的内心世界,做到以情换情,从而赢得学生的信赖。

有一名姓蔡的女生,性格孤僻,不善交际,学习成绩也不甚理想。她的父母很着急,三番五次地找到我,商量如何才能教育好她。家长的心情我完全能理解,但我知道,面对这名女生的情况教育起来不能操之过急。在与这名女生交谈

时，我尽量以一位朋友的身份去关心、理解她，鼓励她多与同学、老师交流，课后多参加活动。考虑到她强烈的自卑心理，只要她在学习上、思想上、行为上取得一丁点儿的进步，我都对她给予充分的肯定，逢人便夸。这样，一个学期下来，她的学习成绩有了大幅度提高，性格也趋向活泼。这段相对成功的教育经历，使我想起了罗曼·罗兰说过的一句话："要播撒阳光在别人心中，总得自己心中有阳光。"

（二）谈话时要换位思考，体恤学生的精神压力

班主任对学生进行日常教育和引导谈话时，要从实际出发，与学生站在一个认识点上，真正理解、体谅学生的精神压力，不要一味将学生某些行为上的过失都视为品德问题。

三、关爱是批评的目标——只有批评没有关爱的教育是不成功的

班主任工作的对象是班级中的每一个学生，其任务是按照学生全面发展的要求开展班级工作，全面教育、管理、指导学生，使他们成为符合社会要求的人才。班主任工作的对象也是全班学生，必须对全班学生负责。

（一）班主任必须树立正确的教育观

曾有人提出："没有教不好的孩子，只有不会教的老师。"这一观点在教育界引起了激烈的争论。作为班主任，特别需要有一种教育气魄，即"无差生"的教育气魄，才能产生巨大的精神动力和百折不挠的毅力，千方百计地去改掉学生身上的不良习气，创造出非凡的成绩。孔子在两千多年前提出"有教无类"的教育主张。其中的"无类"，有人理解为不分阶段。而在班主任管理中，我把它理解为不分上、中、下的类别。教育家马卡连柯通过教育实践，把一大批沾染不良习气的孩子教育成才，并且形成了系统化的教育理念。这样，人们逐渐有了以厌弃后进生为错、热爱后

进生为荣的观念。在对后进生的教育中，坚持动之以情、晓之以理，如春风化雨，润物细无声，收到了较好的效果。

（二）班主任要以真挚的感情去热爱每一个学困生

"教育技巧的全部奥秘就在于如何热爱儿童。"的确，没有对学生的爱，就谈不上真正意义的教育。教育好学生的前提就是要爱他们，理解他们。我相信，爱是沟通师生感情的桥梁，爱比批评要更见实效。

我班上有一名李同学，记得刚带她不久，她父亲就去世了。这个打击使她一度情绪沮丧，性格也变得古怪，成绩明显下降。我及时了解情况，先做她的思想工作，解除她的思想包袱，鼓励她做生活的强者，不要被挫折打倒。同时还让平时和她关系较好的同学多与她交谈，为她辅导落下来的功课。在我的循循善诱、精心开导和同学们的帮助下，她终于又扬起了生活的风帆。我多次叮嘱李同学的母亲、叔叔和班里的同学，平时要更多地关心李同学，多给她温暖，还让她担任班级里的语文课代表，参加学校组织的演讲比赛。

经过教育，李同学消除了自卑，学习也有了进步，落下的功课也都赶上来了。但是好景不长，到下学期的时候，她妈妈再婚了。她不愿意随她妈妈走，躲在家里一连几天没上学。我了解这件事的因果后，每天都会带班上的一两个学生一起去她家里和她聊天，谈学习、谈理想，沟通思想，交流感情，让她真正体会到老师的爱，体会到同学的关心。渐渐地，她的心灵深处燃起了上进的火花。真是功夫不负有心人，她终于走出了阴影。一个周一的早上，我终于在教室看到了她的身影。随着时间的推移，加上我和同学们一直开导、帮助，她上课专心听讲，在学校里也渐渐活跃起来了，赢得了老师和学生的一致好评，并在期末考试取得优异的成绩。班主任工作的实践证明：只有牢记师德修养，关心学生，亲近学

生，用爱心来感染学生，才能达到教育的真正目的。爱学生要和爱自己的孩子一样，与他们在情感上建立联系，逐渐使他们感受到班主任的可亲可敬，然后再给予他们适当的引导和教育。

（三）班主任要发现学困生身上潜藏的"闪光点"

学困生的缺点、错误和劣迹容易显露，他们表面看上去似乎"一无是处"，但如果仔细观察，仍然可以发掘出蕴藏在他们身上的"闪光点"。在我负责的班级里，就有一名这样的学生。这名学生因为平时对自己要求不够严格，经常晚上爬墙头出去上网。学校联系了家长，最后也给予了处分。到了初三，他被分到我的班里，刚接到时我也很头疼，他几门功课没有一门是及格的。当时我就想："这样的学生怎么教，他的身上能有什么'闪光点'？"通过自己的了解和观察，我发现他平时很喜欢表现自己，而且体育成绩很突出。我决定以此来作为鼓励他进步的基点，让他做班级的体育委员，每天两操都让他领操。

这个对他来说出乎意料的信任和尊重，使他受到了感动。一周后，我收到了一封很特别的信，他在信中说道："谢谢老师对我的信任，我一定不辜负老师的期望，认真做好班级的体育委员。"快要熄灭的火苗，就这样又燃烧起来了。这也是我在管理班级上常用的方法：发扬优点，克服缺点，扬善救失。经过一学期的努力，这名学生很快地融入班集体，在班级中找到了自己的位置，学科成绩也有了很大的提高。从这名学生身上，我深刻地体会到：对待学困生，教师要在认真对待其消极因素的同时，减少批评指责，仔细寻找他们的积极因素，即使是一个微小的"闪光点"也要给予肯定、扶持和培养，使积极方面逐渐增大，形成好的品质。

四、结语

有人说，教师是风，一缕春风，学生是水，一池春水，风吹水起。师生之间既不能"无风不起浪"，让教育死水一潭，又不能狂风大作，让教育之舟失控。班主任工作的全部真谛就在于不断开发自我的实践智慧，用十年磨一剑的决心，以真情呼唤真情，以心灵换心灵，以生命感召生命，演绎自己和学生共同的精彩人生。

参考文献：

［1］陶行知.陶行知文集［M］.北京：群言出版社，2012.

［2］陈树杰.综合实践活动课程引论［M］.北京：首都师范大学出版社，2010.

［3］钟启泉，崔允漷，张华.为了中华民族的复兴　为了每位学生的发展：《基础教育课程改革纲要（试行）》解读［M］.上海：华东师范大学出版社，2001.

幼儿园田园课程动态改造的实践与探索

◎杨　珺

摘　　要 课程改革是园所办园内涵发展的必然追求，也是实现教师专业素养提升的重要途径。通过十一年的园所课程建设，福前实验幼儿园在理论与实践层面积累了丰富的课程实施经验。本文在分析园本课程实施情况的基础上，对"证据视野下田园课程动态改造"的内涵进行辨析，对"基于证据"动态改造课程的支持系统和实施策略进行论述，并从价值引领、专业提升和管理机制完善等方面探究改造实施策略的不同层次，从而进一步优化园本课程，助推儿童全面、主动而又富有个性的发展，提升幼儿园教育改革的内生动力。

关 键 词 幼儿园；课程改革；教师专业素养；实践

作者简介 杨珺，江苏省张家港市福前实验幼儿园园长，高级教师。

随着课程改革的深化，学校课程建设的重要性日益凸显，课程改革的实施也已从国家层面推进到了学校层面。我们在园所"田园教育"文化引领下，以师幼成长为出发点和归宿点，以教师、管理者、家长等多个群体为实施主体，以有效证据为准绳，以福前实验幼儿园（以下简称"园部"）内部推动为动力，根据问题、需要和实际发展状况，在原有基础上实现田园课程的动态改造与深化创新，并在实践、反思、再实践的螺旋上升过程中不断发展，指向"教—学—评"一体化的课程构建，以适应不断变化的时代需求和儿童发展需求，实现课程活动与儿童生活的深度融合。

一、证据视野下田园课程动态改造的追源溯始

（一）田园课程的探索之路

园部在筹建之初，站在文化兴园的高度，根据所在区域特点，确立了以"田园教育"为核心的文化建设方向，形成了以"自然、自得、自由"为价值取向的"田园教育"核心理念，深入挖掘资源优势，以师幼为主体，以园所为主要空间，以环境文化、课程文化、制度文化、精神文化为载体，致力于打造以"田园教育"为核心的教育环境与课程体系。

在明确的品牌定位与文化立意下，我园梳理出了以"自然实践、一日生活、自主游戏"为主线的田园课程框架，历经三个阶段的课程探索与发展。第一阶段（2013年—2017年）：以春、夏、秋、冬为经线积累"自然实践"活动经验，形成"田园教育"的课程雏形。第二阶段（2017年—2019年）：着重挖掘蕴藏于日常生活中的、促进幼儿全面发展的教育契机和资源，形成相对稳定且具有弹性的一日生活秩序。第三阶段（2019年—2024年）：将游戏作为课程的切入点，不断改造课程，不断更新儿童观、教育观和课程观。

（二）课程实施的现实困境

经历了十一年园所发展的成长期，园部逐步进入发展成熟期。但随着办园规模的扩大和教师的流动，教师在专业发展上遇到瓶颈，主要存在三方面问题。一是观念问题。作为课程的主要实施者，教师对课程内涵的认识与理解会对课程的

实施产生重要影响。在日常交流与教学研讨中，我们发现，有的教师缺乏课程开发的主动意识，存在对课程内涵理解片面的现象。二是能力问题。在实践中，我们发现，不同发展阶段的教师对于儿童经验的把握也存在较大的差异，主要问题包括创生课程缺乏科学性、实施课程缺乏灵活性、评价课程缺乏系统性等。三是管理问题。不同教师在课程的生成、实施与调整的理解上存在差异。园部在课程管理上如何对不同发展阶段的教师进行分层引导，形成有针对性的、更具灵活性和创新性的有效管理举措？这一问题亟须探究。

二、证据视野下田园课程动态改造的内涵辨析

（一）核心概念

"证据视野"是一种利用证据追求课程实践科学性和专业性的价值观，是指利用证据审视探讨、实施、反思、评价的一种视角，也是一种运用证据解决课程实践中问题的思维和方法，强调指向"基于问题的课程探究""遵循证据的课程决策""螺旋反思的课程提质"。

田园课程动态改造综合了理论与实践、反思与评价的研究视角，立足全人教育目标，采用行动研究范式，以证据视野理念引领课程改造实践行为；强调教师、管理者等群体在课程设计、决策、实践和评价中，基于政策性证据、研究性证据等多个维度科学系统地对园所原有课程进行诊断、调整和优化；注重科学证据、保教经验和实践智慧的深度融合，从而保证幼儿园课程的科学性、有效性、适宜性，助推儿童全面、主动而又富有个性的发展，提升幼儿园教育改革的内生动力。

（二）价值体现

1. 优化课程建设，提升教育决策科学性

基于证据视野的课程改造体现了利用证据追求课程实践科学性和专业性的价值观，追求自下而上的教育决策和管理方式，倡导教师深入真实的课程情境，以各类证据作为依据，研判教育的真问题，揭示问题的原因，让课程更加适合儿童和社会发展的需要，从而有效促进课程建设，提升课程决策的科学性和有效性。

2. 推动教师专业发展，提升办学软实力

随着园部逐步进入发展成熟期，园部的工作重心也逐步转向课程的建设、办园理念的深化和充盈。课程改革是园所办园内涵发展的必然追求，也是实现教师专业素养提升的重要途径。我园吸纳教师参与行动研究，鼓励和支持教师采用"计划—行动—观察—反思—再计划行动"螺旋式上升的行动实施模式，对环境创设、材料投放、活动组织等进行再次思考和调整优化，进一步打破教师传统的思维定式，培养教师面向事实、基于证据、关注细节的思维方式，推动教师向研究型教师转变。

3. 促进家园联系，多群体协同共建

基于证据视野课程改造的过程也是多方群体对园所课程的目标、内容、资源利用等方面进行审议、剖析、反思、研究的过程。收集证据、评估筛选证据、应用证据实践等都可以通过教师自评与互评、儿童表达与分享、专家点评、家长反馈等多种形式进行，从而使课程改造由"静态封闭"变为"动态开放"，课程管理由"行政监督"变为"自主调控"，教师、家长在课程中由"被动接受"变为"共同构建"，形成"在改造中思考，在思考中改造"的良性循环。

三、证据视野下田园课程动态改造的实施策略

（一）研学思辨与专业提升

1. 集体对话思辨，形成证据视野的价值共识

在"儿童本位"理念下，我们越发感受到园所场域、教师的价值观等是诊断、调整和优化课

程的底层逻辑。一方面，积极探寻关于证据视野的园本理解，通过个别、小组、集体等多种形式开展关于证据视野的思辨活动，引导教师共同学习相关文献资料，从而梳理证据视野的内涵，找到证据视野与田园课程的联结点。另一方面，通过"校园文化分享"进行价值引领，鼓励教师结合自己在课程实施过程中的所思所想，进一步诠释和理解课程理念，从而进一步厘清证据视野和田园课程二者之间的逻辑，逐步达成有关课程文化的共识。

2. 提供证据专业支持，培养教师循证能力与素养

在改造实践中，教师要立足证据进行课程改造，就需要具备相应的循证能力与素养。因此，园部通过园本教研、读书沙龙、专题培训等为教师提供专业的证据支持，培养教师的问题意识和科学搜集证据、评估证据的能力，使教师形成自我检视的思维方式。

一是立足儿童发展规律。深入学习《幼儿园保育教育质量评估指南》等政策文件，学习儿童发展心理学等与儿童学习和发展规律相关的知识，掌握不同年龄段儿童学习和发展的目标，从而帮助教师有效判断儿童的发展和学习状况。在对儿童的思维证据进行广泛收集、分析、解释和应用时，要减少自身主观性的猜测，以保证证据搜集和评估的效度。

二是聚焦"方法论"研究。结合"KWL 表格""COI 系统""马赛克方法"为教师提供思考支架，通过了解儿童"已经知道了什么、还想知道什么、最终学到什么"来收集有效的课程信息，协助教师解读儿童、预设活动。从观察到解释，再到提出问题，最终形成一个探究激发方案的多次循环，提高教师对儿童游戏行为和语言思维的观察敏锐度和评估能力，为后期的课程决策与改造优化提供强有力的支持。

三是开展进阶式阅读。除专业书籍外，可推荐教师阅读其他领域的书籍，引导教师尝试换个角度，跳出原有的思维看教育，突破固有思维定式，从根本上实现教育观念的转变。

（二）动态循证与系列教研

《幼儿园保育教育质量评估指南》提出要"注重过程评估""强化自我评估"和"聚焦班级观察"，确立了"儿童为本、过程导向、持续改进"的价值导向。这也为动态建构与完善田园课程体系指明了方向。

1. 建立循证机制，梳理甄别各类证据

教师在解读分析儿童发展证据的基础上，通过梳理和甄别各类证据来不断调整教育行为，阶段性地优化课程，从而形成基于实证调整教育决策的专业自觉，建构动态支持儿童发展的"儿童观察与发现（收集证据）—评估筛选证据（获取有效证据）—应用证据实践（形成策略）—反思评价效果（优化课程）"循证机制。同时，要保证课程系统的开放，让教师真正地成为课程建构的主体，不断提升课程的适宜性。

2. 聚焦问题导向，加强课程改造审议

在对"田园课程"改造与优化的过程中，园所将架构螺旋式上升的"三位一体"式课程审议机制，注重课程评价中的"自评、他评、共评"，从"班级、年级、园级"三个层面、"前审议、中审议、后审议"三个发展阶段对田园课程进行动态优化调整，在给予课程自主性的同时，通过审议保证课程的质量。一是以问题驱动为引导，鼓励教师记录"寻常时刻"发现的问题，每周选择问题在工作群内进行"问题与发现"分享，以唤醒教师的反思意识；二是年级组教师每周聚焦当前课程的实施情况进行课程审议，基于本年龄段幼儿的能力和发展水平进行思维碰撞，进一步梳理当前课程实施与改造的关键问题；三是园部根据共性需求和课程实施反馈信息开展问题导向式教研，集全园之力给当下开展的课程活动支招，不断调整和改造课程内容，确保课程改造的适宜

性、科学性和逻辑性。

3. 参与证据构建，进行证据动态优化

田园课程优化与改造是教师创造性地开展教育活动的动态过程，也是一种运用证据解决实践问题的思维和专业方法。基于各类证据动态优化课程，一是根据观察记录和科学分析的结果，对田园课程框架进行适时调整，包括主题目标、主要内容、活动序列等，确保课程结构与儿童发展需求相符；二是形成课程开放系统，基于现有课程框架预设内容的同时，预留开放空间，根据幼儿在活动中的新兴趣、新问题进行灵活调整，生成新的活动内容，确保课程的动态生成性。

（三）协同支持与共同构建

1. 优化管理机制，营造信任氛围

证据视野下的课程调整与优化离不开园部管理的支持与引领。要从机制层面保障和支持教师的课程行动，从课程管理、教科研、考核评价等方面对课程质量监控管理制度进行修订与完善，保障田园课程的顺利改造开发，营造动态开放、充满尊重与信任的证据实践氛围。

2. 搭建分享平台，促进共生共长

我园适时搭建课程分享平台，加强课程项目组建设，通过线上或线下的课程故事经验交流、阶段性的班级现场观察等方式引导教师进行智慧碰撞，引发教师、管理人员对课程实践的思考和辨析，培养教师的思辨意识，激发教师的内省动力。同时，利用园所微信公众号和园刊刊发凸显教师先进理念和行动的课程故事，给其他教师带来更多思考与启发。用"请进来，走出去"的方式引入专家资源和联盟园共建，鼓励和支持教师走出校园进行沉浸式学习，助推我园教师团队理念的进一步更新。

3. 领航家园共育，实现协同发展

为了更好地发挥家长群体的力量，园所通过班级群、沙龙讲座、家长开放日、家访等多种方式向家长分享课程的相关内容，吸纳家长共同参与课程审议，倾听其心声，积极采纳家长对当前课程实施的建议和想法，并通过图片、视频等形式发布当前开展的主要课程内容，为家长提供足够的信息支持，帮助家长理解课程的价值，挖掘家长本身具有的显性和隐性的教育资源，与家长共同优化课程。

四、结语

基于证据视野的课程改造是园所办园内涵发展的必然追求，也是实现园所教师专业素养提升的重要途径。证据视野下动态改造田园课程体现了对儿童主体地位的尊重、对课程质量的追求、对全人教育目标的坚守。我们要努力构建一个既植根于园所文化又顺应儿童发展和时代需求的动态化、生活化的课程体系，让课程的发展态势螺旋上升，从而真正做到动态适应儿童发展需求与时代变迁。

参考文献：

[1][美]简·廷格尔·布罗德里克，[美]成博洪. 从儿童的兴趣到思维：运用探究循环规划幼儿园课程[M]. 叶小红，译. 北京：中国轻工业出版社，2022.

普职融通政策下数媒专业教学改革的原则与策略

◎翟建宏

摘　要 新形势下，普职融通对各个专业都提出了教学改革的要求。数媒专业作为与时代同呼吸的专业，更是走在了教学改革的前列。在转向过程中，要坚守知识和能力并重的原则，在跨学科融合、素养与技能并重的指引下，引入前沿技术与理论，融合传统课堂教学与在线学习的优势，大力使用信息化教学手段，采用多元的评价体系，采用项目式教学模式，从而培养出适合产业发展需求的复合型人才。

关 键 词 普职融通；教学改革；数媒专业发展

作者简介 翟建宏，江苏省如皋中等专业学校教师，高级讲师。

普职融通是指职业教育、普通教育通过教学资源共享、培养成果互认、发展路径互通等方式，推动人才培养模式改革，为学生成长成才提供多样化路径选择，为推动中国式现代化提供高素质复合型技术技能人才。在普职融通的新形势下，职业教育相关专业的教学面临着新技术的挑战和新时代的要求，需要做出相应变革，数媒专业也不例外。它的教学需要调整方向，采取相应策略，打破传统教育模式的束缚，实现职业教育与普通教育的有机融合，培养出既具备专业技能又具备职业素养的复合型人才。

一、教学改革的原则

（一）理论与实践并重

普职融通的初衷就是为发展迅速的智能时代提供高素质的人才，因此，所有专业都需要培养既具有理论知识，又具备实践能力的学生，数媒专业也不例外。这一原则不仅要求教学内容紧跟行业前沿，引入最新的技术和理论，更强调将理论知识与实际操作相结合，使学生在掌握理论知识的同时，能够将其应用于实践中，提升解决实际问题的能力。如学生学习视频拍摄不仅要了解摄像机的各项工作原理，各种拍摄技巧，还要在实际操作中应用这些技巧，并通过软件剪辑出自己的拍摄作品，在作品的反复查点中找寻到改进拍摄的方式方法，从而实现技能的习得。这也为后续用人单位的零周期培养奠定基础。

（二）跨学科融合

在普职融通视域下，数媒专业教学要打破传统学科的界限，采用跨学科融合，为学生提供更加广阔的学习空间和更加丰富的学习资源，从而培养出更具创新能力和综合素质的数字媒体人才。这一原则要求数字媒体领域的教学不能局限于传统的专业界限，而应积极寻求与其他学科的交叉与融合。在跨学科融合中，数媒专业能够汲取其他学科的精华，从而开拓教学视域，丰富教学内容，提升教学质量，培养的人才也更具创新能力，能够适应时代发展的大潮。

（三）素养与技能并重

数字化时代下，技术技能人员若只掌握简单

的操作技能势必面临被劳动力市场抛弃的风险，只有积极提升综合职业素养，才能抢抓新技术变革战略机遇。近年来的行业调查数据显示，具备良好职业素养的毕业生在就业市场上的竞争力明显增强，其薪资水平更高，职业发展空间也更为广阔。素养与技能并重的原则要求学生在掌握专业技能的同时，还需具备高度的职业素养。为了实现职业素养与技能并重，数媒专业教学需要采取一系列措施：增加职业素养相关课程，如职业道德、职业规划类课程等，以提升学生的职业素养意识；邀请业界专家和学者开展讲座和案例分享活动，让学生深入了解行业发展趋势和职业素养要求；注重培养学生的实践能力，组织学生参与实际项目，让学生在项目中担任不同角色、体验团队协作、项目管理等职业要求。

二、普职融通视域下数媒专业教学改革的策略

（一）引入前沿技术与理论

随着人工智能、大数据、云计算等技术的迅猛发展，数媒行业正经历着前所未有的变革。为了培养出适应未来行业需求的数媒专业人才，我们需要紧跟科技发展的步伐，积极引入前沿技术与理论，适当增加学术课程内容和学时，在专业教学中注重学生关键能力的培养，提升学生的综合素质和能力。具体而言，我们将虚拟现实（VR）、增强现实（AR）、人工智能（AI）等前沿技术引入课堂，设立虚拟环境，让学生在课堂上就体会工作情境。例如，通过VR技术，学生可以身临其境地体验数字媒体的创作过程和创作效果，创作效果的提前赏看既能提高学生学习兴趣和参与度，也能避免因成品效果不佳返工重做带来的巨大人力物力的浪费；AI技术则可以辅助学生进行数据分析、内容推荐、场景选择、客户需求分析等工作，提升作品的客户初始满意度，在实践中更好地锻炼学生的实践能力，发展他们的

创新思维。此外，我们还需要关注行业内的最新理论研究成果，如数字媒体的传播机制、用户行为分析、设备功能更新、软件迭代升级等，及时将其融入教学内容，帮助学生建立适应时代发展的系统的知识体系。

（二）加强实践环节与项目式教学

实践是检验理论知识的试金石，项目式教学则能有效提升学生的实际操作能力和团队协作能力。为此，我们提出了一系列具体的实施措施：

一是增加实践课程的比重，确保学生有足够的时间进行实际操作。在数字媒体制作课程中，我们要求学生每学期至少完成一个完整的项目，从策划、设计，到实施、评估、修改、完善，学生全程参与，以此提升学生的项目管理和执行能力。当然，学生也可以自由结成两人小组，合作进行项目的实施，在锻炼自身项目完成能力的同时，培育团队合作精神，为后续进入工作岗位奠定良好的基础。

二是引入业界合作项目，让学生有机会参与真实的项目，与业界专家共同工作。这种合作模式不仅让学生接触到最前沿的技术和理念，还能让他们在实践中学习到如何与不同背景的人有效沟通，提升职业素养。需要注意的是，业界项目的选择要慎重，要有适当的挑战性，要让学生"跳一跳，能够到"，即在业界专家的指导下，学生通过自身的努力能够完成项目。如果是没有难度的项目，纯属浪费学生宝贵的时间；如果是难度太大的项目，学生遇到难题总是不能解决，容易丧失自信心，反而误事。

三是鼓励学生在实践中进行创新和探索。学校主动设立创新基金，或者是联合用人企业，针对企业的发展痛点、技术难题等，设立突破基金，以鼓励学生开展具有创新性的项目研究。同时，学校可定期举办各级各类的创新大赛和作品展，为学生提供一个展示自己才华的平台。这些措施能有效激发学生的创新热情，提高他们的创新

能力。对学生创新作品的定义要宽泛，只要比原先的有提高，就可以将其界定为初代创新作品，对有明显提升的作品，可定义其为创新作品。并据此给予学生不同的奖励，以实现鼓舞人心、带动创新热情的作用。学生使用新技术，实现新突破，或者给企业解决了难题，要给予学生重奖，以奖来引导大家干事创新的热情。

（三）引入信息化教学手段

随着信息技术的迅猛发展，传统的教学方式已经难以满足现代教学的需求。信息化教学手段的引入，不仅能够有效提升教学质量，还能激发学生的学习兴趣，提升学生的创新能力。在数媒专业教学改革的过程中，引入信息化教学手段显得尤为重要。

一是利用多媒体技术，如视频、音频、动画等，将抽象的理论知识具象化，使学生更容易理解和接受。在数字媒体艺术课程中，教师通过展示优秀的数字艺术作品，让学生直观地感受到数字艺术的魅力，从而激发其创作灵感。在教学过程中，教师采用动画演示的方式，将复杂难懂的操作流程进行趣味化演示，以提升教学效果。在效果演示时，教师通过视频方式来呈现每一种操作所产生的结果，将结果提前化，更能加强学生对相关操作技能的掌握。

二是利用在线教学平台，实现远程教学和在线互动。这种教学方式打破了时间和空间的限制，使学生能够随时随地参与学习。同时，在线教学平台还提供了丰富的学习资源和互动工具，如在线测试、作业提交、讨论区等，方便学生进行自主学习和合作学习。可以与企业合作建立网上教室，开启校企合作线上教学模式，学生遇到难题或者困惑的时候，可进入网上教室学习，解开难题、困惑。还可以邀请企业在作品拍摄、编辑的核心环节进行线上直播，便于学生更快速地掌握技能，更高效地投入实践操作中。

三是引入大数据和人工智能技术，可以利用其对学生的学习过程进行精准分析和评估。利用大数据和人工智能技术收集学生的学习数据，并对数据进行细致分析，可以方便教师了解学生的学习情况和需求，从而有针对性地调整教学策略和教学内容。同时，人工智能技术还可以为学生提供个性化的学习建议和资源推荐，帮助学生更好地实现自我提升。人工智能时代的加速到来，生成式AI技术的逐步成熟和强大，让原本需要很多人力物力的工作变得轻松，但我们在应用这些技术的时候，需要把握底线，注重工作效果，以原创为追求，避免陷入千篇一律的作品审美风格。

（四）推广混合式教学模式

混合式教学模式通过融合传统课堂教学与在线学习的优势，为学生提供了更为灵活、个性化的学习体验。推广混合式教学模式，首先要构建完善的在线学习平台。该平台应包含丰富的数媒专业教学资源，如专家讲座、课程视频、教学课件、优秀作品、教学微课等，以满足学生自主学习的需求。同时，平台还应提供互动功能，如在线讨论、作业提交与批改等，以促进师生之间的交流与互动。在线学习平台的构建可以采用两种方式：一种是自主建构型平台，即所有专业教师将自己的资源转化为平台资源，并有选择地从网上下载部分资源，通过组合各类资源形成学习平台；还有一种是外来集合型平台，即学校提出需要，平台由外部公司构建，供学生学习使用。

其次，课堂教学与在线学习应相互补充、相互促进。教师应通过课堂教学引导学生深入理解理论知识，为学生提供实践机会，同时利用在线学习平台为学生提供丰富的拓展资源。例如，在数媒专业的课程教学中，教师可以组织学生进行线上项目实践，让学生在实践中掌握技能、提升能力。同时，教师还可以利用在线学习平台收集学生的学习数据，分析学生的学习情况，为个性化教学提供依据。当然，选择课堂教学还是在线学习，要视学习内容和学生接受知识的方式、能力而定。

（五）建立多元化的评价体系

多元化的评价体系是确保教学质量和效果的关键环节。多元化评价体系应注重过程性评价和结果性评价的结合，以便教师更全面地了解学生的学习情况，及时发现并解决问题。

首先，多元化评价体系应涵盖学生的知识掌握、技能运用、创新能力、团队协作和职业素养等多个方面。例如，在评价学生的创新能力时，要求学生提交创新项目方案，展示创新过程，呈现创新作品，并邀请业界专家、企业代表、教师代表进行评审，以便给予每一名学生客观公正的评价；在评价学生的团队协作能力时，可以通过项目实践，在过程中观察学生表现，并结合最终的团队成果，邀请教师代表、学生自己、团队成员来评估其团队协作能力；在对学生的技能运用进行评价时，要将技能运用的熟练程度、解决问题的效度、企业代表的反馈等作为评价要素。

其次，多元化评价体系应引入社会评价和反馈机制。可以与企业合作，邀请业界专家参与评价，了解社会对数媒专业人才的需求和期望，从而调整和优化教学内容和方式。与此同时，邀请业界专家参与制定评价标准，指引人才培养方向；走进企业，听取毕业学生和用人单位对专业发展的建议，根据建议不断调整、改进、完善评价标准。

最后，多元化评价体系的建立需要借助现代信息技术手段。要尽可能地采用数字化的评价方式，通过引入在线学习平台、数据分析工具等，实现对学生学习数据的实时收集和分析，为评价提供科学依据。同时，利用大数据和人工智能技术，对学生的学习行为和表现进行深度挖掘和分析，为教学改进提供有力支持。利用平台的跟踪工具，实现学生学习薄弱环节的反复推送，使学生能反复练习，从而实现评价的目的，即学生专业技能的提升。通过平台的实时评价显示，让学生有榜样可循，激发学生向上的动力，实现评价的功能。

三、结语

数媒专业教学改革的探索是顺应新时期普职融通这一新形势的必然之路，也是提升数媒专业教学质量的重要路径，更是提升学生就业竞争力的重要举措。只要我们坚定信念，运用新技术和新理念，革故鼎新，采用探索—反思—实践—探索的循环模式，必定能探索出更合适的教学改革路径，摸索出更多教学改革策略，从而为国家培养出更多既具备专业技能又具备职业素养的复合型人才。

参考文献：

［1］王春晖，张棉好.深度学习理论观照下职教教学转向：困境与实践路径［J］.职教论坛，2023，39（09）：48-55.

［2］曾天山，苏敏，李杰豪，等.我国推进职普融通的实践探索、现实困难与应对策略［J］.中国教育学刊，2024（05）：42-47.

［3］张伟博，李建.高职教育改革中的信息化教学模式转向研究［J］.教育与职业，2014（20）：176-177.

并征求他们的意见和建议。同时，教师还可以邀请家长参与课程设计和实施过程，共同为幼儿的成长创造更好的条件。

（三）课程评价体系的完善

1. 建立多元化的课程评价体系

为了全面评价幼儿园课程建设的效果，幼儿园应建立多元化的课程评价体系。这一体系应包括对幼儿学习成果的评价、对教师教学质量的评价，以及对课程实施效果的整体评价。在评价过程中，应注重过程性评价与结果性评价相结合，关注幼儿的个体差异和进步情况。

2. 分析课程实施效果，调整和完善课程方案

在课程实施过程中，教师应密切关注幼儿的学习情况和反馈意见，及时分析课程实施效果。对于存在的问题和不足，教师应进行反思和总结，并根据实际情况调整和完善课程方案。同时，教师还应关注幼儿的兴趣和特长，为他们提供个性化的学习支持和指导。

四、幼儿园课程建设的实践策略

（一）以儿童为中心，构建多元化的课程体系

在幼儿园课程建设中，我们应该以儿童为中心，根据儿童的年龄特点和兴趣爱好，构建多元化的课程体系。我们可以将传统的学科知识与儿童生活实践相结合，设计富有创意的课程活动，让儿童在轻松愉快的氛围中学习成长。同时，我们还应该关注儿童的个体差异，为每个儿童提供个性化的教育支持，促进他们的全面发展。

（二）注重启发思考，培养幼儿的探究能力

儿童哲学强调儿童的思考能力和探究精神。因此，在幼儿园课程建设中，我们应该注重启发思考，通过提出问题、引导讨论等方式，激发幼儿的探究欲望和思维能力。我们可以设计一些具有挑战性的任务，让幼儿在解决问题的过程中锻炼自己的思维能力和解决问题的能力。同时，我们还应该鼓励幼儿勇于表达自己的观点和想法，培养他们的创新精神和批判性思维。

（三）强化情感体验，促进幼儿的情感发展

情感是儿童认知发展的重要组成部分。在幼儿园课程建设中，我们应该强化情感体验，通过创设情感丰富的教育环境，让幼儿在情感体验中获得成长和发展。我们可以利用故事、音乐、绘画等多种形式，激发幼儿的情感共鸣和表达欲望。同时，我们还应该关注幼儿的情感需求，给予他们足够的关爱和支持，帮助他们建立积极健康的情感态度和价值观。

五、实践案例与效果分析

为了验证儿童哲学视角下幼儿园课程建设的实践效果，我们选取了丹阳市新区幼儿园大（10）班为研究对象。以该班课程"整理的秘诀"为例，教师创设了一个儿童敢说、想说、喜欢说的环境，鼓励儿童多维度思考，并真正从儿童的角度去追问、反思、回应，满足了儿童内心的真实需求。

（一）创设哲思谈话圈，倾听儿童的"原声音"

教师要积极关注儿童的一日生活，走进儿童的世界，倾听儿童的"原声音"，站在儿童的思维角度思考其行为的"合情性"，参与其生活的"共情性"，让每一个儿童的"声音"都能被尊重、被呵护。创设哲思谈话圈就是就一个话题随时随地开展谈话活动，及时记录儿童提问及讨论的过程；通过假设和对比、推理和解释等方式，引导儿童更多地关注"真、善、美"的事物；帮助儿童理解世界并获得经验感知，学会在对话与反思中提升自己的经验，重构意义。例如，当儿童对"衣帽柜需不需要整理"出现分歧时，教师并没有否定或者肯定某一方，而是创设哲思谈话圈，鼓励儿童说出自己的想法，并倾听记录。通过聆听儿童的哲思谈话，我们了解到：儿童知道柜子是需要整理的，他们也有整理的意愿。《3-6岁儿童学习与发展指南》中指出：要培养幼儿具有良好的生活与卫生习惯、基本的生活自理能力。整理

能力是生活自理能力中的一部分，是幼儿日常行为规范中良好习惯培养的重要内容之一。大班幼儿即将进入小学，良好的学习习惯和生活能力深深影响着幼儿的学习效率。因此，我们决定引导幼儿自己探索和发现"整理的秘诀"，学会整理的方法。

（二）提供思维支架，促进儿童思维走向批判与创造

迪欧·索玛等人在《儿童立场与儿童的立场》一书的开头中指出："孩子们擅长解释他们所听、所见、所感、所闻以及所经历的事情，而不必总与我们成年人对世界的理解相一致。"在课程中，我们要提供思维支架，鼓励儿童倾听、对话、思辨、探究、表征、分享，支持儿童在系列探究活动中养成独立思考的态度、能力和习惯。例如，在学校的组织下，孩子们带着好奇和困惑，走进了新区实验小学。在亲身体验小学生活的时候，孩子们观察到小学生活与幼儿园生活有很多不一样的地方。很多孩子注意到了小学的"储物柜"，他们叽叽喳喳地讨论了起来：

睿睿：小学的储物柜里面，大家的东西都放在一起。

轩轩：我们幼儿园都是一人一个衣帽柜。

言言：我还是喜欢我们的衣帽柜。这么大的柜子还要整理，得累死了。

瑶瑶：怎么看上去都是乱七八糟的。

琳琳：我还是喜欢幼儿园，不喜欢小学！

通过对"储物柜"的态度，我们感受到孩子们面对即将到来的小学生活在心理上或多或少存在焦虑和担忧。我们捕捉到这一争议点，鼓励孩子们开展辩论会。孩子们从储物柜和衣帽柜的功能、卫生、便捷性以及实用性等方面展开了辩论。通过轮流发言、举手发言、自由辩论等环节，我们在多角度的思维碰撞中挖掘隐含的教育价值，把握可能生成的学习契机，拓展、衍生出新的探究内容。

（三）开展多元评价，鼓励儿童分享交流

在课程结束后，我们以同伴、师幼、家园等为主体开展多元化的评价，并形成了课程书。幼儿在与课程书的互动中，交流感受与经历，分享思考与创造。在整理活动中，通过多感官、多材料的探索、操作、体验，经历丰富的学习过程后，儿童的经验在不知不觉中积累着、丰富着。他们经历了讨论、思考、实践、探索的过程，在活动中，他们的责任感、独立意识、自我服务意识、集体服务意识以及环保意识逐渐增强。同时，教师结合《3-6岁儿童学习与发展指南》《幼儿园入学准备教育指导要点》等，分析儿童的活动过程，反思活动中存在的不足。家长也参与到评价中来，他们对"辩论会"的形式感到很新奇，也通过活动深化了对幼儿的认识，形成了师幼共同成长、家园和谐共育的循环。

儿童哲学在幼儿园课程建设中的价值不容忽视。实施儿童哲学教育，可以促进幼儿的思维发展、培养幼儿的道德情感、提升幼儿的语言表达能力，以及激发幼儿的学习兴趣。因此，未来幼儿园应进一步加强对儿童哲学教育的研究和实践，不断探索适合幼儿发展的教育路径。同时，我们也需要认识到，儿童哲学教育的实践并非一蹴而就，它需要幼儿园、家庭和社会的共同努力。只有通过多方面的合作和支持，才能为幼儿创造一个更加美好的成长环境，促进他们的全面发展。

参考文献：

[1] 闵艳莉，鄢超云. 倾听儿童：以儿童的哲学构建儿童的活动 [M]. 北京：教育科学出版社，2022.

[2] 潘小慧. 儿童哲学的理论与实践 [M]. 桂林：广西师范大学出版社，2020.

作品导向的小学作业设计改革

◎钱丹凤

摘　要 作品是通过作者的创作活动,产生具有文学、艺术、科学性质的,具有独创性的,以一定有形形式复制表现出来的智力成果。基于对作业功能价值的再认识,针对当前小学作业设计频现的各类现象和问题,基于当下"立德树人"根本任务下的核心素养发展要求,江苏省无锡市张泾实验小学结合学校优势和特点,重构作业设计,进行以作品为导向的作业改革教育实践。旨在以"作品"促进学生对知识的深度理解与主动建构,以作业的重构引发课堂样态的变革,从而优化教育生态,提升教育品质。

关 键 词 作业设计;作品导向;小学;实施

作者简介 钱丹凤,江苏省无锡市张泾实验小学校长,高级教师。

在"双减"政策和新课标的指引下,无锡市张泾实验小学确立"项目引领,整合推进"的行动策略,调研教学现状,聚焦作业"少研究""无体系""简单评价""育人价值弱化"等现象,开展作品导向的小学作业设计改革的教育实践。作品导向,以终为始,改进作业的内容、设计的序列、完成的方式、评价的机制,从而促进课堂重构,减轻学生作业负担,提升学生素养,助力教师团队专业进阶,促进学校教育实践良性发展。

一、作品导向的作业改革内涵、问题、目标

(一)梳理价值内涵

我们理解的"作品":注重学生对知识意义的自我叙述和自我表达,以提升学科能力、培养学科思想、习得学科问题解决的方法为学习目标,是一种体现学习过程性的真实性作业,是一种体现学习自主性的建构性作业,是一种体现学习层次性的开放性作业。

我们践行的"作品导向":教学中以学生作品为导向,即学生在课程学习进程中,通过个体或合作形式进一步思考、探究、实践,最终形成实际的作品。学生在形成作品的过程中实现"做中学""悟中学""创中学",在深度理解知识的基础上实践知识,从而达到知识内化的效果。

我们倡导的"作品导向的小学作业设计改革":在学生已有基础上,将知识与儿童生活、社会生活进行整合,经过不断的同化和顺应,帮助学生从整体上思考,促进学生对学科的理解与把握,促进学科间或学科内部知识间的迁移与应用,最后帮助学生实现知识的积累和思维方式的转变,从而从根本上改变课堂教学样态和作业样态。

(二)明晰关键问题

本校作业改革的关键是通过作品导向的作业改革实践,带动全体教师树立以素养为本的作业设计理念,使教师充分认识到作业的育人价值;通过作品型作业设计,变革传统单一型、重复性作业布置,创新作业类型,提高作业质量,实现作业在提升学生综合能力、协同家校共育等方面的作用;同时,以作业重构引发课程设计模式与课堂教学方式的整体变革,从而整体减轻学生的课业负担,实现"减负增效"的作业变革根本目标。

（三）确立实践目标

1. 转变教师的作业观念，明确作品导向的作业设计改革基本理念

以项目组和教研组为主力，厘清作品导向的作业基本理念，帮助全体教师树立正确的作业观，使作业真正成为推动学生学习发展的内驱力、学生能力形成和发展的有效手段。

2. 开发作品导向的作业设计基本模式，形成作品型作业库

通过作品导向的作业设计、实践、反思、改进等系列行动，探索作品导向的作业设计模式，包括作业目标、类型、内容、周期等基本设计原则与实施路径。在此基础上，分学科提炼作品导向的作业设计经验，构建系统化、模型化的作业设计案例体系，形成作品型作业库，为每一位教师迭代开发单元作业提供"脚手架"。

3. 以作业变革为锚点带动学校课程设计与课堂教学模式变革

通过把作业变成"作品"，让作业设计贯穿教学全过程，以作业设计撬动课程教学的变革，切实做到控量提质、减负增效。

4. 探索多主体、全方位、连续性的作品型作业评价体系

改变教师是唯一的评价主体，以等第、分数这些简单的符号对学生进行评价等现状，构建多主体、多角度、全方位的作业评价体系，开发和设计促进作品型作业生成的评价内容。

二、作品导向的作业设计

（一）基本样态

作品不是简单、机械的知识重现，而是概念理解与高阶能力的载体和外显，也是学生个性与思维的展示。作品导向的作业设计要求学生将"作品"作为习得、应用知识与能力的工具，需要学生经历较长时间，通过探究、分析、创造等高阶思维活动完成作品。一个"作品"就是一个完整的学习故事，体现学生对知识与技能的"习得—内化—输出"的进阶性理解。这种作品导向的作业，需要教师对作业的目标、学习活动和评价活动进行整体设计，强调将作业作为学习活动，注重作业目标与课堂教学目标的相互补充与联系，注重学生的主体地位与对作业的兴趣，注重作业内容的任务性与实践性，注重作业呈现形式的创造性与多元性，以及作业评价的主体多元、形式多样以及反馈及时。

（二）学科主题单元课程设计

作业与课堂教学应相互依存、相互促进，共同促使课程目标的实现。基于小学作业现状研究及小学课程的特点，以作品导向的作业设计变革为牵引，以学科主题式学习为抓手，同时推进学科主题单元课程设计。学科主题单元课程设计包含如下环节。

1. 提取单元核心概念

作品导向的学科主题式学习的首要任务是提取核心概念，要在研读新课程标准、对标教材资源、结合实际学情等基础上提取、筛选符合实际主题单元教学的单元核心概念。

2. 制订单元总目标

制订单元总目标时要整体理解与把握学科课程目标，要关注每个课时的目标。将单元总目标转化为单元作业目标，体现单元作业目标的传递性、递进性、诊断性和可检测性。通过基础与综合相结合、学科与跨学科相结合、独立作业与合作作业相结合、短期作业和长期作业相结合的课时任务、单元大任务、单元作品，合力达成单元作业目标。

3. 单元教学与单元作业整体规划

单元教学关注单元总目标的达成。要从主题角度出发，理解教材自然单元，挖掘、丰富同一主题下的教学资源，明确单元名称，合理划分课时，形成相对独立又有主题意义的单元整体，并有序推进单元教学。单元作业整体规划则以作品

为导向，分解作品形成的过程，分配到各课时作业，或者以单元作品的形式呈现。

（三）评价任务设计

1. 开拓多主体评价模式

根据每一次的主题及作品有目标地选择评价主体，使评价针对性更强、效度更高。基于评价主体群利用学校实地资源、网络资源等对学生作品进行线上、线下展示，将学生作品面向社会、家长、学生进行展示评价。此外，在传统评价主体的范畴上进一步开拓人群，邀请不同范畴的专业人士参与评价。充分挖掘家庭、社会资源，发挥家校共育等的作用。

2. 设计多元化评价内容

设计和开发评价内容，不仅要关注学生最终作品的评价，还要在观察学习过程及作品形成过程的基础上对学生进行多方面、多角度评价。如对学生获得的知识和技能进行评价，要注意体现差异，侧重于关注学生的学习是否有变化和进展，考量学生的合作情况。还可以从作品形成过程是否有意义、是否有兴趣、能否有收获、有哪些不足、有何种建议等方面进行评价。

3. 探索创新型评价方式

根据评价的主体和内容，评价方式可以分为个人自评、组内互评、教师评价等。作品导向的作业评价具有连续性、承接性、发展性。评价方式可以是由传统的评价单整理汇合成的档案袋，也可以是更为有趣的"游戏闯关"模式，还可以是"盖章之旅""微评价"等。另外，我校还有特色评价项目——"擂台赛"，相较于传统教学中常用的评价方式，该方式更具诊断、导向、激励、创造、启发的功能。

三、作品导向的作业实施策略

在项目实践中，各学科教师展开探索，设计符合学情的课堂教学，并引导学生完成作品导向型的作业。比如，语文学科开展了"识字趣味多，

汉字真奇妙"主题活动。通过"汉字对对碰""识字小火车"等游戏，引导学生认识汉字部件构字表义的文化内涵，发现识字的规律，从而提高识字兴趣与能力。再如，英语学科开展了"惜时守时，快乐生活"主题实践活动。在单元学习中，设计情景演示、创意绘画、角色表演、思维导图等作业，让学生在生活中针对时间进行交流，丰富学生的英语交际方式，提高他们的交流能力，并使他们建立时间观念。

各学科组持续展开诸如此类的实践学习，初步探索作品导向的作业样态，学生以核心知识为出发点，以自己的兴趣点和能力点去构思、创作、完善、完成作品型作业，这样的作业兼具独特性、分层性、丰富性。

（一）构建实操型研训方式

1. 理论导向：成立"研训工作室"，在理论学习中提高认识、更新理念

学校成立了由校长亲自领衔的"研训工作室"，成员涵盖全学科教师，同时聘请高校的教授、博士为项目专家组，专家围绕单元作业的概念、特征、基本设计原则、设计路径、单元作业整体设计的基本要素等定期指导、研修十余次，带领教师刷新对作业的理解和认识。

2. 问题导向：问卷调研，在现状把脉中找准靶向、细化措施

把脉现状是开展教育实践的前提。我们面向教师、学生、家长等主体进行问卷调查，回收有效问卷共计1658份。通过研究，了解作业的理念、布置、呈现形式、内容特点及评价等方面的现状，梳理问题产生的原因，并在理论上寻求可能的突破路径。通过现状调研分析，我们出台了《张泾实验小学作业管理实施方案》《张泾实验小学作业新常规》。

3. 行动导向：分层推进，在实践操作中破解难题

以项目组和教研组为主力，汇集专家共同厘

清作品导向的作业基本理念，在此基础上，分学科提炼作品导向的作业设计经验，开展"作业管理"主题研讨、"我们的作业这样做"学科组创新作业设计研讨会，打开学科之间作业设计的通道。

（二）构建真实性、统合性、探究性的作业设计体系

1. 单元长作业："基础作业""学科＋作业"

两种作业各自独立又内在关联，构成一个完整的学期作业体系。基础作业定位于减少低阶重复性作业，聚焦重点和难点，及时巩固课堂学习的基础知识和技能。各备课组在单元开启之前完成设计。"学科＋作业"则是提炼单元主题，设计单元作品要求，牵引学生对整个单元教材的学习，在单元学习过程之中或之后形成一份真实记录、展示学习进阶的作品。

2. 跨学科主题作业，定位于知识的综合运用

结合学校文化建设开展"传统文化进校园之中秋主题作业"，学生用自己喜欢的方式"画月饼""数月饼""讲故事""吟诗歌""做花灯"，完成作业。多学科综合发力，激发学生的作业热情，挖掘学生的创造潜能，多样态、多角度展示体现学生综合素养的作品型作业。

（三）构建"诊断＋理解＋持续改造"的课堂样态

作品导向的作业设计研究，逆向驱动师生教学方式的转变，以及课改主阵地课堂样态的改变。

1. 基于"学历案"的课堂样态

作品导向的课堂教学过程由"顺序"变成"逆序"，教学方式由"讲授"变成"交流"，基于教师预设的学历案，将知识条件化、情境化、结构化，一份学历案即一份作品，贯穿课堂教学全过程。教师不断调整教学的进度和策略，促进每位学生作为"研究者"的真实学习。

2. 基于"学习支架"的课堂样态

作品导向的课堂教学的学习方式由"操练"变成"操作"，教师为学生学习提供支架，如图表支架、工具支架、范例支架等。针对不同的教学内容，开发、使用不同的支架。作业评价从"侧重结果"变成"注重过程"。

（四）构建"数字化＋可视化"的评价平台

学校利用实地资源、网络资源等线上、线下展示"我们的作业这样做"系列作品。

（1）线下展评：各学科提出合格作业、优秀作业（作品）要求，夯实"达标"底盘，改变评价主体，使班级作业展示常态化。

（2）线上展评：每学期以学科组为单位分期推出作业系列作为学校公众号上的一个专栏，内容丰富，形式多样。通过数字平台，将作业以作品的形式展示过程，呈现结果。

（3）主题展评：结合跨学科主题学习项目，定期展示作品型作业，通过学生自评、互评等方式给予学生在作业完成的历程中获得心智成长、收获自信和持续进步的动力。

作品导向的作业设计改革实践以单元教学、主题式学习为主要切口，重构课堂样态，构建作业体系，改进评价策略，提升了作品导向的作业的引导性、激励性和启发性，取得了一定的成效。在作业改革行动的深入实施中，我们将持续推进理论研学，进一步探索多样的作业形式，发挥作业减负增效的作用，重塑作业功能，逆向驱动素养本位的课堂转型，真正实现以学生的学习与素养发展作为组织课堂教学的主线，实现教学评一体化的课堂教学模式转型。

参考文献：

[1] 王月芬. 重构作业 课程视域下的单元作业 [M].
北京：教育科学出版社，2021.

"爱满天下"思想下的特殊儿童教育策略

◎郑　文

摘　　要 特殊教育是运用特殊的方法、设备和措施对特殊的对象进行的教育。特殊教育不仅仅是对传统教育模式的一种补充和修正，更是深刻的人文关怀的体现。笔者从特殊儿童的"特"与"需"、教育支持的"融"与"合"、融合实践的"思"与"行"三点出发，提出运用陶行知"爱满天下"教育思想，以尊重儿童的独特性为出发点，以满足特殊儿童的个性化需求为目标，努力让每个儿童享有公平而有质量的教育，并开展了一系列的教育实践，以期为幼儿教师实施融合教育提供教育支持与建议。

关 键 词 "爱满天下"思想；融合教育；特殊儿童；教育策略

作者简介 郑文，江苏省苏州工业园区钟园幼儿园副园长，一级教师。

陶行知"爱满天下"教育思想倡导热爱每一个学生，爱是广泛、平等且不断传递的。近年来，政府不断重视融合教育，教育部等七部门制定了《"十四五"特殊教育发展提升行动计划》，江苏出台了《关于加强普通学校融合教育资源中心建设的指导意见》等文件，为特殊教育的发展指明方向。

幼儿园作为教育的起点学段，是开展融合教育，实现特殊儿童平等、优质、个性发展的重要时段。嵌入式教学已被证明是结构化教学中有效的教学策略，也是我们开展特殊儿童教育的主要方法。它强调针对特殊儿童的个别化教育计划中的学习目标，在日常活动中有目的和系统性地对特殊儿童进行指导，将学习机会有机嵌入自然活动，从而促使特殊儿童获得有针对性、高效的教学。因此，考虑到幼儿园"一日活动皆课程"的特殊性，除了在教育教学活动中制定常规的方案与实施流程外，我们进一步关注在家园沟通、日常生活、游戏活动中的实践过程，以期营造全纳、和谐、充满爱与鼓励的精神氛围。以此为基础开展的系统性教育能达到事半功倍的效果。

一、特殊儿童的"特"与"需"

让特殊儿童和普通儿童"融合"起来，而非"隔离"出去，是全球教育发展的大势所趋。在过去一段时间内，随着融合教育的稳步推进，融合环境中的特殊儿童人数逐步上升、障碍类型逐步增加，对教师实施嵌入式教学的挑战也越来越大。因而在开展特殊儿童的嵌入式教学之前，对每一位特殊儿童的"特殊"与"需要"进行深入了解成为重中之重，这也是未来教师与家长有效沟通的前提。

（一）用爱心看待特殊儿童的特殊

"平等接受义务教育"是《中华人民共和国义务教育法》赋予每一个适龄儿童的权利。长期以来，社会存在对特殊儿童的偏见与误解，导致特殊儿童的家长在教育子女以及子女入学的过程中面临难以想象的压力和难题。化解这一难题，既需要家长本身的改变，也需要社会的温柔以待。

1. 用心倾听特殊儿童家长的声音

除了通过各类量表测评、观察访谈等方式对特殊儿童进行了解之外，我们也需要多倾听特殊儿童家长的声音。在生活中，家长对待子女无微不至，倾听家长的声音可以更好地帮助我们了解特殊儿童的习惯与个性。例如，一位有孤独症谱系障碍倾向的幼儿对垫子有着很强的依恋，为此，教师在班级中的语言区铺了一块柔软的长毛垫，使其很快就适应了班级环境。与家长共同面对特殊儿童的教育，与家长之间链接情绪，分享经验，寻求家长的理解与支持，是开展特殊儿童嵌入式教学的良好开端。

2. 用爱守护特殊儿童成长的环境

特殊儿童由于其自身部分能力发展较差，如认知、沟通、社会交往、动作等方面的能力，常常很难适应集体的生活，甚至有部分身心障碍的儿童还会干扰其他儿童的正常活动，更易引起同伴的反感。此时，更需要教师用爱心来包容特殊儿童的特殊性，用耐心去化解特殊儿童与同伴之间的矛盾。例如，威廉姆斯综合征幼儿有着与生俱来的高度亲社会行为，对周围的每一个人都十分热情，教师与班级中的其他幼儿家长提前做好思想工作、与普通幼儿共同讨论如何处理和特殊儿童的小摩擦，是营造和谐的融合教育环境的关键。而对普通儿童来说，自小学会如何接纳、关怀与自己不同的人，愿意去帮助他人，能从中感受到爱的力量。正如陶行知所说："爱是一切创造教育的源泉，没有爱便没有教育。"

（二）用专业理解特殊儿童的需求

陶行知倡导"生活即教育"，强调教育与生活密不可分，教育要着眼于儿童的生活，要用生活来教育，这在幼儿园阶段尤为重要。教师要用专业的眼光理解儿童的特殊需求，在日常生活中才能促进他们更好地发展。

1. 去标记：平等对待的需求

陶行知认为，作为教师，首先要尊重学生，尊重学生的人格和个性。对于特殊儿童，更需要得到尊重。特殊儿童常常被注意到的是他们特殊的一面，而更多"正常"的部分则被忽略了，因而对特殊儿童的尊重首先应当从"去标记"开始，让特殊儿童和普通儿童"融合"起来，让特殊儿童在最"正常"的环境中与他人一起学习与生活，受到平等对待。

2. 寻经验：融入集体的需求

在学前教育阶段开展特殊教育，是引导特殊儿童融入集体生活的第一步。特殊儿童自小在融合教育班级学习、生活，能体验到真正的生活经验，如得到关怀、帮助、爱护，当然也可能受到负面的评价。在这样的环境中，特殊儿童一方面可以逐渐适应集体生活的规则，学会对帮助自己的人感恩，另一方面也可以在逆境中学会如何自处或寻求他人的帮助。

3. 求突破：个性化发展的需求

每个特殊儿童都有不同的特殊需求，有的是行动发展迟缓，有的是智力认知不足，也有的存在社会交往障碍。如何应对不同需求的儿童，除了需要相应的融合教育配套设施，更需要教师运用专业知识积极引导。因此，针对每一位特殊儿童，我们结合医学诊断、家长反馈、教师观察记录等资料，基于特殊儿童当前的需要，形成对特殊儿童全面而详细的评估，将特殊儿童教学目标与班级普通教学目标相结合，制订"个别化教育方案"（IEP），实行个别化教育支持，让特殊儿童更好地融入集体之中。

二、教育支持的"融"与"合"

"融"是调和、和谐，"合"是结合、聚合，融合教育不是混合教育，不是让特殊儿童完全进入普通班级里接受教育，接受和普通儿童一样的学习内容，这会让他们产生挫败感。我们要做的是给特殊儿童提供他们所需的教育支持。不论能力的高低，每个特殊儿童都能享受在集体中生活和学习的乐趣，体验到成功和自信的感觉。

（一）融心融爱，做好特殊儿童入园准备工作

"真教育是心心相印的活动，唯独从心里发出来的，才能打到心的深处。"教师只有与家长、与幼儿进行心与心之间的交流，才能使特殊儿童的教育支持过程进入良性循环的状态。如何将"爱"这个字落地生根？需要教师与家长用心沟通。

1. 搭建家园桥梁，深入了解跟进

特殊儿童的家长往往比普通儿童的家长有更多的担心，更需要教师的关注。因而在入园前，教师要及时了解特殊儿童在家时的情况，引导家长开展家庭教育，发挥家庭教育在融合教育中的重要功能，争取最大的教育合力。教师给予特殊儿童的家长更多的关爱，可以是心理上的安慰、情感上的慰藉、孩子个性发展上的帮助，让他们勇于表达自己的想法，敢于交流，为特殊儿童入园做好准备。

2. 牵手特需家庭，携手共助成长

在特殊儿童入园初期，教师可以有计划地对特殊儿童开展"入户关爱行动"，了解特殊儿童及其家庭生活状况、受教育程度、康复训练等情况，并且对特殊儿童及其家长进行心理、情绪疏导，在入园前指导家长开展适宜的亲子活动。同时注意保护特殊儿童及其家庭的隐私权，及时肯定特殊儿童的点滴进步，携手走向美好的未来。

（二）合心合力，引导特殊儿童适应集体生活

1. 形成全纳氛围，感受伙伴关爱

特殊儿童进入班级后，需要为其提供更有针对性的教育支持，以促进其进一步的发展。融合教育实施中，要求特殊儿童在普通班级中进行学习，让同伴与特殊儿童友好相处，甚至互帮互助显得尤为重要。不同的幼儿有不同的优势和劣势，我们需要多鼓励幼儿在幼儿园内展示优势，取长补短，互相发现彼此身上的闪光点，并且以互相学习和夸奖的形式把幼儿身上的闪光点发扬光大，从而改善特殊儿童和普通儿童的关系。

2. 量身制订实施计划，获得个性发展

一个特殊儿童，一种特殊需要。每个特殊儿童的能力发展都有所不同，针对各自的实际情况制订相应的计划是融合教育的前提，围绕这些计划采用不同的教育支持手段，才能促进不同特殊儿童实现最适合自己的个性化发展。教师可以进行多方面的评估，围绕特殊儿童目前的表现，制订"个别教育计划"，在实践过程中不断调整教育策略，从而促进特殊儿童的发展。

三、融合实践的"思"与"行"

在践行融合教育的这几年里，我们学会了要把握融合教育的契机，让每一位特殊儿童都能在成长过程中被关注、被发现、被激励，成为独特的自己。

（一）理念先行，改变融合教学的方式，让特殊儿童获得平等的教育

在实践过程中发现，教师常常忽略特殊儿童的学习与生活，使随便就读变成"随班就坐"的状态。教师要认识到特殊儿童进行随班就读的重要性，在教学方式上也应该有所调整，做到根据幼儿的不同发展水平提供不同的教学策略。

首先，个别教育计划的制订要基于特殊儿童的障碍类型，同时兼顾班级融合教育环境。目标的制订要考虑到不同障碍类型幼儿的主要缺陷，找到特殊儿童认知发展、社会交往、动作发展目标中的侧重点，同时结合幼儿园一日生活流程实施。对于智力发展迟缓的特殊儿童，教师要在集体活动中为其单独提供适合其发展水平的操作材料，并对其进行个别指导。对普通儿童比较恰当的教育时机却不适合社会交往方面有障碍的幼儿。因此，了解特殊儿童的特点、教育需求，引导教师通过个案的个别化评估，制订和实施个别化融合教育计划是改变融合教育方式的第一步。

其次，要理解融合教育可以促进幼儿接受平

等、尊重、包容的思想，能帮助幼儿在与特殊儿童共同学习、生活中养成善良、友好、同理旁人、助人为乐等出色的品质和个人素养，也能为他们成年后对多样化世界的理解、接纳奠定较好的心理基础。大部分随班就读的特殊儿童在进入小学阶段后仍然会采用同样的就读方式，而普通儿童进入小学后也有很大的可能性遇到各种类型的特殊儿童。因此，在幼儿园阶段帮助特殊儿童与普通儿童和平相处、彼此成就是一种"双赢"的教育模式。

（二）行动为上，创设多元互动的环境，让特殊儿童获得健康的成长

教学环境是重要的教育资源和隐性课程，教师应创设适合特殊儿童学习特点的教学环境，这有利于特殊儿童理解教学信息，提升学习兴趣，使特殊儿童充分参与教学过程，独立完成学习任务，并减少教学活动中的行为问题，对特殊儿童的发展具有重要意义。

精心安排和创设适合特殊儿童的教学环境，建立满足其学习需求的融合教育资源教室，是开展有效教学的必要条件。融合教育资源教室的环境创设应当遵循安全性、适应性、简易性、感官性、稳定性、卫生性、经济环保性等原则，这些原则均来源于特殊儿童的发展特点、学习特点以及教育教学目标。如孤独症谱系幼儿米粒对陌生环境极其抗拒，班级中的游戏材料也吸引不了她的注意力，她无法脱离妈妈陪读的状态，教师将她带到了融合教育资源教室，她对里面的吊床情有独钟，渐渐地，她愿意去尝试操作融合教育资源教室中的游戏材料，教师则适时提供了一对一指导，帮助米粒适应了新的环境。此外，融合教育资源教室里的听觉辅助材料、大动作训练仪器能实现班级活动无法实现的功能，能更有针对性地促进特殊儿童的发展。

特殊儿童大部分时间仍然在班级里活动，因此，除了专门的融合教育资源教室，班级内的活动空间创设也尤为关键。可以在美工区、建构区、益智区、表演区、阅读区等区域里投放适合特殊儿童的操作材料，使特殊儿童可以和普通儿童一样，在丰富的游戏环境中体验真实的生活，培养自主生活的能力。除此之外，还可以增设其他功能区，如过渡区、冷静区等，确保特殊儿童能更好地融入班级。教师在"娃娃家"内为唐氏综合征幼儿浩浩打造了一个温馨的小卧室，里面有他从家里带来的依恋物（毛绒玩偶），他可以和普通孩子一起玩耍。此外，益智区的婴儿滚珠玩具、美工区的涂鸦拓印、语言区的洞洞书都是浩浩喜爱的游戏材料。

随班就读并不是让特殊儿童与普通儿童学习同样的知识技能、操作同样的游戏材料，而是通过不同场域的空间打造，创设符合他们最近发展区的多元互动环境，循序渐进助推他们成长。

四、结语

融合是一种态度，一种价值，一种信仰。在幼儿园融合教育中，特殊儿童需要的不仅是家长和老师的支持，更是一个充满爱的环境。坚持用爱引导别样的儿童，用心抚慰焦虑的家长，才能让特殊儿童体验到公平的教育，得到最佳的发展，回归社会的主流。我们相信生命可以影响生命，给孩子一双隐形的翅膀，在融合教育的道路上，让他们自由地飞翔。

参考文献：

[1] 杨楠. 学前融合教育支持系统的个案研究[D]. 杭州：浙江师范大学，2012.

[2] 陈海丹，顾海静. 指向普特共赢的学前融合教育有效支持策略探索[J]. 现代特殊教育，2023（07）：55-57.

[3] 刘廷廷，朱宗顺. 嵌入式教学及其在学前融合教育中的应用[J]. 现代特殊教育，2018（11）：27-31.

主动性学习理念下的幼儿园值日生活动探索实践

——以中班"我是值日生"为例

◎ 张　瑜

摘　　要　随着课程游戏化项目的持续推进，园所、教师需关注一日活动中各项生活环节的教育价值，培养幼儿自主管理的能力。值日生活动作为幼儿园班级管理中的常态工作，通过给予幼儿适宜的任务帮助幼儿树立正确的劳动意识，培养其自主性和责任感。基于生活教育理论，笔者从值日生活动内容的设定、值日生活动环境的创设、家园合作和值日生活动评价四个方面具体阐述如何在一日生活中开展值日生活动，让幼儿在亲身体验和实际操作中提升自主能力和责任意识。

关 键 词　幼儿园；主动学习；自主能力；值日生活

作者简介　张瑜，江苏省常州市金坛尧塘实验幼儿园园长，一级教师。

2020 年，中共中央、国务院《关于全面加强新时代大中小学劳动教育的意见》中指出，要"设置劳动教育课程"。根据各学段的特点设计劳动课程，有助于培养幼儿的自我服务能力、集体服务能力等，激发幼儿参加劳动活动的兴趣，在生活学习中初步培养幼儿的劳动观念和劳动意识。值日生活动是幼儿园班级管理中的常态工作，教师通过给幼儿布置适宜的劳动任务，帮助幼儿树立正确的劳动意识，培养其自主性和责任感。这种做法与陶行知先生的"生活即教育"理念不谋而合。

笔者基于生活教育理论，从值日生活动内容的设定、值日生活动环境的创设、家园合作和值日生活动评价四个方面具体阐述如何在一日生活中开展值日生活动，让幼儿在亲身体验和实际操作中提升自主能力和责任意识。

一、追求：生活教育理念下的值日生活动的价值意义

（一）生活教育理念下的值日生活动的概念

陶行知"生活即教育"的理论给我们的启示是，生活与教育是同一过程，教育不能脱离生活，生活也不能脱离教育。《中国学前教育百科全书：健康体育卷》中将值日生工作定义为幼儿劳动的组织形式之一。幼儿以轮流的形式，负责完成某些劳动任务，这要求他们具有较强的为集体服务的责任心。

（二）生活教育理念下的值日生活动的意义

以幼儿的劳动意识、责任感和自主性发展作为依据和出发点，以生活教育理念为支撑，将值日生活动纳入班级课程，可以帮助幼儿树立自信，增强其集体意识和责任感、自主性和社会交

往能力等。这是值日生活动实践的价值体现。

二、探寻：生活教育理念下的值日生活动的实践路径

值日生活动是一种以幼儿为主体、由幼儿主导的活动，其出发点和落脚点均是幼儿。笔者从儿童立场出发，通过值日生活动内容设计、值日生活动环境创设、家园合作和值日生活动评价等方面具体阐述如何有效开展与实施生活教育理念下的值日生活动。

（一）引导幼儿在多元对话中完善值日生活动内容

1. 教师与教师

首先，根据中班幼儿一日活动的内容，两位教师共同梳理本班幼儿的经验水平，分析幼儿的发展需要，初步预设值日生活动的开展与实施框架，要通过一系列活动让幼儿在交流与体验中学会协商、合作，积累为集体服务的经验。

其次，加强与保育老师的沟通，进一步明确值日生活动的价值。值日生工作是幼儿园开展劳动教育的重要途径，对幼儿的全面发展具有重要意义；对幼儿的自主性、责任感等品质的培养也具有积极的意义。要明晰教师在活动中的角色与任务，避免教师在餐前准备、餐后整理、自然角管理等活动中包办，代替幼儿完成任务，要充分给予幼儿自主体验的机会，必要时可以给予幼儿一定的方法或技能指导，让幼儿在亲身操作中掌握为集体服务的方法。

2. 教师与幼儿

幼儿是活动的主体，因此，教师要重视幼儿在整个值日生活动中的参与性与主动性，重视他们对值日生岗位职责、值日生分工安排等问题的思考。

尊重幼儿的自主选择权，设定值日生岗位。首先，通过团体讨论"值日生是什么"，明确值日生活动的核心目的是为集体服务，而不是监督。其次，岗位内容不能仅仅局限于餐点环节与自然

角管理这类劳动性强的方面，应结合班级具体情况设定。比如，在与幼儿讨论"值日生可以做哪些事情"时，笔者通过追问让幼儿关注本班的一日活动情况，并通过个人表征、集体投票等方式确立了八个值日生岗位。又如，"午睡值日生"岗位的设立，多名幼儿发现午睡时抽拉床铺会有危险，稍有不慎就会撞到其他小朋友，存在安全隐患，因此，大家决定通过设立"午睡值日生"岗位解决这个问题。

关注幼儿发展的个体差异，灵活安排值日生分工。我们本着尊重全体、兼顾个体的原则，通过幼儿自主选择与教师引导安排结合，力争让每个幼儿都能通过实践锻炼获得应有的发展与进步。在与幼儿讨论"对每天需要完成的事情要进行怎样的分工"时，一些幼儿进行了自主选择，而部分幼儿只能被动接受他人选剩的岗位，其中有些幼儿还未掌握所剩岗位所需要的技能，此时，这部分幼儿便不愿意参与值日生活动。针对这种情况，我们灵活调整岗位分工安排的形式，将幼儿选择与教师引导相结合，教师秉承因材施教的原则，在考虑幼儿能力、性格、性别等方面的差异后作出适宜的引导与安排，从而让每个幼儿都能在值日生活动中得到应有的发展。

（二）支持幼儿在积极的环境中习得经验

首先，我们创设了可互动的功能墙，一方面可以增加值日生活动的仪式感，另一方面也能潜移默化地支持和引导幼儿参与值日生活动。基于幼儿的年龄特点和认知需要，我们共同设计并展示了以符号和图画为主的值日生岗位职责、分工安排等信息。比如，我们将幼儿个人表征、集体投票后的值日生岗位图画塑封后贴上长条字母贴，并在图画边角贴上纽扣字母贴，在学号值日生卡后也贴上纽扣字母贴，这样既方便幼儿观察、理解所选岗位需要完成的任务，也方便幼儿自主选岗，同时还可以根据需要调整、更换值日生岗位内容。

其次，我们在班级内投放了适合幼儿使用的工具，让幼儿在实际操作中习得值日生活动经验。《3-6岁儿童学习与发展指南》中明确提出要指导幼儿"具有基本的生活自理能力"。为方便幼儿主动参与一日生活中力所能及的事情，我们根据幼儿的年龄特点提供其需要的工具，比如，我们在自然角增添了小铲子、喷壶、刷子等，在餐后提供小扫帚、小拖把等，以便幼儿轻松地使用这些工具，完成相应的岗位任务。对于这些工具的使用，我们一方面发挥幼儿榜样示范的作用，通过表扬会使用工具的幼儿来激发其他幼儿尝试使用工具的兴趣；另一方面，我们通过图示、语言引导、动作示范等方式给予幼儿使用方法上的指导。

此外，我们还将值日生活动内容渗透到区域活动中，在游戏中丰富幼儿值日生活动经验。比如，我们在阅读区提供绘本《今天我当值日生》《今天我值日》等，鼓励幼儿在阅读中学习和积累值日生的相关知识和经验，并尝试用绘画的形式大胆表现自己会做哪些事情。针对值日生不能有序整理玩具的状况，我们在表演区提供了网格架、各种规格的丝巾、大小不同的衣架等，让幼儿进行自主购物表演，在体验购物乐趣的过程中学习分类有序摆放。

（三）促进幼儿在家园合作中优化值日生行为

1. 重视值日生活动的家庭延伸

家庭是幼儿园的重要合作伙伴，家庭也是幼儿活动的重要场所。因此，家长的理解、支持与配合对值日生活动的开展有着非常重要的影响。开学初，笔者在家长会上通过体验式游戏、家园沙龙，让家长了解值日生活动的价值，与家长共同探讨利于值日生活动有效实施的亲子游戏，鼓励家长与幼儿协商制订家务劳动清单表，在节假日为幼儿提供更多家庭劳动的机会，引导家长积极配合，将值日生活动内容拓展至家庭活动中。很多家长在家中也给予幼儿主动劳动的机会，幼儿在园习得的新经验得到了进一步的拓展，能促进幼儿更高效地完成值日生任务。

2. 加强值日生活动的家园互动

根据布朗分布伦纳的生物生态系统理论中的中间系统内容，我们得知幼儿园与家庭的关系会对幼儿教育产生影响。因此，我们注意加强值日生活动中的家园互动，争取获得家长的支持。比如，在家长无法入园时，我们常常通过班级群、"一起长大"App等网络互动平台与家长沟通交流，互相反馈值日生活动开展的各个环节。这种做法一方面拓展了幼儿的实践经验，另一方面也为后续活动的调整与优化提供了可参考的依据。家园互动使幼儿的自主生活能力得到极大的提升。

3. 丰富家园参与的活动形式

一方面，通过开展家长助教活动，转变家长重知识的教育观念，让家长真正认识到培养幼儿动手能力、学习习惯、技能的重要性。家长在值日生活动的真实场景观摩中，陪伴、观察幼儿，实实在在地感受到幼儿是有能力的主动学习者，是具备自主生活能力的独立个体。他们纷纷表示在家中也会给孩子更多锻炼的机会，比如放权让孩子在家中自主收纳、整理自己的小天地，每天不再帮忙收拾书包，帮孩子养成自己的事情自己做的良好习惯等。此外，学期末，我们在班级内开展"幼儿自主整理大挑战"活动，在活动之前，家长并没有充分意识到能力的培养对于幼儿发展的重要性，他们以为这只是一次简单的游戏活动。在评判幼儿收纳整理的过程中，家长亲身感受到幼儿在分析能力、动手能力、解决问题能力等方面的差异，也认识到知识与能力之间的区别，感受到活动开展的意义，从而转变了以往重知识轻能力的片面认知。

（四）鼓励幼儿在适宜评价中积累经验

1. 注重评价的创造性

幼儿作为值日生活动的参与主体，他们的声

音应该被听到。教师应尊重幼儿的想法，了解幼儿对值日生活动的评价。评价的主体要多元化，除教师外，幼儿也是评价的主体。教师应逐渐引导幼儿学会正确认知、评价自己的行为。教师可与幼儿协商，创造性地制订一些评价措施，鼓励幼儿参与值日生工作，并发挥自身的作用，同时也更大程度地发挥值日生工作的价值。比如，我将班级值日生分成多个小组，既能明确分工，又体现了团结合作；每周五进行"五星值日生"评选活动，这一活动激发了幼儿对每项值日生工作的兴趣和积极性，同时也使幼儿感受到其他值日生对班集体的重要性。

2. 加强反馈的及时性

幼儿喜欢成功的体验，有获得尊重的需要。教师对幼儿的值日生活动给予积极的评价，可以让幼儿获得荣誉感，使他们觉得自己很光荣，做了很棒的事，帮助他们建立自信心。

在值日生活动开展过程中，教师应捕捉幼儿在履行值日生岗位职责时所表现出的良好的精神状态和行为，并及时给予肯定，让幼儿意识到自己的行为产生了积极的作用，从而对幼儿自身的行为产生正强化的影响，使幼儿能再次重复自己的良好行为。比如，在餐前准备活动中，我发现从来不主动参与分发餐具的彤彤竟积极地开始分发筷子和勺子了，于是，我及时走到彤彤身旁，肯定了彤彤的行为，此后，彤彤主动参与分发餐具的行为明显增多。在深思熟虑之后，我们还在班级互动墙上设置了"星星榜"，每天离园回顾时段，通过值日评比给予表现好的幼儿一颗星星作为奖励，月底累计星星最多的幼儿可以被评为"五星好评值日生"。在这样的激励方式下，幼儿变得更有干劲了。可见，教师的及时反馈可对幼儿的值日行为产生积极的影响。

3. 关注表扬的针对性

表扬是一种激励幼儿学习的教育方式，口头表扬具有快速、有效的特点。在值日生活动开展过程中，笔者在口头表扬时关注表扬的针对性，表扬语言具体、详细，如对幼儿说"你把图书收拾得很整齐，继续保持，加油"，而不只是笼统地说"你真棒""你的值日生工作很出色""做得不错"等，后者不但没有任何实际意义，而且说得过多，幼儿会逐渐对表扬产生淡漠情绪，容易产生反作用。笔者发现，在值日生活动中对幼儿进行激励性评价更有助于在班级集体中树立良好的学习榜样，激发更多幼儿的劳动兴趣与热情。幼儿在值日生活动中体现出的积极状态是对值日生工作效果最直接、最真实的肯定。

三、结语

值日生活动作为幼儿园的一种常规性生活活动，对于促进幼儿形成正确的劳动观念、积极的劳动态度，培养热爱劳动和劳动人民的情感，养成一定的劳动知识、技能和良好的劳动习惯等具有重要意义。教师要充分认识到，幼儿的发展是一个完整练习的过程，教师必须用长远的发展的眼光看待幼儿的每一个成长机会。在值日生活动中，我们立足儿童立场，基于幼儿经验积累的连续性，创造性地生成了各种挑战机会和条件。主动性学习理念下的值日生活动实践，以独特的视角引导幼儿真正成为能自主生活的"主人"和"强者"。

参考文献：

[1] 李梅芬.用生活教育理论指导幼儿科学教育[J].读与写：教育教学刊，2015，12（01）：251.

[2] 中共中央　国务院关于全面加强新时代大中小学劳动教育的意见[S].中华人民共和国国务院公报，2020（10）：7-11.

[3] 中华人民共和国教育部.幼儿园教育指导纲要（试行）[S].北京：北京师范大学出版社，2001.

[4] 中华人民共和国教育部.3-6岁儿童学习与发展指南[S].北京：首都师范大学出版社，2012.

社区教育与老年教育协同发展的策略研究

◎田利民　葛乃成

摘　要　老龄化理论在联合国第二届老龄问题世界大会中被再次提出，积极应对人口老龄化逐渐纳入各地社会经济高质量发展考核指标，融合社区教育、赋能银龄成为当前社区教育和老年教育的热门话题。本文阐述了老年教育与社区教育的融合开展，以期为社区的和谐发展献计献策。

关 键 词　老龄化；社区教育；老年教育；策略；实践

作者简介　田利民，江苏省海安高新区社区教育中心安保主任；葛乃成，江苏省海安市墩头镇社区教育中心校长，高级教师。

老年教育作为一项公益性事业，不仅是终身教育领域中的主要构成部分，而且是一项重要的民生工程，更是加快我国社会养老服务体制建设的重要内容。积极开展老年教育工作，满足社区老年人受教育权利与学习愿望，有利于落实党的二十大报告中"建设全民终身学习的学习型社会、学习型大国"的要求。

一、顺势而为，全面理解社区教育与老年教育的意义

社区教育是实现终身教育的重要途径，同时也是源于生活的、创建全民终身教育体制中不可或缺的基础平台。社区教育不仅能够提高社区所有成员的文化素质及文明水平，还能够为社区的未来发展与建设提供良好的基础。

老年教育可以促进老年人继续融入社会，使其更好地适应退休以后的生活以及全新的社会角色，通过提高文化知识的方式，让一部分从未正式受过有关教育的老年朋友可以有机会学习或者更新一些文化知识，让他们可以掌握新的技能与先进的技术，与时俱进，提高自身的综合能力。

二、借势而进，积极把握老年教育的底蕴特点

老年教育已经成为高质量社区建设中的重要构成部分，尤其是现阶段，在构建和谐社会的征程中，我们要从每个家庭做起，通过老年教育，提升老年人的文化素养，培养老年人良好的行为习惯，提高老年人的身体素质，改善老年人晚年生活的品质。这不仅可以营造和谐的家庭氛围，还能够改变整个社区的面貌，从而建设一个和谐、美好的社会环境。

（一）立足于爱好，具有人性化特点

人性化是指要把一些优质的教育资源分别送到每个街道、乡镇、村居，甚至是送到每一位老人的门前家中，并开展一系列切实让老人们喜欢的教育活动，使其可以真正享受到老年教育给他们带来的快乐，提高他们的生活品质。

（二）立足于家门口，具有便捷性特点

便捷性主要指为了能够满足社区老年人的实际需求，根据其健康状况以及家里的实际情况，选择一些出行比较方便，而且离老年人的居住地

比较近的社区学习点对老年人进行教育。生活即教育，教育即生活。这种在自家门口就可以接受教育的形式，既方便，又能满足老年人的基本需求。

（三）立足于覆盖面，具有开创性特点

"社会即学校"的核心在于扩大教育的对象、丰富学习的内容，让更多的人受教育。同理，老年教育也要努力扩大覆盖面。虽然政府每年都会投入一定财力、人力和物力来建设老年学校，但是由于身体、路途等原因，仅有部分老年人能够享受这份权益。因此，把老年学校办到社区，让每个老人能更方便地享受优质的教育资源是有必要的。

三、乘势而起，积极落实赋能银龄的建构举措

链通社区，数智赋能。我们要紧紧围绕教育部等九部门《关于进一步推进社区教育发展的意见》文件精神，确立社区教育"人文化、数字化、多元化、优质化"发展目标，把握"丰富内涵、创新载体、提升层次、打造品牌"发展主线，坚持"立足社区、服务社区、满足社区"发展原则，积极应对人口老龄化，推动区域经济社会和谐发展。

（一）坚持把职业教育培训办学送到居民家门口

一是助力服务就业。从服务就业出发，制订并实施以就业为导向的职业能力培训规划。我们开展电子商务、建筑职能、母婴护理、病患照护等职业技能培训，努力增强培训的针对性和实效性，以提高老年劳动者的职业素质和就业能力。

二是助力服务健康。把健康教育与开展疾病防治工作结合，保障居民病有所医；与开展全民健身运动结合，着力提高居民身心素质；与开展爱国卫生运动结合，助力居民养成良好的公共卫生习惯；与平安建设结合，不断提高居民安全感。

三是助力构建乐生。"生活即教育"是陶行知生活教育理论的核心，我们围绕生活构建"乐生型"社区闲暇教育模式，组织村（居）民学校认真实施社区教育公共课程表，持续助力社区居民获得自我完善，满足精神生活。

（二）坚持把文明实践落实到与时俱进的特色活动上

以"以文化人""以网聚人"的发展理念，大力推广社区教育微信公众号等媒体，推进社区文明实践教育活动的顺利开展。社会即学校，我们联合属地政府、各办事处、村（居），大力开展以"志愿新风尚，共筑幸福城""为居民服务，为党徽争彩""雷锋情、志愿行、暖夕阳"等为主题的新时代文明实践活动；以"移风易俗，文明祭扫""巾帼心向党，沐浴新时代""粽叶飘香，共创文明"等为主题的节日庆祝活动；以"暖心维权在身边""扫黑除恶扬正气""无烟世界，清新相伴"等为主题的科普和学习宣传活动。

文明实践活动涉及面广，参与人员多，我们社区教育中心因时、因势而动，发挥自身优势，有效促进了社区教育的可持续发展。

（三）坚持把教科研课题研究谱写在社区教育教学第一线

目前，线上线下教育深度融合成为社区教育发展新常态。社区教育中心因时制宜，着力开发"乡村振兴云课堂"，聚合优秀课程资源，利用网络平台优势，推出"党建培训""家庭教育""老年教育""安全防范"等线上课程，发挥信息技术在教育教学、资源建设方面的独特作用。我们在社区教育信息化进程中，以提升老年人智能技术运用能力为重点培训内容，帮助老年人跨越"数字鸿沟"，通过开设老年智能手机及电脑网络培训班（点），助力老年群体融入智慧生活。

四、乘势而上，积极推进社区教育规范化与高质量深度融合

管以循理，创以致新。社区教育的融合实践

需要坚持自我成长中学习，探索实践中前行，项目创建中完善，活动反思中提升，着力于规范化管理，致力于高质量建设，不断追高逐新、乘势而上，构建新起点、攀登新高度。

（一）党建领航，组织管理网络化

坚持"政府统筹领导、教育中心主管、相关部门配合、社会积极支持、社区自主活动、群众广泛参与"的社区教育管理和运行机制。开展社区老年教育时，在党组织的领导下，统筹协调城市管理局、文化广电和旅游局、老干部局、教育局、财政局、卫生健康委员会、妇联、科技局、退教协等部门和村居，各部门同频共振。

（二）统筹协调，队伍配备优质化

坚持理论学习与工作实践相结合，切实提升社区教育专兼职人员的业务素质和组织能力，提高工作队伍的使命感和责任感。对接融合辖区内各中小学校及各类培训机构，聘请专职教师为社区居民提供各种文化和就业培训。

招募善于联系群众、在社区工作过的"五老"人员，并将其加入当地社区教育智囊团，建立名人名师名嘴名咖专家库，成立"智慧助老"名师工作室，充实社区教育工作队伍。同时，充分挖掘老年人的才艺，有针对性地组建一些诵读团、剧团、合唱团、舞蹈团、太极拳团等文艺表演队伍，开展各类文艺团体活动，让广大老年朋友在活动中陶冶情操，提高自身文化素养。

我们要从教育培训需求和实际工作需要出发，切实有效提升社区教育工作队伍的素质与水平。

（三）建章立制，发展评估规范化

为更好地服务区域经济与社会发展，我们应从"组织领导、制度建设、条件保障、队伍建设、活动开展、特色创建、专项工作"等方面进一步完善社区教育工作考核实施细则和"责任状"，建立社区教育发展评估新机制。以区管委会或者街道文件的形式将年度社区教育工作意见下发到各部门、办事处、村（居）委会及企事业单位；社区教育中心给专职教师分配办学任务，安排专人对各街道社区教育工作进行督导，做到一周一指导、一月一检查、一季一评估、半年一小结；将社区教育工作纳入街道、村（居）干部的年终考核指标体系。

（四）强基固本，经费支持长效化

社区老年教育作为一项基础性的公益事业，获得政府资金的支持非常重要。当地政府需要加大资金投入力度，并且实施专款专用。可以采取"政府拨一点、社会筹一点、学校创一点"的办法，多方筹措社区教育经费，同时不断增强社区教育中心自身的造血功能，确保社区教育的高点定位、高端发展。要按照"江苏省标准化社区教育中心"硬件标准，配齐、建好微机房、多媒体教室、图书室、音乐舞蹈室、老年活动中心等现代化教育教学设施。

新时代，新征程。在我国现代化进程不断加快以及社会不断变革的新阶段，我国的人口结构以及老年人在社会与家庭中的定位都出现了巨大变化，社会各界也对老年教育提出了越来越高的要求。因此，我们要充分运用社区教育资源做好老年教育融合推动、融通落实工作，促进老年社区教育在"高质量、新优质"上更进一步，提高全社会老年人的整体文化素养和幸福指数。

参考文献：

[1] 孙海鹏. 浅析中国社区老年教育[J]. 才智, 2016（17）：112, 114.

[2] 陈思彤. 关于利用社区教育资源推进老年教育发展的思考[J]. 赤子（上中旬）, 2015（15）：126.

[3] 丁利娟. "互联网+"背景下社区老年教育的推进策略——以浙江平湖为例[J]. 广州广播电视大学学报, 2016, 16（05）：11-15, 107.

[4] 彭琳. 新时代社区老年教育模式研究[J]. 山东广播电视大学学报, 2020（02）：36-38, 49.

博物馆教育与幼儿园课程实践的新探索

◎陈　珠　曹　静　陈红梅

摘　　要　近年来，随着"博物馆热"的兴起，博物馆中的教育活动也变得更加丰富多样。如何有效地运用博物馆资源，让丰富的资源服务于教学，在资源共享中促进儿童的发展、教师的成长和幼儿园办学水平的提升是我园一直在思考的问题。本文阐述了我园利用博物馆的教育功能，将博物馆教育资源与幼儿课程相结合的探索。

关 键 词　博物馆资源；幼儿园；实践与思考

作者简介　陈珠，江苏省泰州市姜堰区实验幼儿园园长，中学高级教师；曹静，江苏省泰州市姜堰区实验幼儿园副园长，中学高级教师；陈红梅，江苏省泰州市姜堰区实验幼儿园办公室主任，中学高级教师。

随着集团化办学模式的推进，实幼教育集团（以下简称"实幼"）下属有 9 所幼儿园。为了让丰富的资源服务于教学，促进幼儿的发展、教师的成长和幼儿园办学水平的提升，利用园区间的优势互补，实现城乡教育的公平和均衡发展，实幼教育集团以"教育公平视角下集团幼儿园课程资源共享的实践研究"课题为载体，通过多种途径与策略，挖掘、利用并共享具有本土特色的课程资源，开展了一系列实践活动。

一、博物馆课程的全方位准备

了解一座城市的人文历史，最好的方式就是走进当地的博物馆。为了让孩子直观地感受家乡文化的丰富与源远流长，拓宽孩子的视野，"实幼"和姜堰博物馆联系对接后，在集团里发出参观博物馆的倡议，邀请有条件、有意向的幼儿园共同参加。

在参观之前，集团里的教师先集中做好"预习功课"：了解姜堰的历史与人文背景知识，做到胸有成竹；将博物馆的解说词改写成孩子能听懂的、生动形象的"故事语言"，满足孩子的认知需求；和孩子一起了解博物馆的地理位置和内部结构，制作参观路线图和思维导图，使孩子增强"参与意识"；帮助孩子了解并熟知参观的各种礼仪，如在博物馆不打闹、不吃东西、不能触摸文物等；将博物馆里许多文物图片打印出来，设计"寻宝"游戏，引导孩子在参观时对照图片找寻实物，激发其观赏的兴趣；为不能到达现场参观的幼儿园开通现场直播视频号，借助声、光、电等辅助手段，让屏幕前的孩子也能感受文物之美、历史之幻……在周密地准备后，孩子们和教师一起踏上了"触摸历史，感知文化"的博物馆之旅。

二、博物馆课程的沉浸式体验

走进博物馆，来自姜堰周边四所幼儿园的孩子们被分成了若干个小组，每个小组 15 人左右，在教师的带领下按照时间顺序在不同的展厅参观。教师为孩子们讲解"三水"古名、罗塘由来、汉唐胜迹、新石器时代的姜堰，带孩子们观赏麋鹿骨架化石、单塘河遗址、海陵仓模型等文化景点。整个参观过程如九曲溪流，欢快流畅而又一步三回。当孩子们细细观看驻足停留时，教师就把足够的时间留给他们琢磨思考；当孩子们百思不解提出问题时，教师则深入浅出地答疑解惑，引发其更深的探索欲望。沉浸在那一个个鲜活的场景之中，观赏那一件件历经沧桑的文物，孩子们惊叹万分，"美"的种子悄然播下，敬畏与传承之情油然而生。

而没有机会参观的幼儿园则组织孩子们在荧屏前观看，负责现场直播的教师按照历史发展的足迹，以儿童的视角一个厅一个厅地讲解，还不时地和孩子们互动，回答孩子们各式各样的提问，诸如：麋鹿为什么叫"四不像"？刘公祠还在姜堰坝口吗？为什么姜堰是"状元之乡"？……还使用"360 度全景视频"功能，让孩子们在高科技的助力下身临其境地欣赏天目山遗址的演变过程，感受七千年汪洋成陆的壮观。

三、博物馆课程的游戏化延伸

参观活动结束后，集团各幼儿园开展了丰富多彩的延伸活动：深入现场的"实幼"孩子们通过画画姜堰老街、涂色最美罗塘、美化远古天目山等活动，用绘画、泥塑、剪纸等各种形式强化对博物馆的感知。锦都幼儿园进行了"文物找家""花瓶上图案"等美术欣赏活动，巩固孩子们对文物知识的了解。王石幼儿园开展了"会船设计大比拼"创意小游戏活动，让孩子们感受家乡"船"文化的源远流长。而进行"云"上参观的大伦、兴泰等几所幼儿园，也分别开展了"我眼中的博物馆""未来博物馆的样子""我的家就是博物馆"等主题活动，以讨论、表演、展览等方式鼓励孩子们天马行空地想象，富有感染力地表演，发展扩散性思维。

儿童是博物馆的受众，也应该是博物馆文化的建设者和创造者。本着以儿童为中心的理念，"实幼"将孩子们的漫画、手工艺品、海报、照片、

视频等作品送至博物馆，为孩子们搭建展示的平台，在博物馆的支持下，具有儿童视角、充满儿童声音的作品在展览中得到了良好的社会反响，成为博物馆资源的有力补充，儿童的"小小社会人"角色逐步得到了认可。

四、博物馆课程的主题式推进

随着"参观博物馆"活动的深入推进，集团幼儿园关于"博物馆"的主题课程应运而生。集团内每所幼儿园基于构建集团共同课程的愿景，在遵循集团设定的课程建设的基本原则下，立足幼儿发展、教师成长需求以及园所周边资源等实际情况，大力开发、设计并实施园本课程。为了提升主题课程实施的有效性，弄清主题审议的路径和方法，培养教师在课程实施过程中的执行力和创生能力，实幼教育集团开展了"聚焦主题审议，共研课程实施"的主题教研活动，集团各幼儿园尝试开展把博物馆带进幼儿园的主题活动，如溱潼幼儿园在"家乡砖瓦博物馆"中，师幼整合利用园内外丰富的自然资源，开展探索性主题活动，教师带领幼儿到河边采泥、挖泥，到幼儿园周边收集各种砖瓦，放在幼儿园的博物馆内，让幼儿感知家乡自然资源的丰富多彩。实验幼儿园在"家乡的人文博物馆"中，以"家乡的名人"为主题开展活动，教师组织幼儿和家长通过调查、访谈、网上搜索等方式认识家乡的名人，并创设了"捏面人""小小棋社""巧手剪纸"等家乡文化长廊，激发幼儿作为姜堰人的自豪感和归属感。俞垛幼儿园在"家乡美食博物馆"中，师幼共同布置了"家乡美食街"和"生活馆"，教师带领幼儿开展生活技能类主题活动，让幼儿制作扁食、糍粑、糖球等家乡美食，记住家乡的味道，激发幼儿热爱家乡的美好情感。

在不同幼儿园的主题式活动推进过程中，课程个性化得到了尽情展示，幼儿园教师与教师之间、幼儿与幼儿之间在课程层面上的互动，实现

了课程资源的共建共享，呈现了"和而不同、美美与共"的景致。

五、博物馆课程的资源库构建

在线上线下共同参观博物馆后，集团各幼儿园充分考量自身的地方特色和课程资源优势，在集团层面建设了一个公共的课程资源库。江苏省课程游戏化项目的"支架5"明确指出："每所幼儿园收集园所附近一定范围之内的各类自然资源、社会资源和人力资源（机构、基地、材料、有专长的人员等），形成本幼儿园的教育资源地图。"

因此，各幼儿园以课程游戏化精神为引领，引导教师重视多元资源在幼儿园课程建设中的价值，认真盘点、梳理本园内外存在的丰富资源，学习将资源与指南、与班级课程、与幼儿经验建立关系，由集团总园牵头，根据"人""事""物"的线索对各幼儿园的课程资源进行归类、汇总，形成具有本土特色的实幼集团课程资源库。如"实幼集团'人'资源集""实幼集团'物'资源集""实幼集团'事'资源集""实幼集团课程资源集"等。各幼儿园的课程资源也各有千秋，基于本土资源、园所文化和幼儿发展需求，各幼儿园构建了具有园本特色的课程，如实验幼儿园以七十多年的"爱·乐"文化为主线，构建了以儿童为中心的"爱·乐"课程；俞垛幼儿园以鱼米水乡为依托，构建了"水韵'鱼'垛"园本课程；兴泰幼儿园以亲近自然为活动主题，构建了"稻花香香"课程；叶甸幼儿园以民间游戏为抓手，构建了"老游戏，新玩法"游戏课程；王石幼儿园以市级课题"幼儿园礼仪教育"为载体，构建了"礼仪教育"课程；锦都幼儿园的美育课程很有特色，经过多年的实践，其美育课程已初具规模，建构了"玩'美'"课程等。各幼儿园以资源共享为策略，绘制课程资源地图，构建共享"资源库"，形成了"集团云端课程总资源库"。随着课程建设

的不断深入，各幼儿园课程资源也在不断丰富，各幼儿园在优势互补中良性循环，不断完善着园本课程，从而满足儿童探索、认知的需求。集团课程资源库的构建拓宽了幼儿园教师的教育视野，丰盈了课程内涵，让幼儿园均衡发展的脚步迈得更稳、走得更远。

六、博物馆课程的多角度评价

有效的课程质量评价是推动幼儿园课程质量提升的关键。在"参观博物馆"活动后，我们以《幼儿园保育教育质量评估指南》为依据，以促进儿童身心发展为导向，围绕健康与体能、自我与社会性、习惯与自理能力、语言与交流、美感与表现、探究与认知六个维度，用"旋转万花筒"的方式对"参观博物馆"这一活动实施多角度、多元化评价，将课程、资源、活动形式、幼儿发展等多方面融合起来进行整体考量，以过程评估、自我评估、班级观察为基本路径，不断反思、调整，找到评价的思路和途径，再进行二次评估，在"复盘"与"追溯"中，形成诊断—反思—调整—再诊断的循环往复良性评价过程。这是一种用多元思维评价发展中儿童的方式，让教师通过评价过程拓宽评价通道，提升评价水平。评价后，9所幼儿园形成了富有个性的特色课程资源包，并陆续向全区推广辐射。

七、博物馆课程的前瞻性规划

在基于集团化办园理念的幼儿园课程开发与实施中，实幼教育集团较好地实现了多园之间的资源共享、优势互补、以强带弱，促进了集团的整体发展。我们以"参观博物馆"课程为案例，构建了全新的课程建设理念，打破了集团化办园背景下幼儿园共建共享课程资源时遇到的困境。今后，我们将结合幼儿园可持续发展的需求，对集团幼儿园课程资源共享的可行性路径进行前瞻性规划。

规划一：共学——坚定课程建设之路

在集团幼儿园课程资源共建共享的过程中，要不断提升教师的课程理念，共学是重要手段。我们将带着问题"读"，如针对大家都感到困惑的"课程预设与生成的关系"，一起找思路；寻找重点"读"，根据当前课程改革的最新动态，如"放手游戏，发现儿童"，积极探索"课程与游戏"之间的关系；联系实际"读"，如在课程建设的过程中，树立"环境即课程"的理念，认真研读有关室内外游戏环境创设的书籍，进一步改造课程游戏化环境，让幼儿在与环境的互动中，实现发展的多种可能性；形式多样"读"，充分利用网络学习平台，通过线上线下的共读、云读等，增强生发课程的敏感性。通过共学，让教师更多地关注儿童，关注儿童的生活，关注儿童周围的一切人和事物，在观察儿童、发现儿童、理解儿童的基础上支持儿童、尊重儿童。

规划二：共思——厘清课程愿景定位

为进一步明确实幼教育集团幼儿园园本课程的思想内核和品牌名称，集团领衔园要深入各幼儿园，帮助各园梳理园所文化的发展脉络，剖析儿童的发展需求，绘制园本课程的发展愿景，让课程的生发基于本土资源、园所文化、儿童的发展需求。在课程实施的过程中，各幼儿园坚持以儿童为中心，坚持发现儿童，继而发现课程的核心理念。幼儿园在厘清课程愿景后，要尝试建立资源管理制度，让科学运用、管理资源成为教师的工作常态，成就姜堰地区师幼的共同成长。

规划三：共研——开展课程审议研讨

围绕园本课程建设中遇到的"园本课程资源挖掘""课程建构的要点""课程审议的关键"等问题，开展参与式、沉浸式现场教研，建立集团幼儿园课程审议制度，由集体备课变为课程审议，确立课程审议的"三研"（研儿童、内容、资源）、"三审"（审目标、内容、路径）、"三议"（前审议、中审议、后审议）模式。在参与式共研中，要使大家认识到课程审议的价值，让课程的目标更适宜，内容更丰富，路径更多样，资源更优化。

规划四：共享——展开课程资源运用

各幼儿园对周边的资源做了统计和整理，建立了自己的课程资源包，也上传至"百度网盘"，共同打造了实幼教育集团的"课程资源库"。今后，我们将根据儿童的认知需求、幼儿园的可持续发展要求进行整合运用，在共享中最大化地发挥资源的功效，以多资源的精准共享、园家社的深度融合为目标，构成多元的教育空间，使地文、园文、人文成为助力儿童拔节生长的最佳元素。

总而言之，在促进学前教育优质均衡发展，实现城乡教育的公平公正的过程中，集团化办园是必由之路，资源共享是展翼之翅。幼儿园只有聚焦课程建设和管理，紧紧围绕"幼儿发展"这个根本点，充分发挥集团幼儿园的优势，优化课程资源配置，实现课程资源的共建共享和互惠共通，才能让学前教育从"有质量"向"高质量"迈进。

参考文献：

[1] 中华人民共和国教育部.3—6 岁儿童学习与发展指南[S].北京：首都师范大学出版社，2012.

[2] 中华人民共和国教育部.教育部关于印发《幼儿园保育教育质量评估指南》的通知[S].中华人民共和国教育部公报，2022（Z2）：18-26.

[3] 黄俊生.基于课程资源开发视角的幼儿园博物馆创建及利用研究[D].芜湖：安徽师范大学，2018.

陶行知生活教育观对当下乡村教育的启示

◎卢　霜

摘　　要　近年来，我国坚持优先发展教育事业，大力推进乡村振兴，使得乡村教育逐步呈现新的面貌、新的亮点、新的气象。教育是乡村振兴的重要基石，是乡村振兴的基础。作为乡村教师，我们应该冲在一线。陶行知的教学教育理论对我们这些乡村教师多有裨益。本文阐述了我校教师基于学校教育现状，发扬陶行知教育精神，结合生活教育理论，在教育教学中不断激发学生创造力和潜力的实践历程。

关 键 词　生活教育；陶行知；乡村教育；教育振兴；启示

作者简介　卢霜，江苏省南京师范大学溧阳高新区实验初中教师。

伟大的人民教育家陶行知先生把自己的一切都毫无保留地贡献给了祖国和人民的教育事业。"捧着一颗心来，不带半根草去"是他的名言，也是他一生的写照。他热爱人民，热爱儿童，诚心诚意为劳苦大众怎样获得教育而殚精竭虑，呕心沥血探索民族的教育之路，不断求索，不断进步。作为一名在基层一线工作的乡村教师，我从小就在陶先生的"千教万教，教人求真；千学万学，学做真人"名言中长大。现在，我也到了"为了苦孩，甘为骆驼"的时候了。

一、当下乡村教育现状

扎根乡村中学的这几年，我发现乡村教育远远没有想象中那么容易推进。我国地域辽阔，各地区政治、经济、文化等方面的发展水平存在差异，相应地，各地区教育资源的配置、教育水平和教育质量也存在较大差距。

（一）生源质量较差

乡村学校的绝大部分学生来自周边村镇，很多家长出于升学的考量，仅仅将孩子放在乡村学校就读幼儿园或者小学，之后便想尽办法让孩子进城就读。久而久之，乡村学校的生源变少，且生源质量得不到保障。乡村学校的另外一个生源特点就是外地迁居的孩子居多。很多外来务工人员的子女难以在城市学校就读，就在邻近的乡村学校完成学业。然而其父母工作的不稳定导致生源的不稳定，使得乡村教育工作推进更加艰难。并且，由这些不稳定的孩子组成的班级里，学习氛围不够浓厚，学生学习的积极性也不高，教学工作开展艰难。

（二）家校共育困难

乡村学校的学生以留守儿童居多，大多跟随爷爷奶奶生活。父母远在外地，对孩子关心不够，辅导孩子学习上基本由爷爷奶奶代劳，由于隔辈亲、管不住等原因，大部分学生都是一回家就放飞自我，在校五天奋笔疾书，在家两天形同放羊，隔代教育存在严重不足。还有部分学生属于单亲家庭，这类家庭成长的孩子大部分比较敏感、内向、自卑，所以在跟这些学生处理学习任务时需要特别注意。每每与这些学生的家长交流，提出家校合作时，很多家长都不以为然，觉得教育是学校的事情，不予配合的相当多。当然，有些家长还是很配合教学工作的，但是几乎每个班级都存在很多特殊家庭，这对我们开展教育工作造成了很多困难。

（三）教育资源不均衡

乡村学生的家庭经济条件差异较大，能获得的教育资源差距也大，学生的知识储备和眼界有很大差异，持续学习的学习热情、学习力也有很大差异。大部分乡村学校的学生自身的家庭学习氛围不浓厚，潜移默化下产生学习态度不端正的问题，很多人都是抱着一种读完初中就出去打工的思想，这对我们平时的教育工作形成很大的挑战。这种情形下，教师不仅要积极努力地改正学生的思想，还需要积极引导家长端正教育思想，从根本上纠正对义务教育重视不够的问题。

二、对当下乡村教育的几点建议

（一）为了苦孩，甘为骆驼

陶行知先生的可贵之处在于他一生的教育奋斗始终围着一个目的：真心诚意为使劳苦大众及其子女能够受教育。这是他不断奋斗、不断前进的原动力，也是他办教育的根本原则。随着城镇化发展，乡村大部分青壮年都进城务工，乡村常住人口锐减，学校生源减少，上级部门按照统一生均收费标准，根据学校的学生数量拨付办公费用，小规模的学校一年的经费总额可能只有几万元，甚至都不够缴纳办公的用电、用水费用。想要让乡村学生更好地学习和生活，一定要有充足的教育经费，改善办公条件，教师的工作动力才会增强。

除此之外，师资配备不均也是当下乡村教育发展的重大问题之一。城里学校的福利待遇好，发展机会更多，晋升也更加方便，导致师资力量区域不平衡，乡村教师处于弱势地位，并且总是在流动，教师队伍极其不稳定。所以作为教师，能愿意坚守乡村教育是很伟大的。作为乡村教师，我们可以做的不仅仅是教书育人，更重要的是培养学生的精神素养和品德素养，使他们能全面发展，不能一味地将成绩作为乡村学生人生的唯一跳板。也许很多教师认为大城市才有更多的机会，才能实现更好的发展，但在我看来，"事业靠人，业由人兴"，在乡村，在基层，有着更广阔的天地，更大的舞台。如今，乡村振兴战略全面开局，乡村振兴的嘹亮号角已经吹响，正是有理想、有本领、有眼界的青年人大展拳脚，建功立业的时候。我们作为乡村教师，为了苦孩，甘为骆驼。

（二）"小先生制"

为了解决当时乡村教育中师资缺乏、经费匮乏、子女教育困难等问题，陶行知先生提出"即知即传"的"小先生制"，即人人都要将自己认识的字和学到的文化，随时随地地教给别人，而儿童是这一传授过程中的主要承担者。尤其重要的是，"小先生"的责任不只是教人认字，还要教自己的学生做"小先生"，由此，文化知识得到不断延绵与推广。对此，我获得的启发是：针对乡村学校的学生，我们可以实行"一对一"帮扶制，可以让学生自己两两结对。正如孔子所说："三人行，必有我师焉。"每个学生擅长的领域不一样，凭借自己擅长的内容与结对的同学互教互学，双方优势互补，查漏补缺，共同进步，可以实现每一个学生都是"小先生"，每一个学生都将自己的知识、技能传播出去。在学校之外，我们也鼓励学生将自己所学的知识带回家，进一步发展"小先生制"。陶行知先生认为：儿童是中国实现普及教育的重要力量，小先生制是贫穷国家普及教育最重要的钥匙。充分发挥孩童的主观能动性，将教育乡村化，小孩也能做大事。

在任何一个时代，少年都是最具有活力和富有责任担当的群体。少年强则国强，少年富则国富。习近平总书记说："青年一代有理想、有本领、有担当，国家就有前途，民族就有希望。"当下实行"小先生制"，教育引导学生肩负起乡村振兴的责任和担当则更富有时代意义，因为"青年兴则国家兴，青年强则国家强"。

（三）为生活而教

生活决定教育，教育改造生活。陶行知先生

曾说:"从生活与教育的关系上说,是生活决定教育。"一方面,生活决定教育,表现为教育的目的、原则、内容、方法都由生活决定,教育是为了"生活所必需"。另一方面,教育又能改造生活,挂动生活进步,教育不仅改造着社会生活,也改造着每个人的生活。因此,生活决定教育,教育改造生活,二者相辅相成。从生活的横向发展来看,过什么样的生活,就受什么样的教育,当下乡村教育正是如此。不可否认,乡村学校在教育方面存在一定的缺陷,但是也存在着城市学校无法比拟的特性。当下乡村教育的特色在于自然环境,大自然是最好的老师,乡村学校的学生或许并不能体验到城市的科技和多媒体教学,但他们一定会比城市学校的学生更能感受到自然环境对于生活的作用,即生活决定教育。除此之外,在当下乡村教育上,乡村教师更不应该照搬城市的教育模式,不能只是追求单一的升学教育,应更多关注学生的生活技能与经验的拓展。当下乡村教育的发展要能够为乡村学生带来实质性改变,真正地让教育实现"为生活而教",让学生在掌握应试知识的同时把握社会生活技能,以便将来能更好地融入社会。乡村教师应该试着将学校的教育目标从"达到一定标准测试的考试成绩"转变为"对学生及其社区的经济和社会福祉产生积极的影响"。

"教育必须与生产劳动相结合"是社会主义学校教育的一个基本原则。脱离社会生活,规避与生产劳动相结合的教育是无根的教育,也是无魂的教育。我们在教育发展上通过加大资源投入、普及网络教学等方式,推动了城乡教育的均衡发展,但目前的教育现状距离公众的预期依旧有不小的距离。重塑当下乡村教育理念,重构当下乡村教育理想,打造当下乡村教育和学校新的定位,实在是迫在眉睫的事情。用灵活、多方位

的评价代替传统的学业达标评价,并在国家规定的课程教学内容之外,加入地方性校本课程,重点加强乡村学生非认知能力、综合素质的培养,开展健康教育和全面教育,让乡村学生真正完整地成长起来。

三、结语

陶行知先生说:"教育是民族解放、大众解放、人类解放之武器。"全面推进教育事业的改革,让当下的乡村教育呈现新的面貌,推动教育振兴与乡村振兴同步发展,是每个乡村教师义不容辞的责任。不畏艰苦,俯首为牛,真心诚意地为学生搞教育,不断奋斗,不断前进,努力引领乡村教育变革,是每个乡村教师的使命担当。改造教学环境,改进教学技能,改变学生学习态度,传播先进知识、理念和文化,引导乡村学生走建设家乡、振兴乡村的成才之路,是每个乡村教师的价值所在。

参考文献:

[1] 江苏省陶行知研究会,南京晓庄师范学校.陶行知文集[M].南京:江苏教育出版社,2008.

[2] 米祖旭,漆新贵.陶行知生活教育理念的现代价值[J].重庆陶研文史,2022(02):21-24.

[3] 申国昌,唐子雯.陶行知乡村师范教育观及当代价值[J].教育研究与实验,2018(03):50-54.

[4] 马多秀.我国乡村教师队伍本土化培养及其实践路径[J].中国教育学刊,2019(01):93-96.

[5] 大力发展农村职教服务新农村建设——访教育部职业教育与成人教育司司长黄尧[J].中国农村教育,2007(04):6-7.

[6] 陶行知.陶行知全集[M].成都:四川教育出版社,2005.

小学语文教材与课外阅读资源整合的实践研究

◎ 王旭旭

摘　要 本文深入探讨了小学语文教材与课外阅读资源整合的挑战及其对策，旨在提升学生的语文综合能力和阅读兴趣。首先，文章分析了当前小学语文教材的内容特点及其在学生语文能力发展中的作用，同时评估了各类课外阅读资源的教育价值。接着，提出了教材与课外阅读资源整合的具体策略，包括课堂与家庭阅读的结合、利用数字资源和平台等。此外，文章还详细讨论了整合实施过程中可能遇到的挑战，并针对这些挑战提出了对策。最后，本文强调了构建丰富有效的学习环境、培养学生终身学习能力和深厚文化底蕴的重要性。

关 键 词 小学语文教学；教材；课外阅读资源；整合实践

作者简介 王旭旭，江苏省徐州市新沂市城关小学，一级教师。

课外阅读作为提升学生语文能力和阅读兴趣的有效途径，其重要性在当前的教育实践中愈发凸显。然而，如何将传统的小学语文教材与日益丰富的网络课外阅读资源有效整合，是当前教育工作者和研究者亟待解决的问题。本研究探索了小学语文教材与课外阅读资源整合的实践策略和方法，旨在为当前的小学语文教育提供新的视角和实践路径。

一、小学语文教材与课外阅读资源分析

（一）小学语文教材分析

1. 教材内容概述

统编版小学语文教材中的课文包括古今中外的优秀文学作品，如诗歌、散文、小说等，旨在通过阅读这些高质量的文本，提升学生的文学审美和文化认同感。统编版教材增加了古诗文的篇幅，这在很大程度上加强了学生对中华优秀传统文化的了解和尊重。除此之外，教材特别设置了口语交际、语文园地等板块和特色栏目，这些板块和栏目能进一步帮助学生巩固和拓展语文知识。

2. 教材内容的适宜性分析

（1）匹配年龄与认知能力

统编版小学语文教材经过精心编排，每个年级的内容难度逐步升级，与学生的年龄特点和认知发展阶段相匹配。例如，低年级的教材更侧重基础语音、词汇的学习，以及简短故事的阅读。而高年级的教材则引入更复杂的文本分析和创作活动，挑战学生的思维深度和语言表达能力。

（2）文化背景和兴趣偏好

教材中广泛收录的古今中外文学作品，不仅反映了丰富的文化背景，也兼顾了有着不同兴趣偏好的学生。教材内古诗文的大量引入，旨在培养学生对中华文化的认同感和自豪感。同时，教材内增加现代文化和反映当代社会生活的文章，也能够激发学生对周围世界的好奇心和探索欲。

（3）综合语言能力的提升

教材通过综合运用口语交际、习作、阅读理

解等多种活动，全面培养学生的语言综合运用能力。特别是通过实践活动和项目作业，学生能够在真实或模拟的社会情境中使用语文知识，这种设计有助于学生提升实际应用能力。

（4）社会主义核心价值观的融入

教材中精选了具有人文主题的典范文章，设计了富有教育意义的作业系统和实践活动，不仅能在语文学科知识传授上有所作为，同时也能在潜移默化中进行社会主义核心价值观的教育。这种教育方式既符合国家教育发展的要求，也满足了学生德育教育的需要。

总之，统编版小学语文教材在内容上的多样性、逐渐递进的难度设计、对中华优秀传统文化的强调，以及综合语言能力培养的全面性等方面，都体现了其符合小学生年龄特征、认知水平和兴趣偏好等方面的高度适宜性。

（二）课外阅读资源分析

1. 课外阅读资源的种类与特点

课外阅读资源种类多样，有纸质图书、电子书，有在线阅读平台、教育类 App，也有图书馆和阅读俱乐部等。这些资源以其丰富的内容和多样的形式，满足不同年龄段学生的阅读需求和兴趣，为学生提供了广泛的知识获取渠道和学习体验。

2. 课外阅读资源的可获取性与利用情况

随着互联网技术的发展，电子书等在线阅读资源变得越来越容易获取。公共图书馆和学校图书馆也提供实体书借阅和电子资源服务，增加了资源的可访问性。然而，学生和家长对课外阅读资源的利用程度不一，部分家庭积极引导孩子阅读，利用多样的资源进行学习。但也存在一部分学生，他们缺乏足够的阅读兴趣或家庭支持，未能充分利用这些资源。

3. 课外阅读的影响分析

课外阅读对小学生的语文能力提升和兴趣培养具有重要影响。适当的课外阅读可以提高理解和分析复杂材料的能力，增强学生对不同文体和语言风格的适应性。广泛的阅读有助于学生接触新词汇和背景知识，拓宽知识面，对学生提高写作水平和语言表达能力尤为重要。通过接触多种有趣的阅读材料，学生可以发现自己的兴趣所在，形成持续的阅读习惯。

总之，课外阅读资源在小学生的语文学习和个人发展中扮演着不可替代的角色。为了使课外阅读的积极影响最大化，家庭、学校和社会应共同努力，提高资源的可获取性，激发学生的阅读兴趣，并引导学生科学、有效地利用这些资源，从而培养出更多具有高度语文素养和终身学习能力的学生。

二、教材与课外阅读资源整合策略

（一）整合模式的探索

1. 课堂与家庭阅读的结合

将课外阅读材料与课堂学习内容相结合，设计家庭作业和项目，鼓励学生在家中进行深度阅读。例如，教师提供课外阅读书单，书单包含与课堂内容相关或主题相近的书籍。家长则参与监督和讨论，形成学校与家庭的教育合力。

2. 利用数字资源和平台

鼓励学生利用在线阅读平台和教育 App 等数字资源进行课外阅读，尤其是利用这些平台的互动功能和丰富资源，以此激发阅读兴趣。教师可以推荐质量高、内容健康的在线阅读平台，并引导学生如何有效搜索和选择阅读材料。

3. 主题阅读活动

围绕特定主题，组织系列阅读活动，如主题阅读周、阅读马拉松等，通过主题的深入探索，增加学生对阅读的兴趣。选择与学生年龄相适应、能够引起学生兴趣的主题，如自然科学、历史探索等。通过讲座、小组讨论和作品展示等形式，丰富活动内容，提高学生参与度。

（二）整合策略的评估与优化

为确保教材与课外阅读资源整合策略的有效

实施，并持续提升其效果，进行策略的评估与优化是必不可少的步骤。以下是评估与优化过程中的关键环节。

1. 定期评估

定期对整合策略的实施效果进行评估，评估内容包括学生的阅读量、阅读兴趣、语文成绩、阅读理解能力等方面。评估还应涵盖学生对推荐阅读材料的满意度、参与在线平台和主题阅读活动的活跃度等。此外，结合定量与定性分析，采用多元化的评估方法。

2. 反馈机制

构建一个开放的反馈机制，鼓励学生、家长和教师就整合策略提出意见和建议。可以通过定期会议、意见箱、在线调查等方式收集反馈信息。对收集到的反馈信息进行整理和分析，及时解决和应对存在的问题和挑战，对策略进行必要的调整和优化。

三、整合实施中的挑战与对策

（一）整合实施中的挑战

在整合小学语文教材与课外阅读资源的过程中，教育者可能会遇到以下几个主要挑战。

1. 资源选择困难

众多可用的课外阅读资源，如纸质图书、电子书籍，以及在线阅读平台等，其内容质量和教育价值参差不齐，使得从中精选出合适的资源成为一项复杂且耗时的任务。此外，如何确保所选资源能与当前的教学内容对接，以达到最佳的教学效果，也是教育者在资源选择过程中必须面对的难题。这些挑战不仅要求教育者具备广泛的知识和较高的理解能力，还要求教育者不断更新自己的资源库，确保教学资源的时效性和相关性。

2. 学生阅读动机下降

在当前数字化媒介极其丰富的社会背景下，学生很容易被短视频、网络游戏吸引，从而对阅读书籍的兴趣下降。此外，一些学生可能因为缺乏有收获的、愉快的阅读经历而感到挫败，对阅读失去信心。这些都是影响学生阅读动机的关键因素。因此，如何根据学生的个性化需求设计出吸引人的阅读活动，提供适宜的阅读材料，以及创造良好的阅读环境，成为提高学生阅读兴趣和参与度的重要挑战。

3. 教师专业发展艰难

教师需要具备跨学科知识，以便精选适合学生的课外阅读材料，并能够有效地将这些资源融入日常教学。这不仅要求教师对广泛的阅读材料进行深入的了解和鉴别，还要求他们掌握利用这些资源提高学生阅读理解能力和语文素养的教学策略。此外，随着教育技术的快速发展，教师还必须不断学习新技术和运用新的教学工具，以适应现代教育需求。这些要求对许多教师来说是一大挑战。因此，如何支持教师的持续专业成长，成为实施此类整合策略成功与否的关键因素。

4. 评估与反馈上的挑战

在整合实施过程中，评估与反馈环节面临挑战。有效地评估整合效果不仅要量化学生的阅读进度和理解能力，还需要捕捉更加直观和细微的变化，如学生对阅读的态度、兴趣的变化，以及阅读习惯的形成。这要求评估工具和方法既要具有科学性和客观性，也要有足够的灵活性和敏感性，以适应不同学生的个性化表现和反应。

此外，在收集和分析反馈信息的过程中也面临挑战。如何有效地激励所有相关方积极提供真实、有用的反馈信息，以及如何处理和利用这些大量且多样化的数据信息，对于教育者而言都是需要克服的难题。

（二）相应的对策

针对上述挑战，可以采取以下对策来有效应对。

1. 有关资源选择的对策

面对资源选择上的挑战，有效的对策是建立跨学科的专业团队，包括语文教师、图书馆员和教育专家,由他们共同负责筛选和评审课外阅读资源,确保所选材料既符合教学目标,又能激发学生阅读兴趣。同时,采用智能推荐系统,根据学生的阅读习惯和偏好提供个性化的阅读建议,要定期更新资源库,引入最新的书籍和数字资源。此外,通过问卷调查和讨论会等方式主动收集学生和家长的反馈意见,可以进一步丰富资源,并提高整个社区的参与度和满意度。

2. 有关提高学生阅读动机的对策

针对学生阅读动机下降的情况,可以设计和实施多样的阅读活动,以适应不同学生的兴趣和阅读偏好。创建一个包容性强且充满积极向上氛围的阅读环境,可以定期举行主题阅读活动、阅读分享会和书籍角色扮演比赛,以提高学生的参与度和兴趣。同时,引入基于游戏的学习元素,如阅读积分系统和奖励机制,可以有效提升学生的阅读积极性和持续参与感。此外,教师和家长的积极参与及其对学生阅读行为的正面反馈和鼓励,对培养和维持学生的阅读动机至关重要。因此,应鼓励家校共同合作,共同营造一个支持和鼓励学生阅读的氛围。

3. 有关助力教师专业发展的对策

帮助教师实现专业发展,关键在于为教师提供持续的培训和发展机会,以增强他们整合教材和课外阅读资源的能力。可以组织定期的专业发展研讨会和在线课程,会议和课程内容覆盖课外阅读资源的选择和评估、如何利用技术工具来促进学生阅读等主题。同时,鼓励教师与教师之间进行知识共享和协作,建立教师学习社群或平台,让他们能够交流教学经验,互相学习和支持。此外,学校和教育机构应认识到支持教师专业成长的重要性,为教师参与这些活动提供必要的时间和资源,确保他们能够不断地更新知识和技能,以适应教育的最新发展。

4. 有关完善评估与反馈体系的对策

要建立一个全面且灵活的评估体系,确保各方意见都能被有效收集。这需要开发多元的评估

工具,以全面了解学生在阅读理解提升、兴趣发展和参与度等方面的进展。同时,需建立一个开放的反馈渠道,鼓励学生、家长和教师积极建言献策,可以通过定期发放调查问卷、举行反馈会议或建立在线反馈平台实现。对收集到的意见进行定期的分析和讨论,是持续改进教学策略和阅读活动的基础。此外,反馈信息处理过程透明化,这样能加强教育共同体内部彼此间的信任,促进合作。

实施上述对策,可以有效克服整合教材与课外阅读资源过程中遇到的困难,优化教学效果,促进学生语文学科素养和综合素质的提升。

四、结语

在本研究中,我们深入探讨了小学语文教材与课外阅读资源整合的重要性、实践策略及面临的挑战与解决对策。需要注意的是,整合教材与课外阅读资源是一个持续的过程,需要教育者不断地探索和创新,根据学生的实际需求和反馈意见进行调整和优化。通过共同的努力,我们期待能够为学生构建一个更加丰富、有效的学习环境,培养出具有终身学习能力和深厚文化底蕴的未来公民。

参考文献:

[1] 梅艳玲.浅析小学语文课外阅读困境与突破[J].考试周刊,2023(41):56-59.

[2] 任晓蕊.浅谈课外阅读在小学语文教学中的作用[J].新智慧,2023(27):120-122.

[3] 刘生儒.课外阅读在小学写作教学中的应用分析[J].作文成功之路,2023(27):68-70.

[4] 李硕.小学语文第三学段课内外阅读整合教学现状及策略研究[D].沈阳:沈阳师范大学,2023.

[5] 付璐.小学第一学段课内外阅读一体化教学现状及策略研究[D].沈阳:沈阳师范大学,2023.

[6] 兰燕.关于小学语文课内外阅读教学策略的分析[J].天天爱科学(教育前沿),2022(12):173-175.

自然资源在幼儿园主题活动中的开发与利用

◎顾　洁

摘　　要 以开发与利用自然资源为核心的主题活动逐渐成为幼儿园教育的重要组成部分。本文着重探讨幼儿园主题活动中自然资源的开发与应用策略。研究基于幼儿整体发展的视角，整合自然资源，结合自然环境，引导幼儿自主探究、合作实践，将幼儿园的自然资源与主题活动及幼儿的生活衔接起来，使得园内外的自然资源在主题活动中能得到充分有效的利用。

关 键 词 自然资源；幼儿园；主题活动；策略；实践

作者简介 顾洁，江苏省无锡市金马幼儿园分园园长，一级教师。

《幼儿园教育指导纲要（试行）》提出"爱护动植物，关心周围环境，亲近大自然，珍惜自然资源，有初步的环保意识"的目标，提出"帮助幼儿了解自然、环境与人类生活的关系"的要求。来自大自然的教育资源蕴含着多样的教育价值，对幼儿培养与发展尊重生命的价值观、创新创造思维能力、想象力等具有重要且积极的影响。幼儿园教师要善于挖掘自然资源，合理利用自然资源，将其与健康、艺术等不同领域的主题活动结合起来，创设多样化的活动形式，从而在满足幼儿兴趣的基础上发挥自然资源的教育价值。

一、在幼儿园主题活动运用自然资源的现实问题与教育价值

（一）运用自然资源开展教育存在的现实问题

1. 自然资源教育环境缺乏

虽然自然资源的教育价值非常大，但是在当下的幼儿教育工作中，一些教师的管理和教育理念有待提升，运用自然资源的意识薄弱，很少为幼儿创造富有自然资源的学习空间，使得幼儿无法真正接触自然环境，体验不到自然环境中的神奇和奥秘，幼儿的探索意识、想象力、创造能力、动手能力等受到一定限制，不利于他们的全面发展。

2. 自然资源运用不合理

基于实际研究可知，在幼儿园主题活动中，虽然有着丰富的自然资源，但是，幼儿园对自然资源的开发与应用能力不足，尤其是农村幼儿园。主要体现在：主题活动开发的自然资源素材少；自然资源主题活动内容与幼儿认知、动手能力不匹配，不利于幼儿兴趣的培养；能激发幼儿主动探究的自然资源主题活动少，实践性不强，对幼儿核心素养的发展不具备积极的影响。

（二）自然资源对于幼儿的教育价值

随着社会的发展，自然资源教育已经深入幼儿教育过程的不同阶段，自然资源的开发对于幼儿的全面发展有着非常高的价值。自然资源教育可以让幼儿亲近大自然，感受自然的神奇与伟大，让幼儿的心灵在一定程度上得到启迪，对幼儿创造能力的培养有着极大的促进作用。同时，自然资源还可以成为幼儿生活、游戏的支撑，让幼儿对大自然充满喜爱，进而拥有积极乐观的生

活和学习态度。更重要的是，自然资源还可以为幼儿提供多方面的学习空间，让幼儿通过视觉、味觉、触觉等直观、生动的方式学习到丰富的知识，这对幼儿提高想象力、审美能力、动手能力、探究能力以及语言表达能力等有着重要的推动作用。自然资源是实实在在的"活教材"。

二、自然资源在幼儿园主题活动中的开发与利用策略

（一）挖掘资源价值，创设幼儿亲身体验的主题活动

自然资源是来源于大自然的教学资源，在利用自然资源开展主题活动的过程中，教师需要深入挖掘自然资源蕴含的教育价值，创设吸引幼儿主动参与和亲身体验的主题活动，激发幼儿积极主动的活动状态，从而实现自然资源的教育价值。在幼儿园的自然资源体系中，如瓜果蔬菜等，植物类资源是非常常见的资源。在这类自然资源的开发与利用过程中，教师以探索其教育价值为前提，确定教育目标，充分调动幼儿的各种感官，设计以幼儿科学探究与观察为主的主题活动。

从园内果树资源着手开展主题活动。为引导幼儿能够认识园内不同的果树，观察、了解果树的生长习性，我们将园内的果树资源作为主题活动探索的内容，创设了不同类型的园内果树资源的主题活动。以石榴树为例，我们创设了"四季·石榴树"的主题活动，调动幼儿的眼、手、嘴、鼻等器官，让幼儿对石榴树的生长过程和外表形态等进行科学观察，并基于他们观察的结果，引导幼儿制作"石榴树图鉴"，以绘画、剪纸等方式，再现石榴的果实、种子、花和叶在不同季节的样子。这个活动让幼儿了解了石榴的生长规律，培养了他们的观察能力、探究意识与科学思维。

同时，以"植物图鉴"的活动为载体，对每次果树植物图鉴活动的作品进行整理，形成幼儿园的"园内果树植物图鉴"成果集。此外，根据幼儿在主题活动过程中整理的果树生长区域信息，制作园内的果树资源地图，促使幼儿在亲身体验的过程中提升科学观察意识与艺术创作能力。在科学观察与艺术创作的过程中，幼儿能够进一步了解果树生长的秘密，培养爱护植物的情感价值观。

（二）五大领域融合，发挥本土化自然资源育人价值

著名教育家陈鹤琴先生指出：大自然、大社会都是活教材。幼儿园教师需要合理科学地利用自然资源，引导幼儿动手实践，使幼儿在亲身体验的过程中积累经验。幼儿园教育要重视幼儿综合素质的培养，要利用多学科知识进行跨领域的教育教学。作为一所农村幼儿园，我们基于"将劳动教育渗透在每个领域，促使幼儿建构直接经验"的要求，以园内外的自然资源为内容，深入挖掘自然资源蕴含的其他价值，从跨领域的视角创设多领域融合的自然资源主题活动。

幼儿园以园内的各种蔬菜作为劳动与科学教育融合的重要素材，教师引导幼儿在种植蔬菜的过程中了解蔬菜在不同生长阶段的状态。同时，幼儿在种植与收获的过程中感知到劳动所带来的快乐，体会到劳动的价值，懂得珍惜粮食，对大自然保持热爱与尊敬之情。例如，在"青菜"主题下，教师创设了关于"青菜种子"的主题活动，引导幼儿进行观察、动手种植、收获青菜的系列活动。在这个过程中，幼儿主动参与活动，观察青菜在种子期、发芽期、成长期、成熟期等不同阶段的状态，记录青菜的生长过程。这一活动发挥了幼儿的自主性，幼儿自发地利用感官去触碰、感知青菜不同状态时的特征，在自主体验与探究中收获直接的种植劳作经验。同时，幼儿感知到种植青菜等劳动所带来的快乐体验，有助于幼儿核心素养的发展。

（三）善于发现幼儿的问题，打造系列化主题活动

在幼儿园主题活动中，教师需要善于发现幼儿表达出的好奇与疑问，并以此作为主题活动的起点，让主题活动的创设与幼儿的好奇心、疑问有机衔接起来。在自然资源的主题活动创设与实施过程中，幼儿园教师同样需要关注幼儿提出的关于自然资源的问题，将其作为探索的主题，生成以问题为导向的自然资源主题活动。在活动中，教师要满足幼儿的好奇心，引导幼儿在探索的过程中自主解答疑问。同时，教师也要根据主题活动的发展而不断拓展，形成系列化主题活动。

比如，在一次散步活动中，教师发现幼儿分不清月季和玫瑰的区别。基于此，我们以"月季花"为主题组织了"认识月季花"的活动，引导幼儿利用互联网、图书馆等不同途径，收集月季花、玫瑰花的资料。在自主学习、了解相关信息后，幼儿将月季花、玫瑰花与园内的"花"进行对比，从外形、颜色等方面进行观察、比较，并开展小组讨论与交流活动，最后得出结论。

（四）尊重幼儿的好奇心，提供全面、有价值的主题活动

幼儿教育要关注幼儿身心的共同发展，让幼儿获得真正意义上的成长。幼儿阶段是认知能力和好奇心发展最迅速的时期，任何事物都有可能成为幼儿探索学习的目标。因此，幼儿教师应该在教育工作展开的过程中融入自然资源，激发幼儿的好奇心。同时，教师一定要有耐心、责任心和爱心，及时关注幼儿，发现并尊重幼儿的好奇心，并将其作为教育的切入点，围绕自然资源开展主题活动，让幼儿的身心获得健康发展。

例如，在午餐时，幼儿对莲藕的样子充满了好奇，和同伴一起讨论"为什么莲藕上会有小洞"。教师认为这是一个开展自然教育的契机，于是就此问题开展了一系列主题活动。在科学课上，教师通过切莲藕，引导幼儿观察其形状，使幼儿明白莲藕的孔是天生的。在数学课上，教师借助数莲藕的孔洞，锻炼幼儿的数数能力。此外，教师还设计了亲子活动，鼓励幼儿和家长一起制作、品尝莲藕菜品。还借助园内的资源种植莲藕，让幼儿每周观察、记录莲藕的生长变化。在整个主题活动中，幼儿创作出了很多富有特色的作品。

（五）善于发现自然资源的教育价值，为幼儿提供丰富的想象创作空间

丰富的想象力是一个人大脑思维空间良好发展的关键性因素，对一个人自主创作能力的发展有一定的促进作用。幼儿阶段正是大脑思维空间形成的关键时期。因此，幼儿教师一定要重视幼儿想象力的培养。自然资源是一种真实、直观的教育资源，可以为幼儿的想象力和创造力提供发展空间。幼儿可以借助自然资源自由发挥、创造，获得身心上的愉悦。

例如，我们组织了关于石头的主题活动。在收集石头的过程中，幼儿发现石头的形状不同，颜色各异，感受到了大自然的神奇和伟大，探索自然的欲望增强。在活动过程中，幼儿在观察石头的基础上展开了想象，有的说石头圆圆的像太阳，还有的说石头像鸡蛋……同样一块石头，幼儿凭借自己的社会认知和经验联想到了不同的物体。为了进一步激发幼儿的想象力，我们又组织幼儿开展美术活动，让他们根据石头的形状，结合自己的认知和想象力画出了各种植物、动物，以及生活用品。这次活动不仅让幼儿感受到了大自然的神奇，还激发了幼儿参与活动的积极性，更让幼儿的想象力和创造力得到了发展，让幼儿的动手能力、绘画技能及审美能力得到了提升和锻炼，也为幼儿参与其他主题活动作好了准备。

（六）打造游戏化项目，创造优质的自然资源教育空间

1. 开展游戏化课程，培养幼儿的社会认知

社会认知和社会能力的发展，对幼儿社会适

应能力的提升和未来的成长有着非常重要的促进作用。要培养幼儿的社会认知意识,教师要抓住幼儿的兴趣特点,以此为突破口进行有效的社会认知教育。形式多样的游戏是幼儿主要的认知活动,我们可以将自然资源和游戏活动相结合,为幼儿打造出一个有价值的学习发展空间,让幼儿在愉悦的氛围中得到多方面的发展和成长。

多变的自然材料对幼儿的吸引力极强,所以我们开展了"趣玩泥巴"的主题活动,以可塑性强的泥巴为素材,让幼儿创作出各种作品。在创作的过程中,幼儿不仅互相学习经验和制作技能,还讨论作品的使用价值。幼儿还自由地组成了不同的小组,用泥塑开展一些区域活动,如模仿超市经营等。制作自然材料泥塑作品为幼儿的模仿、体验、交流、合作提供了有效发展空间,活动场面异常热闹,可见,为幼儿提供有效的自然资源环境和空间,是非常有价值和意义的事情。

2. 开展项目化学习,培养幼儿自主探索能力

自主探索意识和能力的培养对幼儿未来生活和学习的发展有着一定的教育价值。因此,教师要注重幼儿的核心素养教育。项目化学习活动的开展就是以幼儿自身为本,帮助幼儿实现自由而全面发展的一种活动,幼儿可以根据自己感兴趣的话题、想法和疑问进行探索,追寻答案。而自然资源中任何一个点、一个疑问都可能成为项目化学习活动的缘起,成为幼儿探索的目标,从而有效促进幼儿语言表达能力、动手能力、观察能力、合作能力等的发展。

比如,幼儿在日常活动中意外发现了影子的有趣之处,以此为契机,我们开展了以"光"为主题的项目化学习活动,安排幼儿在室内利用手电筒观察、探索影子的变化,还利用影子变大、变小表演动画片里的特效。在各个游戏中,幼儿的自主探索能力得到了锻炼和提升。

三、结语

在幼儿园开发与利用自然资源的过程中,幼儿园教师需要善于挖掘自然资源的教育价值。幼儿园自然资源主题活动的创设要以幼儿为主体,引导幼儿观察自然环境,将幼儿的好奇心与对自然资源的观察结合在一起。幼儿园要以幼儿的兴趣为起点挖掘自然资源素材,进而创设幼儿感兴趣的项目化学习活动,并在主题活动中,引导幼儿利用生活经验解决问题,提高幼儿园自然资源在主题活动中的利用效率。

参考文献:

[1] 黄昕. 幼儿园主题教育活动中自然资源的应用对策 [J]. 读写算, 2021 (34): 71-72.

[2] 郑天然, 李立新. 自然教育资源融入乡村幼儿园课程的路径与策略 [J]. 文化创新比较研究, 2021, 5 (34): 109-113.

[3] 杨亚萍. 幼儿园主题教育活动中自然资源的融入策略 [J]. 新课程, 2021 (42): 94.

[4] 任佳惠. 浅谈幼儿园主题活动中自然资源的有效利用 [J]. 成才, 2021 (07): 60-61.

[5] 殷珊红. 利用自然资源培养幼儿美术创造力 [J]. 课程教育研究, 2018 (24): 201-202.

[6] 黄玉倩. 巧用自然资源, 开展科学活动——探究幼儿园大班科学区实践活动的开展策略 [J]. 天天爱科学 (教学研究), 2019 (11): 168.

[7] 王佳明. 教育生态学视野下幼儿园"亲亲自然"主题活动的实践研究 [D]. 天水: 天水师范学院, 2020.

"双减"背景下农村小学高年级数学分层教学的实践研究

◎金雅慧

摘　要 随着小学高年级数学难度逐渐加大，学生数学成绩上的差异也渐渐表现出来。对于农村小学高年级数学教学过程中学生成绩的差异化，教师要尊重学生的个体差异，根据学生的已有知识水平、不同思维方式、学习能力和创新思想，按照《义务教育数学课程标准（2022年版）》的基本要求因材施教。分层教学模式是一种以因材施教理念为基础的新型教学模式。本文章围绕分层教学模式在小学数学教学中的实施理念、意义和策略展开研究。根据学生不同层次的实际情况，引导农村小学高年级学生在数学学习中选择适合自己的学习方式，丰富数学活动经验，从而发展其核心素养。

关 键 词 "双减"；农村学校；小学高年级；分层教学；实践研究

作者简介 金雅慧，江苏省南京市六合区龙袍中心小学班主任，中小学一级教师。

陶行知先生说过："培养教育人和种花木一样，首先要认识花木的特点，区别不同情况给以施肥、浇水和培养教育，这叫'因材施教'。"分层教学是"因材施教"理念深入落实的具体体现。在小学数学上，农村小学高年级学生受知识基础、家庭因素及学习习惯和能力等不同因素的影响，表现出的学习差异性更加明显。因此，教师在教学前首先要全面了解所教班级学生的情况，根据学生的学习态度、知识基础、思维水平、智力和能力，按照《义务教育数学课程标准（2022年版）》的基本要求因材施教。

在"双减"背景下，结合新课标的要求，教师应逐步进行教学方法的完善和创新，采用灵活、人性化的分层教学，挖掘学生的潜力，培养学生兴趣。笔者对农村小学高年级数学分层教学进行实践研究，以期提高全体农村学生的学习能力和数学思维能力。

一、分层教学的实施理念

分层教学是指教师结合农村小学高年级课堂教学现状，将小学数学课堂教学作为研究对象，把课堂上学生的学习发生作为首要任务、核心目标。教师根据学生的知识基础、学习能力、思维方式、创新能力等，科学地对农村小学高年级学生进行分层教学，并提供与学生知识结构和思维水平相适应的学习内容、作业，制订合理的教学目标。

农村学生在学习能力、经验认知、思维方式上的差异性更加显著，因此，教师需要在因材施教理念的指导下，贯彻《义务教育课程方案（2022年版）》关于"面向全体学生，因材施教"的基本原则，实施差异化教学，根据学生的个性化特点因材施教、分层教学，以此提升小学数学教学效果，促进学生获得更好的发展，推进小学数学教学过程中学生数学核心素养的养成。

二、分层教学的实施意义

在教学过程中，我们发现，进入高年级后，随着数学知识复杂程度的不断提升，学生的数学成绩差异也逐步显现。特别是对于农村小学中数学基础较弱的学生而言，如果教师制订超出他们学习能力的目标，会严重打击他们学习数学的自信心，阻碍他们数学学习能力的发展。分层教学在不打乱原有班级的基础上，根据学生不同特点进行学生分层与教学内容、方式分层，对小学数学教学产生了重要影响和作用。

（一）有利于学生数学学习兴趣的形成

分层教学使每个学生都能得到教师的关注及针对性的指导，在学生的学习过程中增强人性化的温暖，提高了学生的学习热情。首先，分层教学的教学过程更加契合学生的实际特点，学生学习的主动性和能动性逐渐增强，学生更加乐于参与同学及教师的互动环节，能有意识地主动提出并解决问题。学生在分层学习过程中，逐步掌握符合自身认知水平的学习方法，获得良好的学习效果，不断体验到学习的成就感和喜悦感。

其次，分层教学中教师对学生的关注拉近了师生之间的距离，学生的学习过程变得轻松和愉快。学生在这种轻松、愉快的学习氛围中，更容易激发和唤醒学习的潜能，增强学习过程中的创新性和自主性，从而获得可持续发展的学习能力，提升自身的数学成绩和数学素养。

（二）有利于教师教学理念的改变

分层教学模式转变了以往教师以"教"为主导的模式，根据学生特点将数学课堂围绕"学"开展起来，以学生为主体，教师为主导，注重以学生的"最近发展区"为出发点，更加关注学生的主体性和差异性。在分层教学中，教师更新教学理念，调整教学目标，确定不同教学内容，选择合适的教学方法，因材施教，满足不同学生的

学习需求，逐渐缩小学生之间的差异，促进全体学生获得突破和提升，使人人得到发展。

在分层教学落实的过程中，教学目标的调整、教育内容的确定、教学方法的选择都需要教师充分了解数学教材内容体系，准确把握教材的重点和难点。教师还要依据课程标准和教学用书，为不同层次的高年级学生制订个性化学习方案和评价方式。在这一过程中，教师转变了以往的教学观念，完成了教学过程的统一化和个性化融合，巧妙地利用恰当的方式增强了教学的针对性和有效性，全面提升了自己的专业素养和业务能力。

三、分层教学的实施策略

（一）立足儿童，彰显数学本质

教师在进行规划的过程中，需要按相应标准，尊重每个学生的差异。在规划分组的过程中，要将学生个体作为研究对象，在深入地分析每个学生的数学学习基础、学习方法、学习态度和学习能力等实际情况后，将班级学生分为不同的小组。同时，在遵循科学性、隐蔽性原则的前提下，将学生划分为三个层次：A 层次主要指学生对数学知识学习态度较积极，具有扎实的数学知识基础和科学的学习方法，具有较强的学习能力和探究能力，有创新意识；B 层次主要指学生对数学知识学习有兴趣，基础较扎实，在教师引导下能学会知识点并完成作业；C 层次主要指学生自主学习意识不足，学习习惯差，数学知识基础薄弱，数学成绩不理想，学习能力弱。

在教学活动中，教师需要密切关注高年级学生的学习态度和心理变化，引导学生积极参与到学习过程中，保证教学活动能够顺利开展，从而更好地引导学生掌握教学内容。教师要帮助学习困难的学生及时调整学习方法，加强学习心理的建设，引导他们夯实学习基础。在充分了解学生的学习情况后，教师要及时收集学生学习过程中

的信息，并进行及时的分类和更新。

在"双减"背景下，教师在教学中全面了解所教学生的情况，根据学生的知识基础、思维水平、学习态度、意志强弱、智力和能力，按照数学新课标的基本要求分层教学，有助于达成"人人都能获得良好的数学教育，不同的人在数学上得到不同的发展"和"使学生逐步形成适应终身发展需要的核心素养"的目标。

（二）基于目标，着眼于整体实现

虽然课堂教与学的目标对于学生来说是一种动力，能激励学生不断努力，获得更多的知识，实现更好的学习效果，但这只是建立在课堂目标设置合适的基础上。学生能够得着、有望实现的目标，对学生才有诱惑力、吸引力，也才能调动其学习内动力。反之，如果目标太大、太高、太远，使学生可望而不可即，那么目标对于学生来说就只是一个遥远的难以达到的梦，不但不会激发学生去努力实现愿望，还会打击学生的自信心，使学生产生消极的学习态度。所以，教师不要给学生制订太大、太高和太远的目标，要结合学生的学情、能力进行教与学目标的分层，要让目标具有可操作性。如此，才能让不同的学生在实现不同目标的同时，达到预期的课堂效果。另外，教师可以在组织教学活动前开展学习目标分层工作，这是分层教学的基础环节，有助于教师在后续的教学活动中合理地为不同学生布置学习任务，提供个性化指导，让不同层次的学生都可以获得成功的学习体验。

以苏教版小学数学六年级上册教材中的"长方体和正方体的体积计算"教学为例，教师可以为 A 层次、B 层次、C 层次学生分别设置一些目标。A 层次学生能通过具体问题情境，自主探究，推导出长方体和正方体体积的计算公式，同时主动学习不规则立体图形体积的计算方法；B 层次学生能正确理解长方体和正方体体积的计算方法，熟练掌握长方体和正方体体积的计算方法

及公式的推导要点；C 层次学生能了解长方体和正方体的体积指什么，并会用体积计算公式进行计算。

在分层教学中，教师可以有效落实数学新课标中的教学目标，在尊重学生个性化发展需求和了解学情的基础上，制订不同层次的教学目标，激发学生的积极性，以知识和技能培养为核心任务，通过多样、有效、有意义的教学活动确保教学目标的整体实现。

（三）以生为本，灵活使用教材

在小学高年级数学教学内容的设计中，教师需要依据新课标的课程内容要求和核心素养培养目标，为不同层次的学生提供不同的学习内容和学习方式，以促进其获得发展。对于学习基础扎实、能力强的学生，教师要引导其主动探究，深入思考，在教材呈现内容的基础上进行深层拓展；而对于基础较薄弱的学生，教师需要引导其认真倾听并参与小组讨论，引导其回顾以往学过的基础知识，对新学习的知识进行分析并掌握。教师要努力保证每一个层次的学生均可学有所获。

以苏教版小学数学六年级上册教材中的"解决问题的策略"教学为例，教师首先出示复习题：把 720 毫升果汁倒入 9 个相同的杯子里，正好都倒满，每个杯子的容量是多少毫升？这样的基础知识很适合 C 层次的学生来回答，使学生既巩固了基础知识，又增强了自信心。然后出示例 1，此题与复习题的思维方式明显有不同，学生质疑：不能平均分，那怎么办？这时，A 层次学生主动探究，想办法把不同的两个量假设成同一个量，问题从复杂到简单，难题迎刃而解；B 层次学生在小组充分讨论后在黑板上写出解答过程；C 层次学生在师生讨论和评价中学会用假设的策略来解决较复杂的实际问题。每个层次的学生在教学过程中都能学会新知识，获得不同层次的发展。

小学数学教材是经过多年反复实践、论证与

修订的，其中单元内容和课时内容的安排都有它的深意。作为一线的数学教师，我们一定要先读懂数学教材，理解教材内容编写与分布的用意，然后再根据班级学生的实际情况，以生为本，用活教材。

（四）作业设计，发展思维能力

分层教学模式是优化小学数学教学的有效模式，它不仅包括数学教学活动本身，还能延伸至课后作业的布置。每节课下课后，布置合理的作业是小学数学教学中重要的一部分，分层教学法也离不开布置作业。在学习过程中，学生的学习基础和学习效果不同，教师设计有针对性的课后作业是非常必要的。以学生为本，根据学生的不同实际情况，教师布置不同难度的作业，可以采取同步型方法，教师在设计作业的过程中，把不同难度的作业安排到一起，引导学生共同解答问题，学生可能会出现不同的解答情况，这时正是综合分析学生学习状况的好时机。教师也可以利用阶梯形方法，针对不同层次的学生设计不同的作业，引导各个层次的学生独立完成学习任务，促进其完成作业的质量和效率得到提升，使每一位学生都能在原有基础上获得发展。

根据各层次学生在学习基础、学习动机、学习能力上的差异，教师可以为其设置不同层次的作业。如在苏教版小学数学五年级上册"多边形的面积"分层作业设计过程中，针对 C 层次学生，教师可以为其设置基础作业，如平行四边形的面积为 360 平方分米，底为 20 分米，它的高是多少分米？或者设置多边形面积比较类问题。针对 B 层次学生，教师可以为其设置提高类作业，如直角三角形面积为 12 平方米，一条直角边长为 8 厘米，则另外一条直角边长是多少？或者设置应用类题目：一块平行四边形金属板，底为 5 米，

高为 4 米，要将其用油漆全部涂成红色，每平方米油漆料需要十元钱，那么涂完正反两面一共需要多少元钱？针对 A 层次学生，教师可以进一步提高题目难度，设置发展类作业，如用木条钉一个长方形，并将其拉成平行四边形，它的（　）不变。精心设计分层作业，发展学生思维能力是分层教学中的一个重要环节。分层作业的设计不仅有助于农村小学高年级学生加深对所学数学知识的理解，而且有助于他们掌握熟练的技能，发展思维能力。

"双减"背景下，要想从根本上提升农村小学高年级数学教学质量，教学活动应该从个体实际需求出发，结合小学生特点和个体差异性，在小学高年级数学教学中应用分层教学模式，组织不同层次的教学活动，因材施教，遵循个体特点，进而将素质教育真正落到实处，提高学生的综合素质，使学生逐步形成适应终身发展需要的数学核心素养。同时，分层教学模式的应用对教师教学水平和能力提出了更高的要求，教师需要不断提升自身的专业素养，充分了解学生，不断优化教学，促使分层教学的价值得到最大化发挥。

参考文献：

[1] 刘海鸥. 浅谈小学高年级数学分层教学策略 [J]. 新课程（上），2017（01）：158.

[2] 王瑞玲. 谈小学高年级数学分层教学的实现 [J]. 数学大世界，2019（09）：34-35.

[3] 蓝俏钰. 分层教学策略在小学高年级数学教学中应用 [J]. 读写算，2018（30）：97.

[4] 程国义. 分析小学高年级数学分层教学的策略 [C]// 中国教育发展战略学会教育教学创新专业委员会. 2019 全国教育教学创新与发展高端论坛论文集（卷一），2019：2.

园·家·社融通下的幼儿"全阅读场"建构

◎孙旦红　沈　英

摘　　要　阅读对幼儿的一生都起着极为重要的作用。我园在幼儿"全阅读场"资源开发、环境创设、评价体系构建等进行了实践探索，促进了幼儿"全阅读场"的内涵提升、特色彰显，全面推动了全阅读活动，使幼儿在活动中享受阅读、主动思考、积极探索，实现自主发展。本文阐述了园·家·社融通理念下"全阅读场"建构的意义、角色定位及实施路径。园·家·社融通下幼儿"全阅读场"的建构，有利于创新阅读模式，发挥园、家、社各自的特性与资源优势，形成教育互补，实现园、家、社三者共育、共长。

关 键 词　协同共育；幼儿阅读活动；"全阅读场"

作者简介　孙旦红，江苏省太仓市高新区娄江幼教中心教师，一级教师；沈英，江苏省太仓市高新区娄江幼教中心主任，一级教师。

我国知名学者、教育家朱永新教授曾提出"一个人的精神发育史就是他的阅读史""一个民族的精神境界取决于这个民族的阅读水平"。这些都充分说明了阅读对个人、民族发展的伟大意义。

我园从2022年开始开展园·家·社融通下的幼儿"全阅读场"的建构与研究，以绘本为载体，在园·家·社融通理念下，构建园、家、社三位一体教育联盟。通过多元路径，开发和整合阅读资源，不断创新阅读模式，保持幼儿园、家庭、社会的时空连续性和互动性，拓宽阅读途径，打造"全阅读场"，发挥整体教育效能，彰显合力作用，形成教育互补，实现园、家、社三者共育、共长。

一、园·家·社融通下幼儿"全阅读场"建构的意义

（一）幼儿需要"全阅读场"的滋养

阅读是幼儿精神成长不可或缺的源泉，它能提升幼儿生命的深度和广度。但是随着网络信息的膨胀，许多幼儿沉迷于电子产品和网络游戏，阅读在幼儿生活分布中所占据的份额一度呈现出令人忧心的递减状况，出现了阅读数量少、阅读时间短、阅读兴趣窄、阅读水平低、阅读内容乱、阅读过程难、阅读场地封闭、阅读分布不均等乱象。幼儿园作为可开展阅读的场所，必须充分利用幼儿园及周边的阅读资源，改变传统僵化的校园结构和分区，将越来越多的"非正式阅读空间"转变为开放式的阅读场域，引领幼儿在其中感受、经历、体验、探索。幼儿园要构建无边界、全方位的幼儿园阅读场所，让阅读滋养幼儿生命，让阅读随时随地发生。

（二）时代呼唤"全阅读场"的到来

在信息技术迅猛发展的背景下，人们阅读方式和阅读行为的改变使新的阅读环境悄然形成，阅读内容不断更新，阅读方法不断改进，阅读空间日趋开放。学校、社会、家庭在阅读上的全面合作为幼儿园开放式"阅读场"的建构提供了条件。

（三）课改推进"全阅读场"的发展

《3—6岁儿童学习与发展指南》指出，"要为孩子提供良好的阅读环境和条件"，以"阅读"为

精神的教育内核应运而生，成为幼儿园内涵建设的要点。我园所开展的园·家·社融通下的幼儿"全阅读场"的建构与研究就是在此基础上开展的。我园尝试利用开放式的阅读场域，优化幼儿园目前的阅读形式，形成支持幼儿阅读的氛围，帮助幼儿实现高兴趣、高开放、高频次、高维度的阅读。

二、园·家·社融通下幼儿"全阅读场"的角色定位

园、家、社三方面的角色定位非常重要，要做到既不漏点缺位，也不越界跨界，既不一方独大，也不放任不管。明确园、家、社三方的角色职责，能有效发挥各自的育人优势，提升育人实效。

（一）幼儿园的角色定位

幼儿园是园·家·社融通下幼儿"全阅读场"建构的主导者。幼儿园是从事学前教育的专业机构，也是开展阅读活动的主阵地。教师受过专业的培训，有着丰富的经验，有能力对社会、家庭的阅读活动开展指导。教师可以通过家长委员会活动、家长会活动等，对家庭及社会开展阅读活动进行专业的指导。

幼儿园是阅读活动的主要组织者。教师要根据《幼儿园教育指导纲要（试行）》《3—6 岁儿童学习与发展指南》等，有计划、有目的地组织开展各类阅读活动。

（二）家庭的角色定位

家庭是幼儿阅读的主体责任人。家长作为孩子的第一任教师，需要担负起第一责任人的职责，主动参与幼儿的阅读活动。家长要从思想根源上充分认识到家庭对孩子的影响力，创设条件支持幼儿的阅读活动，如为幼儿购买符合其年龄认知水平的绘本、创设温馨的家庭阅读角等。

家庭是幼儿开展阅读活动的学习者。家庭成员要不断加强学习，不断更新自己的教育理念，了解适合各年龄幼儿阅读的绘本，并掌握一定的

指导幼儿阅读的能力。

家庭是幼儿阅读的陪伴者。家庭是开展早期阅读的重要场所，家庭中一对一个性化的亲子阅读活动，能够很好地满足幼儿的阅读兴趣，不但有利于培养幼儿良好的阅读习惯，更有利于幼儿良好阅读态度的养成。

（三）社会的角色定位

社会是家校开展阅读活动的服务者。一方面，社会可以为阅读活动提供丰富的资源，如提供活动场所，为园、家、社融合开展阅读活动提供条件。另一方面，社会可以提供丰富的活动，如志愿者参与阅读活动等。

三、园·家·社融通下幼儿"全阅读场"的实施路径

（一）园所主导的幼儿"全阅读场"主题 + 构建路径

从课题开题之初至今，各个班级围绕幼儿年龄、班本个性化特点、季节更替等，立足绘本开展了一系列主题式绘本阅读、延伸、拓展等活动。这些活动是由教师主导，幼儿、家长参与，社区支持的系列化活动。

1. 基于绘本生成活动主题

我们在海量绘本中进行筛选，选择适宜的、可操作的绘本，以一本绘本或是一系列的同类绘本阅读作为出发点，带领幼儿开展集体、小组式的多样化阅读活动。如绘本《妈妈，买绿豆》以生活化、趣味化的方式讲述了阿宝和妈妈从买绿豆、洗绿豆、煮绿豆、做绿豆汤和绿豆冰，到最后种绿豆的故事。整个绘本中，大量的画面细节配上简单的文字，让教师有了更多的灵感与启发，教师以此开展了主题活动"绿豆成长记"。在主题活动中，幼儿体验到了在买绿豆、做绿豆美食的过程中父母全程陪伴的幸福感。同时，立足于绘本故事本身，教师在班级自然角开展绿豆种植活动，在班级区域游戏中，鼓励幼儿进行同伴式

互助、分享阅读。

2. 追随绘本拓展活动路径

（1）绘本研学活动。《幼儿园教育指导纲要（试行）》指出，幼儿的学习是直接感知、亲身体验和实际操作，并且要贴近生活。围绕绘本，我们开展了系列研学活动。如秋天水稻收割之际，教师提供有关水稻的绘本，带领幼儿开展集体阅读活动。幼儿初步了解水稻的生长、收割过程，和米饭的由来后，教师和家长一起带领幼儿到乡村田野开展自然阅读，让幼儿亲眼观察、亲手触摸、亲自参与水稻的收割。

（2）绘本剧展演活动。幼儿园成立了"毛毛虫"俱乐部，幼儿在熟悉绘本故事的基础上，分成道具小分队、服装小分队和表演小分队，分工合作，进行绘本剧表演，或者自创绘本剧进行表演。这一过程中，幼儿不断提高合作、表演、表现的能力。

（3）绘本嘉年华活动。开展自制绘本展、旧书集市、图书漂流、故事爸妈进校园等活动，使得班班有活动、人人都参与。整个嘉年华为期一个月，教师是活动的支持者，幼儿是活动策划者，在园、家、社三方协助下，传承阅读理念、传播阅读途径、传递阅读氛围。

（二）家庭主导的幼儿"全阅读场"兴趣＋构建路径

阅读激发幼儿的求知欲，为幼儿提供了一个感知生活、自我发展的平台。在钢筋混凝土的现代城市里，幼儿日益被封闭在单元房中，电视、录像、游戏机和电脑成为幼儿的"亲密玩伴"，吸引着幼儿相当多的注意力，这不利于幼儿的成长。为此，我园在课题研究之路上，挖掘家长资源，立足幼儿兴趣，贴近幼儿生活，开展"兴趣＋构建路径"的研究。

1. 基于兴趣——伙伴式小组阅读

根据幼儿年龄特点及兴趣，以"毛毛虫阅读会"的形式组建成立了各班级亲子互动阅读小组。每个小组5—6人，由家长组织小组成员充分利用幼儿园周边三公里阅读圈资源，开展灵活多样的小组式阅读。在社区各个可开展阅读的场域内，大树下、图书馆、社区会所、郊外草地、公园等都留下了毛毛虫阅读会的身影。活动结束后年级组又通过腾讯会议的形式开展共享交流活动，整个年级组的家长都参与进来，了解活动花絮，展示活动创意，创新活动形式。这种伙伴式小组阅读受到了家长、孩子们的欢迎。课题研究至今，已开展了大概100次活动，每次活动紧跟绘本内容推进多元阅读，突破传统的单一绘本阅读，拓宽阅读的广度与深度，帮助幼儿体验不同的阅读方式，享受不同的阅读乐趣，在幼儿的心灵种下阅读的种子。

2. 追随兴趣——互动式亲子阅读

教师引导家长及时追随幼儿兴趣，通过开展亲子阅读等方式，不断拓展幼儿的阅读广度，激发幼儿阅读兴趣。如幼儿对春天既感兴趣又好奇，在父母的陪伴下，幼儿紧跟"春"的步伐开启阅读旅程，带上自己感兴趣的绘本，如《遇见春天》《14只老鼠去春游》《小牛的春天》《春天在哪里？》《春天什么时候来？》，邀请小伙伴一起走进大自然，从自主式的绘本阅读，到开放式的生态阅读，亲子、幼幼之间或是基于绘本拓展生态阅读路径，或是跳出绘本延伸生态阅读内容。幼儿以绘本为载体，又跳出绘本与大自然直接对话、互动，在成人支持下探究、发现、学习，充分运用眼、耳、鼻、手、口等多种感官，综合调动视觉、听觉、嗅觉、触觉、味觉系统去体会大自然的美丽与神奇。可见，阅读不仅是读绘本，还能读自然。将书籍与自然事物相联系，将图画内容与实物场景相融合，让幼儿有了不同的阅读经历，激发了阅读兴趣，培养了亲近自然、热爱自然的美好情感。

3. 延展兴趣——亲子阅读打卡

借助现代信息技术，我园鼓励家长在家庭中

开展"21天亲子阅读打卡"活动，指导家长每天选择固定的时间，与孩子共同阅读，分享阅读体会。我们每学期会评选"书香家庭"，以激励更多的家庭参与其中。

以家庭为主导的幼儿"全阅读场"不仅能增进亲子感情，促进亲子和谐，还能帮助幼儿了解不同的阅读方法，提高阅读能力，激发阅读兴趣，养成良好的阅读习惯，最终促进幼儿语言、认知、情感等的全面发展。

（三）社区主导的幼儿"全阅读场"场景＋构建路径

我园地处城区中心，以园所为中心向四面延伸，三公里范围内有得天独厚的资源，如太仓市图书馆、菽园、街边的流动书屋、娄东书院、小区图书馆等。我园所处的小区是太仓最大的小区，调查发现，社区内居住有太仓电视台的播音员、中小学语文教师，还有许多喜欢阅读的热心社会人士。我园充分利用周边物质资源和人力资源，构建阅读场景，开展阅读活动。

1. 打造空间场景

我们与社区工作人员沟通，使社区内的图书馆成为我们的实践基地，并在馆内单独开辟亲子阅读区，根据幼儿的身高，添置了新的书柜，还将原来颜色过于跳跃的墙面改为安静的白色、蓝色，最终为幼儿在节假日、休息日进行阅读活动提供了一个合适的场所。社区图书馆还根据我园的阅读书单，不断丰富适合幼儿阅读的图书。温馨的阅读环境、丰富的图书资源，使社区图书馆成为家长、幼儿喜欢的又一个亲子阅读阵地。

2. 建立引领场景

由社区志愿者成立"蒲公英绘本俱乐部"。每学年初，家庭进行自主报名，俱乐部和儿童剧表演中心在志愿者的引领下定期开展活动。

3. 搭建网络场景

随着互联网的飞速发展，网络为人们的生活带来了很多便利，缩短了时间和空间的距离。我们充分利用社会"数字化""智能化"的优势，与太仓市图书馆开展馆校合作，利用其微信公众号"周日见蜗"栏目，开展绘本分享、幼儿故事讲演、阅读推荐等活动，不断扩大阅读活动的社会影响力。

园·家·社融通理念下幼儿"全阅读场"的建构，融合了园、家、社三方力量，让幼儿的阅读更加开放、自主、多样。"全阅读场"的受益人是幼儿，教师是"全阅读场"建设的主力军，家长是"全阅读场"构建的重要合作伙伴，社区是"全阅读场"活动的重要场所与资源。

参考文献：

［1］邱冠华.亲子阅读：送给0—12岁孩子的父母［M］.北京：国家图书馆出版社，2010.

［2］李生兰.幼儿园与家庭、社区合作共育的研究［M］.上海：华东师范大学出版社，2003.

［3］喻培.构建家校社协同育人体系路径研究［J］.湖北教育（政务宣传），2022（02）：42-44.

［4］倪闽景.家校社协同育人需要进行顶层设计［J］.人民教育，2021（08）：19-22.

小学语文教学中运用科学教育加法的探讨

◎吴旭君

摘　　要 习近平总书记指出："要在教育'双减'中做好科学教育加法。"本文通过对当前小学语文教学现状的理性透视，发现众多教育行为束缚了学生"思维"的生长，阻碍了他们深入探究的欲望和创新思维的发展。笔者提出引入"科学教育的方法"，通过具体可行的三个"加法"，即"一以贯之的科学研究方法""真实体验的跨学科实践活动""铸就品格的科学教育家"策略，促进学生思维的深度发展，激发学生的好奇心和探索欲，以此突破传统语文教学的束缚。

关 键 词 科学教育加法；小学语文；学科思维；跨学科学习

作者简介 吴旭君，江苏省苏州工业园区文萃小学教师，一级教师。

教育部等十八部门联合印发了《关于加强新时代中小学科学教育工作的意见》，着力在教育"双减"中做好科学教育加法，一体化推进教育、科技、人才高质量发展。这一政策的提出，无不提示我们学校和社会各方需要共同发力，培养拔尖的科技人才，更需要全学科的融合渗透，以培育学生在现代社会所必备的科学素养。

语文学科作为母语学科，是学生接触科学知识的第一手材料，为培养学生科学思维提供了丰富的资源，给学生深入体会文字背后的深层含义提供了直接通道，理应在教育实践中承担起"科学教育"的重任。但是在现实的语文教育教学活动中，"科学教育加法"在实际的小学语文课堂上呈现出理念和实践相分离的现状。因此，在本文中，笔者旨在探讨如何将科学教育的理念真正融入小学语文课堂之中，并能真正打破学生"理解"的舒适圈。

一、科学教育融入小学语文教学的"理性透视"

随着时代的发展，科学教育越来越受到重视，语文学科对普及科学知识起到了非常关键的作用。但在课堂实施的过程中，重"文"轻"理"现象依然普遍存在，教师往往偏重语言文字的理解与应用，而缺乏对学生科学思维能力的培养，主要体现在以下几个方面。

（一）重知识，轻能力

传统的小学语文教学过于注重知识的记忆与再现，往往导致学生在理解层面形成一种舒适的惯性思维模式，特别是教师在教学过程中强调预定的、背诵的、事实性的答案，甚至是要求学生进行"知识点"的熟练背诵，让学生对很多科普类的知识还仅仅停留在"普及认知"的阶段。这种状态下的学习使学生缺乏对问题的深度思考及问题解决能力，难以进行沉浸式"深度融合"学习，形成了浅层知识很丰富，而深层学习力欠缺的局面。

（二）重训练，轻体验

回望现有的小学语文教学过程，许多教师在让学生理解文本内容时，常用"类文""群文"等相似文本进行重复、机械的训练，期待学生能够掌握相应的分析、比较、归纳等科学的阅读方法，久而久之，学生的学习兴趣和参与度都明显降低。特别是针对可以探究实验过程的科学文本，大部分教师往往是用枯燥的文字描述、介绍来代替学生的实操体验，这容易使学生满足于浅层次的认知。事实上，仅仅停留在"理解"层面的语文教学并不能完全达到学科育人的目的，它会剥夺学生的探索欲和批判性思维，会阻碍学生想象力和创造力的发展。

（三）重典型，轻评价

语文教材中有大量的描写科学家研究事迹、坎坷历程相关的文章，每一篇文章都彰显着人物的科学精神之美。学生在老师生动的课堂语言的引导下感受科学家们认真严谨、一丝不苟等诸多科学精神，对科学家们的"典型形象"形成记忆。学生在生活中也有像科学家一般爱科学、学科学、用科学的行动，而这些行动却难以得到及时的展示和评价。"教学评"呈现出不一致性，教师很难判断科学精神是否真正内化于学生心中。

二、科学教育融入小学语文教学的"三个加法"

结合科学教育的特点及其对儿童思维发展的积极作用，笔者在教学过程中有机使用三种"科学教育加法"，将语文抽象的文字转化为直观的知识体验，借助大量的实践探究活动促进学生深度学习，进而拓展其思维方式，增强他们的实践能力和创新精神。

（一）加建构：一以贯之的科学研究方法

《义务教育语文课程标准（2022年版）》指出，义务教育语文课程培养的核心素养"是文化自信和语言运用、思维能力、审美创造的综合体现"。其中思维能力是指"学生在语文学习过程中的联想想象、分析比较、归纳判断等认知表现，主要包括直觉思维、形象思维、逻辑思维、辩证思维和创造思维……有好奇心、求知欲，崇尚真知，勇于探索创新，养成积极思考的习惯"。这无

不显示语文核心素养培养与科学学科有着极为密切的联系。这种从显性到隐性的联系不仅体现在新课标中，同样体现在教材内容上。

因此，教师首先得利用好统编版语文教材中的相关单元，围绕科学教育主题，使语文的教学全程纵横勾连，建构科学的体系，使得学生科学素养的培养和学生思维深度发展"不断线"。另外，教师可引导学生在阅读科学文本时采用多种科学的思维方式去读、思、质疑、实证、讨论、批判，以提升学生的高阶认知技能。

（二）加项目：真实体验的跨学科实践活动

除了在课堂上运用以上科学的方法重新探究相关科学文本外，如何有效地将"科学教育加法"真正融入小学语文教学实践中呢？新课标明确提出一条清晰可行之路：在跨学科学习任务群中"开展阅读、梳理、探究、交流等活动，在综合运用多学科知识发现问题、分析问题、解决问题的过程中，提高语言文字运用能力"。这提醒我们，教师可根据语文学习的阶段目标，以语文学科核心知识为基础，以"科学教育"为主题引领，运用科学、数学等学科知识探究一个中心主题、任务或真实问题，科学设计相应的跨学科项目学习。

笔者经过不断的课堂实践，发现学生在课堂中可以真实地开展三段式"融浸式体验模式"：在真实情境中，学生提出驱动性问题，开展"体验问学"，发现问题；基于驱动性问题，开展合作探究、持续体验的"发现探学"，探索问题解决路径；在过程性、表现性评价中，借助展示、汇报等方式实现同化、顺应，完成提升积极品质和关键能力的"建构展学"，解决问题。笔者以自己参与设计并实际开展的跨学科项目"竹够有趣"为例，具体阐述三段式"融浸式体验模式"的课堂实践。

1. 体验问学：驱动真实的问题

语文学科开展的跨学科项目学习的主题均从生活中来，到生活中去：教师指导学生发现生活、学习中的问题，形成驱动性问题，然后确定项目

内容。"竹够有趣"项目组的学生在《竹节人》课上，看完激烈的"竹节人"争斗场面后，在老师的引导下了解到"竹节人"是老师在他们那个年代最喜欢玩的课间游戏。这引起了学生的强烈共鸣，现在全国掀起了一股"课间十分钟游戏热"，在教学楼里有限的空间内，他们也想迫切地做一做"竹节人"，来进行有趣的课间十分钟。基于这一真实的问题驱动初步研究，大大激发了学生开展实际探究活动的欲望。

2. 发现探学：探索科学的奥秘

在项目探究阶段，师生合作，在动手制作竹节人的过程中，基于驱动性问题，学生对竹子的外形、竹叶、竹笋等各方面产生了浓厚的兴趣，这时可开展合作探究、持续体验的"发现探学"，探索问题解决路径。我们设计了"竹子生长变化"的大单元项目式学习，学生分小组探究竹子的根、茎、叶、花以及果实、种子的特点，并制作"竹子思维导图"，项目组学生还结合"竹子"的文化特性，对竹子知识进行探秘，凝结成了一篇篇生动的体验作文。随着探究的深入，学生的目光聚焦到了 2023 年国家发展改革委等部门印发的《加快"以竹代塑"发展三年行动计划》，他们很快像科学家一样探索竹子的材料特性，并通过排水法、测密度法、可降解度等多个方面对"竹子"和"塑料"进行详尽的实验对比，真正发现竹子的环保和社会价值。在这个科学主题学习过程中，科学、美术也加入语文的跨学科项目学习中，多学科教师共同开展团队合作，持续对学生进行指导，大大调动了学生学习的积极性，学生也找到了"文本知识"中"诗意的竹子"和"富有科学原理"的"竹纤维"之间的秘密通道，教师更是打通了"理解"和"思维"之间的屏障。在此过程中，师生的探究力、实践力得到有效的提升。

3. 建构展学：呈现研究的价值

学生将自己的科学研究变为真实可见的产品，如把校内泛滥的竹子进行砍伐再利用，用竹子制作毛笔、竹编、乐器、竹节人、竹筷、竹纸、竹炭包等，将研究变为现实产品，甚至大胆研究前沿的竹纤维复合材料。学生还在全校展览作品、集中汇报成果。

竹之趣，竹之美，竹之秘，竹之用……学生在参与探究性学习的过程中，了解了竹，以竹为镜，透过竹发掘了一个广阔的科学世界，也承担了一项巨大且有意义的使命——传递环保、可持续发展科学理念。项目将日新月异的科技与现实社会联系起来，在提高学生科学素养的同时，体现了语文学习的价值，在"大语文观"理念下赋能学生核心素养的提升。

（三）加精神：铸就品格的科学教育家

科学家精神作为科学精神在科学家群体中的人格化体现，是科学教育中人文价值的重要构成部分。教师应深入钻研文本，把蕴藏在文本深处的科学精神挖掘出来，要以学生为中心探索创新教学方式，在教学中通过多种方式适时进行渗透，增强学生关于"科学家精神"的获得感，从而使学生能真正像科学家一样具有辩证思维力、科学的想象力、探究的持久力。

1. 巧用"提问清单"，唤醒探究欲

学生思维理解能力的培养不应是一句空话。要使学生自然而然对科学现象、创新科技产生强烈的好奇心，最根本的是让学生自主地观察现象并发现问题，产生对这个社会和世界最原始的好奇心。因此，巧妙设计"提问清单"可以让学生的思维可见、可感。教师要从学生的已有经验出发，课外借助"我的金点子""奇思妙想科学＋""最佳问题招募令""问题漂流瓶"等多种创意作业形式来收集学生的兴趣和妙想，课堂上则通过选择合适的情境素材设计具有启发性、开放性、挑战性的问题串，引导学生关注问题涉及的科学知识与科学家精神之间的逻辑关联，让学生像科学家一样思考，产生强烈的认知冲突、探求欲望。

2. 共享"学习场域"，激发实践力

真正改变学生学习生态，需要提供全方位、结构化的学习场域和组织保障，利用好学校的科学实验室、主题场馆、蔬菜基地、图书馆。除此之外，社区丰富的人文资源以及自然博物馆和研究所等也是不可忽略的重要资源，相关部门甚至可以开设人人可研的家庭科学实验室来调动家校社协同的力量。学生可以在真实可感的环境中得到浸润，可以在操作专业的科学实验设备中获得真实体验，可以研究语文课本中所描述的罕见的科学现象，更可以根据年段选择适宜的、有针对性的科普读物来实现更加深、透、实的科学探究，真正在"做中学""用中学""创中学"，实现"教学做合一"。同时，场域的使用规定也要尊重学生的个性需求，使学生可以自主选择。为学生创设积极、开放、平等的学习环境，学生在环境中感受探究科学家们的思维方式和研究方法，从而激发"像科学家一样探究"的想象力、创新力。

3. 绘制"科学画像"，塑造研究力

教师可以在云端开设交流的平台，搭建让学生积极卷入的科学探究的云空间。笔者根据语文课堂实施的实际需要，借助区域的智慧教育"易加平台"，对应开发了"慧学学堂"的"入项探索·体验问学""合作探究·发现探学""成果修订·建构展学""出项复盘·项目延学"等主题板块。教师打破了时空局限，基于小学语文项目化学习、主题式学习、实践性学习，在平台发布富有挑战性的学习任务，引导学生在"科学研究"平台互动、发布成果、点赞互评，形成学生个性的学习历程档案袋，由此建构小学语文跨学科共学圈和研究历程库，绘成学生的智慧"科学画像"，真正实现"教学评"一致，让学生具身体悟"像科学家一样工作"的坚毅精神与社会价值。

三、结语

融合科学教育的理念和方法可以使小学语文教学跳出仅重视表面"理解"的舒适圈，使学生从对书本知识的僵硬背诵向生动实践过渡，从而促使学生思维方式由被动接受向主动探求转化。"科学教育加法"不仅帮助学生揭示语文课本中文字描述的世界的本质面貌，更能开阔学生眼界、促进学生探究、提升学生思维。我们需要抬起头来，仰望星空，从语文学科延伸到浩渺的宇宙，从个人的"小我"境界扩大到科学家的研究境界，让想象的世界变为现实，让思维的空间无可比拟。

参考文献：

[1] 中华人民共和国教育部等. 关于加强新时代中小学科学教育工作的意见[S].中华人民共和国教育部公报，2023（05）：20-24.

[2] 中华人民共和国教育部. 义务教育语文课程标准（2022年版）[S].北京：北京师范大学出版社，2022.

基于用户思维的小学语文前置学习任务建构新实践

◎花春奇

摘　要 用户思维，即"以用户为中心"，面向用户的各种个性化、细分化需求。在教育中，用户思维即"以学生为中心"。在语文教学中，教师应根据语文学科特点，以用户思维，科学定位前置学习目标，创新设计多元评价，进而引导学生自主选择学习内容，让每个学生都喜欢并有质量地完成前置学习。

关键词 小学语文；前置学习；用户思维；儿童立场

作者简介 花春奇，江苏省淮安市实验小学校长办公室主任，中小学高级教师。

当下，以儿童为中心、以学定教的思想基本得到了一线教师的认可，但是在实际的教学实践中，依然存在着一些问题。

一、当下前置学习的现状与问题

前置学习，即学生在教师组织集中教学之前的自主（或小组）探究的过程。这个过程是学生个性化的预习过程，是师生集中教学的预热过程。它虽然带有鲜明的主观印记，但是作为教师，我们必须以用户思维，站在儿童的立场，科学地引导学生做好前置学习。目前，笔者了解到学生的前置学习主要存在以下问题。

（一）不断"强化"的前置学习，挫伤学习积极性

1. 前置学习目标越位

不同年级段的前置学习要求是不同的。小学低年级学生的前置学习要求不能太高。特别是一年级的学生，他们的前置学习以口头活动为主，如读拼音、读课文、读生字词等。但是，有些语文教师将生字词的描写等也作为学生的前置学习，这就违背了低年级学生不留书面作业的规定。拼音、识字是低年级学生的学习重点，也是难点，应该作为语文课堂上的主要任务。

2. 前置学习要求错位

有些教师在学生前置学习中强行要求处处留痕，如生字自学要组词、加拼音，课后习题要写出自己的思考过程和观点。这样的要求对于少部分能力强的学生来说也许能做到，但是大部分学生完成起来还是很困难的。因为那些课后习题都是文中重要的问题，必须在熟读课文并且有一定理解的基础上才能完成。这样的要求势必造成一部分学生因畏难而放弃，继而被教师批评而逐渐失去对语文的兴趣。也有一部分学生会从网上搜答案抄到书上完成任务，这样的前置学习也许会让课堂上的学生与教师对答如流，但这是我们真正需要的吗？

3. 前置学习主角缺位

有些教师对前置学习要求过多，完全不考虑学生的实际情况和真实感受，如除读课文、自学生字词、思考课后习题之外，还要求加上批注（甚至要求不少于3条），列出读不懂的问题等。在前置学习中学生缺少话语权、自主权。

（二）不断"固化"的前置学习，抑制学习能动性

1. 前置学习时空的固化

前置学习不只是课堂教学之前的学习。教学之前的时空是学生进行前置学习的主阵地，但不是唯一阵地。课堂也是学生前置学习的重要时空。在学生没有形成较好的前置性学习能力之前，课堂上的引导和演练非常重要。

2. 前置学习内容的固化

很多教师的前置性学习任务没有考虑到每个学生的差异、每篇课文的异同，这可能导致有的学生"吃不饱"，有的学生"吃不下"。这样被动地重复无差异、无变化的前置性学习内容，缺少学生的参与设计和自主选择，学生会逐渐产生疲劳感和紧迫感。

（三）不断"异化"的前置评价，降低学习时效性

1. 简单反馈前置学习

前置学习的反馈是个重要的环节，起着承接课前与课堂的桥梁和纽带作用。有些教师将这个重要环节弱化或者简单化处理。比如，大致检查下学习的痕迹，或者抽查几个学生读课文来了解全班读书情况。这些以偏概全、以点带面、蜻蜓点水式的反馈方式，不能全面了解学生前置学习的真实状况。

2. 过度反馈前置学习

前置学习的特殊性，如学习的兴趣、习惯等是不容易通过简单的可视可听的检查方式了解的。有的教师为了了解学生的生字词自学情况进行课文中所有生字词的认读和听写，再加上反馈和订正，至少花费 10 分钟。这种拉网式反馈，缺少重点，耗时长，效果差。

3. 无视前置学习反馈

有了前置学习的反馈，教者应该知道哪些学生在识字方面存在困难，课堂上与识字有关的教学要重点关注他们；哪些学生的课文朗读存在问题，课堂上就多给这些学生锻炼的机会。哪些问题是学生普遍存在的，就在课堂上作为重点探讨的话题。但是，有的教师没有用好前置学习的资源，缺少了解、分析和研究。学生已懂的地方还在反复浪费时间，读不懂的问题却一带而过。

二、用户思维的内涵及价值

如何更好地在前置学习实践中落实儿童的语文观，我们不妨借助商业中的用户思维。用户思维简单地说就是站在用户角度思考，充分考虑用户的需求和感受。对于小学语文教师来说，"用户"就是小学生，就是儿童。用户思维就是站在儿童的视角观照语文教学。

（一）用户思维是儿童语文的体现

用户思维是基于儿童的立场。教师要有用户思维，首先要了解儿童，必须让儿童研究成为第一专业。儿童不是小大人，他们对一切充满好奇，喜欢自由和游戏。他们用自己的方式观察、探索这个世界，他们有着自己的儿童哲学思维。作为用户思维的另一端，教师应该把教育看作目的而不是手段。教师不能急功近利，应该把学生的学习当作学生发展、丰富自己的过程，而不是为教师获得名利的手段。

（二）用户思维是深度学习的基调

学习的过程是个复杂的过程。从学习的内容看，可以分为有意义学习和无意义学习；从学习的状态看，有真实的学习和虚假的学习；从学习的效果看，有浅层的学习和深度的学习。深度学习是师生向往的学习方式和状态。深度学习不是聚焦教师的教学行为，而是聚焦儿童所产生的学习的质量。用户思维就是深度学习的总基调。在这个总基调下，才能调动一切体现儿童作为学习主体的主观能动因素，进入深度学习。

三、用户思维在前置学习中的实践策略

用户思维在前置学习的过程中有重要的作

用，教师要定位明确，通过合适的实践将相关的策略落到实处。

（一）以用户思维，科学定位前置学习，确保不"抢跑"

1. 目标定位要准

每个学段学生的前置学习目标要符合课程标准。以识字与写字为例，第一学段侧重识字的兴趣，学习独立识字。这个学段的前置学习应主要以认识汉字为主，学会借助拼音识字，借助工具书识字，在生活中识字等，不宜过多书写汉字。第二学段，应具有初步的独立识字能力。能熟练使用字典、词典识字。这个学段可以由扶到放逐步指导学生自学生字词，是前置学习一项重要的内容。第三学段，学生已经拥有较强的独立识字能力，这时候的前置作业在阅读与鉴赏、表达与交流、梳理与探究等方面，既各有侧重，又前后关联，螺旋上升。

2. 学习要求要实

在目标明确的基础上，前置学习的要求无论是哪个学段都要准确具体、可操作。简单的一句预习哪篇课文式的要求，会让学生无所适从。例如，三年级下册《蜜蜂》第一课时前置学习的要求：① 自由读课文，做到读准读连贯；② 画出读不懂的词语或句子；③ 课后黑线生字加拼音、组词，把你最得意的一个识字方法与同桌分享；④ 搜集法布尔的资料，选择喜欢的地方记下来，在课堂上交流。

上面的四条要求，学生一看就知道怎么做，做到什么程度。其中 ① 和 ② 的要求可以同时完成，学生边读课文就可以边圈画出读不懂的地方。③ 是识字写字要求，重在音形义的自学以及识字方法的实践运用。④ 是搜集资料的能力，改变简单机械的搜集方法，要学生将自己感兴趣或印象深刻的地方记下来，有个加工处理的过程。

3. 学习任务要精

每个学段每篇课文的前置学习都要有所区别。略读课文与精读课文的前置学习任务不同；同样都是精读课文，不同的课文、不同的课时，任务也会不一样。所以，前置学习任务要结合文本和学生的特点。前置学习任务应该根据学习的推进而变化，根据需要按序进行，不可以一次性将两课时前置学习任务集中完成，否则，学生的学习负担就加重了。同时，前置学习的内容要前后照应，是有坡度的无缝对接。

（二）以用户思维，弹性设计前置学习，确保不"齐跑"

1. 从课外到课内因需而定

前置学习实际是课堂学习的一部分，是引子，是导火索，两者是融为一体的，不能简单生硬地以课内、课外来切割。为了便于叙述，我们姑且先按课内、课外区别开这两个时空。

例如，四年级上册略读课文《蝴蝶的家》，这是第二单元的最后一篇课文。这个单元的语文要素主要是培养学生自己提出问题，尝试自己分类、自己解决。前面三篇课文的学习都是这篇略读课文的前置学习范畴。《一个豆荚里的五粒豆》引导学生积极思考，提出问题，看看这些问题是从哪些角度提出的。《夜间飞行的秘密》《呼风唤雨的世纪》引导学生对提出的问题进行分类，看看哪些问题有价值。这些课堂教学实际上也是《蝴蝶的家》的前置学习。第一学段刚开始进行的前置学习，以及其他学段遇到新的前置学习任务，都非常有必要放在课堂上进行手把手指导。

2. 从数量到质量因人而异

前置学习要充分考虑学生的个体差异，切不可一刀切，学习内容的数量和质量都要有弹性。五年级下册《军神》第一课时前置学习：① 读准读连贯课文，不认识或拿不准的字查字典，多读几遍；② 将难写的生字想办法记住，陌生的生字试着多组几个词；③ 画出课文里读不懂的词句或记下产生的疑问，试着自己解决；④ 如果完成以上学习任务，你可以试着有感情地朗读课文。

这是高年级学生精读课文第一课时的前置学习内容，从数量上看，①②③是基础，每个学生必须完成，④是选做，根据学生的能力和兴趣选择完成。从质量角度看，每一项任务也都是有弹性的。①读准读连贯课文，每个学生需要读的遍数和时间是不一样的。②不同的学生选择的难写的字是不一样的，对识字能力强的学生来说，陌生的字会少一些，在这一项上花的学习时间也就少一些。节省的时间可以更好地完成剩下的任务和选做的内容。③对于每个学生来说，会产生不同的问题，问题的数量和质量也会不一样，这一些差异是正常的，是客观的。

教师要尊重学生的这些差异，应尊重每个学生思考的过程和结果。

（三）以用户思维，多元评价前置学习，确保不"漏跑"

1. 自评他评师评全方位

前置学习重要的功能是培养学生良好的学习习惯。因此，前置学习的自评就显得尤为重要，有利于第一时间知道学生学习的状态，了解他们学习的困难，需要怎样的帮助，便于教师进行有针对性的教学以及前置学习项目的优化。为了进一步激励学生高质量完成前置学习，可以每周根据得星情况评选优秀之星、进步之星。

2. 课前课中课后全覆盖

自评的时间在学生完成任务后，同桌评应该在课前时间，如早读课或课间。刚开始时，教师可以组织统一时间集中开展互评，指导成熟后，学生可以利用课间互评。教师评的内容可以在课堂上，也可以在课后。

3. 因人因文因需全素养

前置学习最大的特点是学生自己先试学。在试学中，发现存在的问题，从而为教师课堂教学目标的设定、教学方法和策略的选择，提供学情依据。如果有的课文长且难读，学生读起来很费劲，那么就不能将读准读通课文的要求完全放到前置学习，课堂上要作为重点，指导学生如何才能读好难读的文章。

前置学习是学生语文学习的一个重要组成部分，必须紧紧依托语文学科特点，设计科学、适当、多样、富有弹性的学习内容。教师要充分尊重学生的特点，以用户思维和学生视角，参与前置学习，尊重学生的个体差异，发挥激励机制，让每个学生都喜欢并有质量地完成自己的前置学习。

参考文献：

［1］成尚荣.儿童立场［M］.上海：华东师范大学出版社，2018.

［2］周国平.让教育回归人性［M］.武汉：长江文艺出版社，2021.

［3］钟启泉.深度学习［M］.上海：华东师范大学出版社，2021.

基础教育阶段劳心融合的价值审视与行动路径

◎孙佳晶

摘　　要　劳动教育和心理健康教育作为全面发展教育的重要组成部分，对学生的健康成长有着重要意义。在心理大思潮背景下，劳动教育在提升学生的心理健康水平上有着独特优势。本文分析了劳动教育与心理健康教育融合的价值，并从全人发展的目标、生活沟通的内容、沉浸体验的方式以及多元互通的评价四个方面提出融合实践路径，以期提升劳心融合的育人效果。

关 键 词　劳动教育；心理健康教育；价值审视；行动路径

作者简介　孙佳晶，江苏省扬州中学教师，中小学一级教师。

劳动促进了人类自身的发展和社会的进步。随着智能时代的到来，劳动教育在培养人的全面发展上被赋予了新的使命。然而受传统劳动观念的影响，我国劳动教育在实践过程中一直存在身体与心智割裂的问题，以致许多青少年学生出现了不爱劳动、好逸恶劳、怕苦怕累等消极劳动心理。有研究表明，新时代劳动教育的育人效果取决于它与儿童心理需求相结合的程度。也就是说，"身心参与"是劳动教育发挥育人价值的根本前提。鉴于此，本文从心理层面出发，旨在遵循学生身心发展规律的基础上，推动劳动教育内在的育人价值，以期提高学生的心理健康水平，让学生在劳动过程中得到身心的共同发展。

一、劳动教育与心理健康教育融合的价值审视

（一）以劳育心：劳动教育是心理健康教育的重要途径

"心灵手巧""儿童的智慧在他 / 她的指尖上"都告诉我们：只有通过劳动，人才具备用心灵认识世界的能力。学生在劳动创造的过程中经历的"坚持、自豪、敬佩、愉悦"等正向心理体验，不仅可以帮助他们战胜自身的懒惰、摆脱好逸恶劳的心理，还可以帮助他们培养乐观平和、坚持不懈、尊重他人、信任伙伴、耐心细致、宽容包容等积极心理品质，而这些在劳动中获得的内在品质和能力才是持续稳定的。因此，劳动教育是心理健康教育的重要途径，学生通过劳动可以获得终身受益的精神财富。

（二）以心促劳：心理健康教育是劳动教育的基础

新时期的劳动不再只是简单的体力劳动，而是以脑力劳动为核心的创造性劳动，包含很多认知成分和心理成分。这不仅需要观察、记忆、思维等认知活动的参与，更需要劳动者随时对自身的行为进行监控、调节、评价和优化。在这个过程中，只有学生具备积极的心理品质，才能在辛勤劳动、诚实劳动的基础上进行创造性劳动。有研究表明，劳动者心理素质越高，创造性越强。因此，心理健康教育是劳动教育的基础，良好的

心理素质可以对劳动态度、劳动技能和劳动习惯进行强化。

（三）劳心融合：更有利于促进个体的全面发展

进入新时代后，劳动教育和心理健康教育都被提到了前所未有的地位，两者都辩证统一于人的全面发展。中学阶段是一个人适应未来社会生活、学习的准备期，在这一阶段加强劳动教育和心理健康教育，不仅有利于培养高中生的劳动意识、劳动技能和劳动习惯，还有利于让他们在挥洒汗水中启迪心灵、开启心智，在顽强拼搏中强健体魄、磨炼意志，从而更有利于个体的全面发展，进而为未来美好幸福的生活打下坚实的基础。

二、劳动教育与心理健康教育融合的行动路径

劳心融合要树立以人为本的理念，着力在教学目标、教学内容、教学方式、教学评价四个方面创新实践路径。

（一）以全人发展的目标为导向

为了造就全面发展的人，无论是劳动教育还是心理健康教育都必须复归人性，体现人的物质性和精神文化价值。因此，将全人发展的育人目标作为劳心融合教学的起点与归宿，更加凸显育人特性。但"全人发展"不是将劳动教育与心理健康教育目标进行简单叠加，而是作为一个整体处理。

1. 培养学生正确的劳动价值观

高中生是富有闯劲的时代青年，但在他们成长过程中一直缺乏劳动价值观的培养，以致有些学生在生活上拈轻怕重、学习上有畏难情绪，甚至背弃了主流价值观的选择。因此，劳心融合的教育目标之一是帮助学生树立崇高的理想，培养正确的择业观，让学生认识到只有付出辛勤劳动，梦想才会变成现实，这样他们才会用在劳动

中形成的意志品质去克服学习上的困难，养成认真学习、自信自律的心理素质。

2. 培养学生正确的生活观

当代高中生大都是独生子女，自理能力欠缺，习惯了"饭来张口，衣来伸手"的生活，劳动意识和劳动能力没有得到很好的培养。很多家长舍不得让孩子劳动，甚至认为孩子只需要学习就可以。其实，这样的想法反而害了他们，因为"一屋不扫，何以扫天下"，学生没有体验过劳动的艰辛，就会不尊重劳动、不珍惜劳动成果、不懂得感恩。因此，劳心融合可以培养学生的感恩意识，帮助学生养成健康的生活方式和行为习惯，进而获得适应新环境的能力。

3. 培养学生正确的挫折观

高中生正处于青春发育的关键时期，生理和心理都发生着极大的变化，加之他们从小娇生惯养，没有"劳其筋骨""饿其体肤"的感受，这就导致有很多学生的耐挫力较差，在学习生活中遇到一点困难就沮丧、失望，觉得自己毫无价值，甚至不珍惜自己的生命。因此，劳心融合可以提高学生应对挫折的复原力、面对压力锲而不舍的坚持力，以及应对突发情况的心理承受力。

（二）以生活沟通的内容为支撑

劳动创造了人、劳动创造了生活。人类通过劳动不仅可以满足物质需求，还能充盈精神需求，从而获得美好幸福的生活。因此，劳心融合的内容要与生活沟通，以新颖、适宜、有用为立足点，让学生在劳动中享受获得感、成就感、幸福感。

1. 劳动内容要新颖

新颖的劳动内容可以激发学生的好奇心和创造欲。对于高中生而言，可以带领他们体验日常生活中接触较少的生产性、工程性项目，让学生了解其中的新知识、新工艺、新方法、新技术，从而让学生体悟劳动不是简单的体力劳动。例如，带领学生参观物联网农场，让学生认识到利用

信息技术、传感器等新兴技术可以实现农业智能化，激发学生兴趣。

2. 劳动内容要适宜

适宜的劳动内容是指遵循"最近发展区"和进阶性原则，适当增加内容的难度，让学生相信自己有能力处理好这些困难，从而提升自我效能感。有研究表明，经历失败是建构积极的劳动品质不可替代的过程。对于高中生而言，可以借鉴项目的全生命周期进行进阶性设计。例如，制冷头盔的设计制作，整个过程包括市场调研、设计方案、制作模型、优化改进等。

3. 劳动内容要有用

有用的劳动内容能唤起学生的需求，教师要引导学生感知劳动不仅可以满足生存需要，更是实现自身多种需要的有效渠道。例如，在带领学生进行种植体验时，如果教师只想让学生体验种植的辛苦，那可能很多学生只想敷衍了事然后去做其他有意义的事，因为学生认为这不是他们生存的需要。但如果得知他们的种植成果会与别人分享时，他们就会热情高涨，从而获得收获劳动成果的甜蜜感、他人和社会认可的幸福感。

（三）以沉浸体验的形式为载体

"做"是劳动教育的特质，且"做"的最佳状态是学生的"具身性"参与，让身体和心理在劳动中发挥到极致。心理学认为，当强化使某种能力变成一种习惯时，积极人格特质也就形成了。因此，劳心融合教学应让学生在"沉浸体验"中获得愉快的身心发展和身手锻炼。

首先，体验活动生活化。生活中自食其力的劳动可以让学生懂得劳动的艰辛，从而唤醒感恩意识、培养劳动习惯、掌握劳动技能，形成自治自觉的基本责任和担当。一方面可以进行简单的自我服务，如洗衣、刷碗、烹饪等；另一方面可以进行集体劳动，如宿舍卫生评比、公共区域清洁、图书馆管理等。甚至还可以在学校建立诚信超市，由学生自主经营，让学生在实务操作中加深

对劳动的热爱。

其次，体验活动社会化。社会化的实践活动，可以让学生感受到个人发展与社会发展密不可分，增强学生的社会责任感、人际交往能力。一方面可以组织学生参加社会公益劳动，如敬老院服务、暑期志愿托管、参与维护交通秩序等，让学生理解劳动不仅是为了自己，还有益于他人、社会和国家；另一方面可以建设校外劳动实践育人基地，将社会实践与职业规划、生涯教育关联起来，帮助高中生进行职业倾向评估。

最后，体验活动体悟化。受学习时间的限制，学生参加校外实践体验的机会不多，而劳动又是一种付出情感的社会活动。因此，可以通过情感体悟这种间接的方式进行劳动实践。例如，开展劳动教育主题班会，用讲道理和摆事实的方法向学生进行劳动价值观的传递；邀请杰出校友、劳模代表等进行劳动主题讲座，让学生近距离感受劳模精神的魅力；举办以劳动教育为主题的辩论赛、诗词大会，编排以劳动英雄人物为原型的舞台剧等丰富多彩的文化活动，让学生在参与活动的过程中产生情感共鸣。

（四）以多元互通的评价为依托

评价不仅是劳心融合教学的终结环节，更是能激发学生获得感、幸福感、使命感的环节。因此，劳心融合不能简单地对劳动成果进行评价，而应巧妙借助心理学上的方法使评价发挥教育价值，让学生进一步建立自觉劳动的意识。

首先，将过程评价和结果评价相结合。劳动的动态性决定了劳心融合应强化过程评价、淡化结果评价。将学生在劳动过程中的态度、素养以及劳动后的成长、变化结合在一起，可以充分发展评价的积极导向作用。对于过程评价，要重视对劳动过程的数据记录，可以以社团的形式开展各类活动，例如，记录劳动瞬间微视频大赛等，借助这些活动使过程评价有据可依。对于结果评价，可以制订科学的评价标准，除了关注劳动技

术、合作情况、责任心、态度转变和技能提升等共性维度之外，还要考虑每个劳动任务的个性维度，并将评价结果计入学生成长档案，作为学生评奖评优的重要依据。

其次，将自我评价与集体评价相结合。通过自我评价与同伴互评以及教师评价结合的方式，帮助学生树立正确的劳动价值观。在劳动结束后，教师可以先组织学生进行劳动自省，借助心理学上的叙事治疗法让学生宣读劳动日记，记录劳动中的成长与进步，抒发克服困难后的效能感，感受劳动的价值。然后引导其他同学对其进行赞美，感谢劳动者的辛勤付出。最后教师利用心理学上的"皮格马利翁效应"给每个学生肯定的评价，引导学生认识自己的特长与优势，或借助积极情绪的扩展构建功能，引导学生再遇到类似任务时，可以知道如何努力。

最后，举办劳动游戏比赛。心理学研究发现，游戏不仅能激发学生的学习兴趣，还可以提高大脑获取、吸收、理解知识的能力。因此，在评价环节可以借助游戏比赛的形式进一步激发学生的劳动热情。例如，举办厨艺比拼、劳动工具使用技能比拼等游戏比赛，让学生在游戏中提升劳动技能。

将劳动教育与心理健康教育相融合，可以让学生在劳动中获得丰富的内心情感，学会用在劳动中迸发的热情去做高尚的事、去感染他人，从而打开通往未来的幸福之路。简言之，劳心融合为劳动教育提供了一种可追寻的理想方向，即根据学生的身心发展水平去挖掘劳动中的教育因素，从而发挥劳动教育的育人作用，促进学生内在精神的全面发展。只有当学生体会到人与劳动的统一、身与心的统一、个体与社会的统一，才能实现人与社会和谐发展的美好未来。

参考文献：

［1］陈斯琪 . 从"身"出发：劳动教育的逻辑起点［J］. 基础教育，2019，16（06）：12-18.

［2］陶青 . 论新时期有效劳动教育的三个条件：心理的、智力的和社会的——劳动并不等于劳动教育［J］. 教育理论与实践，2020（10）：9-12.

［3］俞国良，何妍 ."德智体美劳"五育与心理健康教育的关系［J］. 中小学心理健康教育，2023（01）：4-10.

［4］张三元 . 论美好生活与人的全面发展［J］. 理论探讨，2018（02）：22-28.

［5］毕文健，顾建军 . 乐学教学：让学生爱上劳动——新时代学校劳动教育策略研究［J］. 教育科学研究，2020（08）：11-17.

［6］丁道勇 . 教育中的兴趣概念［J］. 教育学报，2014，10（03）：27-33.

［7］任俊，叶浩生 . 积极人格：人格心理学研究的新取向［J］. 华中师范大学学报（人文社会科学版），2005（04）：120-126.

［8］毕文健，顾建军，徐维炯 . 重视学生劳动品质的培养——积极心理学视域下劳动教育的调查研究［J］. 中国教育学刊，2021（08）：97-102.

［9］陶新华 . 教育中的积极心理学［M］. 上海：华东师范大学出版社，2017.

"单元资源设计"中教学资源的开发与利用

——以苏教版数学五年级下册"圆"单元为例

◎孙春育

摘　　要　小学数学单元教学设计是指教师以小学数学教材中的单元为整体，展开系统化、科学化的教学整体设计。笔者以"圆"单元的教学为例，提出开发和利用教学资源应开放化吸纳借鉴各版本教材中利于教学的素材，完善教学资源；结构化整合创新关联素材，优化教学资源；多元化融合开发多种资源，丰富教学资源。

关 键 词　小学数学；教学资源；单元资源设计；开发与利用

作者简介　孙春育，江苏省淮安市外国语实验小学教科室副主任，高级教师。

《小学数学单元教学设计指南》指出，小学数学单元教学设计是指教师以小学数学教材中的单元为整体展开系统化、科学化的教学整体设计。其关键要素包括单元规划建议、单元教材教法分析、单元资源设计等。单元资源设计是指根据某一单元教学设计与实施的具体需求，对可用于支持单元教学的各类素材加以筛选、加工或开发后形成的供教师教学或学生学习使用的材料或工具的过程。

在进行单元资源设计时，重视教学资源的开发与利用，能完善单元资源库，更有利于国家课程的校本化实施。笔者认为，单元教学资源的开发与利用，应开放化吸纳借鉴，完善教学资源；结构化整合创新，优化教学资源；多元化融合开发，丰富教学资源。

一、开放化吸纳借鉴，完善教学资源

当教材投入使用后，教材已不再是唯一的教学资源，而是课程实施中众多教学资源中的一种。教师需要研读《课程标准》，在单元教学目标指引下，分析教材，不仅要"教教材"，更要学会"用教材教"，不仅要思考"教什么和如何教"，更要思考"教材为何这样编""为何要教这些内容"。而各版本教材在情境创设、学习和活动资源编排等方面各有千秋，教师可以将不同版本教材中的相同内容进行比较，选取更利于教学目标达成和促进教与学的素材，补充和完善教学资源库。

以"圆"单元为例。苏教版将"圆"单元编排在五年级下册，而其余版本基本都安排在六年级上册。学生学完分数、比等知识后再学习圆的相关知识，更便于综合运用知识解决与圆有关的问题，提高分析解决问题的能力，发展学科核心素养。

（一）选取真实情境素材，激发解决问题的热情

情境是学生学习知识的生长点。在设计单元学习活动时，要以真实情境为载体，以一系列挑战性问题为引领，组织开展探究活动，能激发学生的有效参与，促进深度学习。在"圆的周长"教学中，苏教版、北师大版教材等均以车轮滚动的情境引入，通过比较得出：车轮滚动一周的长度就是周长，车轮越大，滚一圈就越长。而人教版教材则设计"圆桌和菜板开裂需要在边缘箍铁皮"这一真实问题情境，以关键问题"分别需要

多长的铁皮"引发深度思考。在解决真实问题的过程中,学生的探究热情被激发,综合运用多种策略解决实际问题的水平得以提升。

(二)选取探究学习素材,丰富解决问题的策略

对于相同的知识内容,不同版本教材提供的探究素材不尽相同。教师应善于比较,基于教情、学情和校情等,将其他版本教材中有利于教与学的素材纳入自己的教学资源库。如"圆的面积"这一教学内容,多数版本教材只呈现了把圆转化成长方形的推导方法,但北师大版教材却匠心独具,在"圆的面积"第二课时新授和练习部分介绍了把圆转化成三角形的推导方法。进行单元教学设计时,可以将这一素材纳入其中,作为课堂教学的有效补充,能够帮助学生打开思维,开阔视野,学会多侧面多角度地思考问题,促进深度学习。

(三)选取主题活动素材,提高解决问题的能力

"综合与实践"是形成和发展核心素养的重要载体。在小学阶段主要以主题式学习方式开展。丰富且适切的主题活动素材是开展主题式学习的重要保障。在"圆"单元中,苏教版教材没有安排专门的综合实践活动,人教版教材则在单元学习结束后编排了"确定起跑线"活动,利用"400米比赛中运动员所在起跑线位置不同但终点线相同"这一真实情境,设置"为什么运动员站在不同的起跑线""各跑道的起跑线应该相差多少米"等富有挑战性的问题,使学生在多种形式的活动中解释了这一现象。学生在综合运用圆的相关知识解决问题的过程中,不仅提高了发现和提出问题、分析和解决问题的能力,更培养了探究精神和学习数学的积极情感。

二、结构化整合创新,优化教学资源

苏教版教材中编排了很多有价值的习题,在

进行单元资源设计时,教师要根据教与学的需要,对教材中的习题资源进行结构化处理,挖掘、重组和深度加工关联素材,优化教材资源,使学生学会数学思维。在五年级下册"圆"单元中,教材编排了很多有关"方中圆"和"圆中方"的练习题,此类习题分布散、变式多、方法杂、思维含量高,渗透了一定的数学思维和方法,具有很高的教学价值,但学生理解起来颇有难度。基于此,可以对教材中的相关习题进行加工,将散状的训练"点"纵横勾连成"线",化"散"为"整",帮助学生抓住知识与方法的本质,寻求关联,挖掘延伸,以不变应万变,促进深刻理解,发展数学思考能力。

(一)挖掘关联不同单元素材,唤醒解决问题的经验

苏教版教材五年级某单元中曾出现过这样一道习题:用25米长的篱笆靠墙围一个鸡圈,求鸡圈(梯形)的面积。本题的编排意图是使学生跳出思维定式,尝试从整体性的角度来思考问题。解决本题时,学生如果只是套用梯形面积公式,执着于求出上下底的数值,是无法解答的。所以要转换思路,从整体出发,直接求出上下底的和。苏教版教材中还有一道思考题:正方形面积是8平方厘米,求涂色部分(扇形)的面积。解决该问题时,也需要从整体出发,寻找解题的突破口。此时,先前"求梯形鸡圈面积"问题就唤醒了学生解决此类问题的经验,从而得到启发,继而顺利解决问题。因此,在单元资源设计中,需要根据需要,挖掘不同单元中在内容、方法等方面的关联素材,激活学生已有的解决问题的经验,提高解决问题的能力。

(二)重组整合同一单元素材,巩固类比迁移的能力

教师可以对教材思考题进行创编,用同一题目的不同变式题使学生在举一反三中学会类比迁移,从而学会抓住问题的本质,在变化中找寻不变,培养学生思维的灵活性。教师可以整合同一单元中类似的问题,并进行适当改编,让学生在不同题目中发现共同点,掌握解题思路。学生在不断探究的过程中,巩固了类比迁移能力,拉伸了思维的高度,延展了思维的广度。

（三）深度加工不同版本素材,提升数学思维的深度。

数学学习不可浅尝辄止。同一知识点或者同一类型的题目在不同教材中会有不同的实例,从不同教材中探索寻找这些相似的题目,将其与当前使用的教材中的习题进行重组创新运用,能使学生的思维在解决问题的过程中,经历一次次地向下扎根和向上生长,深刻感悟数学问题背后隐藏的思想方法在数学学习中的重要价值。在实际教学过程中,教师不仅要充分开发和利用苏教版教材,还可以在其他版本教材中挖掘和寻找可供利用的素材,并在使用后进行合理取舍和不断优化,纳入单元资源库,使之更加适应教情、学情。

三、多元化融合开发,丰富教学资源

（一）及时捕捉生成性资源,促进数学知识的理解

课堂精彩生成的教学资源是教学资源开发和利用的来源之一。这些预设外的生成,即通过师生互动产生出来的教学资源,或许不是教师所期待和所预料的意外事件。教学过程中,教师时时刻刻保持清醒的头脑,及时洞察课堂变化,善于捕捉课堂教学中动态生成的资源。其中包括学生言行举止所透露的信息、学生对课堂提问的回答、解决问题的方法等,都需要教师能够敏锐观察,善于分析,探明学生的兴趣如何、有何疑问,从而及时调整并加以有效利用。在教学"圆的周长"时,在运用滚动法和绕绳法等求圆的周长时,学生在测量和计算后发现,圆的周长都是直径的 3 倍多一些,这是因为测量过程中收集数据出现的误差,导致答案各不相同。如果教师直接总结,任何一个圆的周长除以直径的商都是一个固定不变的数,即圆周率,那么该结论与学生的计算结果并不相符,学生会质疑。此时教师应及时捕捉学生对结论的质疑,让学生再多测量几次,看看结果是否相同,再通过数学软件 GeoGebra 演示,验证结论:改变圆的周长和直径,它们的比值固定不变。数学课堂中一些有价值的生成性资源往往很容易被教师错过,因此在教学中,要留有充分的讨论时间,把学生一些共性的思维暴露出来,及时捕捉思维错误或闪光点,并以足够的机智应对,才能让课堂焕发生命力。

（二）巧妙挖掘环境与工具资源,提高教学实施的有效性

日常生活环境中与数学有关的资源随处可见,要让其为教学所用,还需要教师进行精心设计与巧妙构思。另外,市场上售卖的很多教学具,也不能完全满足教学需求,需要教师进行适当开发。利用学具能有效促进知识理解,发展学生的思维。教学"圆的认识"时,以"套圈游戏哪种方式更公平"这一挑战性问题引入。教师自制学具,让学生在磁性黑板上用磁钉模拟游戏,通过比较发现套圈者到奖品等距时游戏才公平。学生在黑板上用磁钉标注套圈者的位置,确保每个磁钉离中心点（奖品）的距离相同,随着人数增多,形成的形状逐渐趋近圆。学生在利用该学具进行操作、展示与讨论的过程中,对圆的本质特征的认识更加深刻。

（三）合理使用信息技术资源,促进教学方式的变革

《义务教育数学课程标准（2022 年版）》倡导"信息技术与数学课程融合",建议教师合理利用现代信息技术,促进数学教学方式的变革。

1. 搭载智能互动平台,满足教学需求

"圆的面积"教材编排的动手剪拼在实际教学中操作起来很困难,耗费大量的时间且拼合效果不好。而且，仅凭有限的动手操作和凭空想象，学生无法感受"化曲为直"的转化过程，难以体会转化思想和极限思想。希沃白板等在线学习平台，能为学生提供更为有效的学习支持。借助希沃易课堂交互平台，可以轻易地将圆平均分成多份。学生可以借助这些智能平台实现圆形的剪拼操作，完成并上传自己的作品。教师可以在平台上实时获取学生上传的全部作品，然后从中选择典型拼法组织展示汇报，进行个性化点评。该平台的交互功能，轻松突破了动手剪拼圆片的局限性，既达到了操作目的，又节省了宝贵的教学时间，可以轻松实现师生、生生即时互动和反馈，改变了教学方式，提高了课堂实效。

2. 利用数字动画软件，丰富直观体验

通过以上教学，学生已经发现分的份数越多，拼成的图形越接近长方形，内心产生了强烈的验证需求。学生手动将圆形分成上百份是不现实的，这时可以运用数学软件 GeoGebra 制作动画，动态呈现把圆分成上百份后拼合转化的过程，使学生充分经历了化曲为直的过程，进一步验证了猜想，丰富了直观体验，弥补了凭空想象的不足。学生在极致的有限中体会无限，对转化思想和极限思想理解更加深刻。GeoGebra 动画让看不见摸不着的数学知识可视化，于无声处发展了学生的空间观念，提升了核心素养。

3. 借助微课教学视频，拓展学习空间

圆除了转成长方形外，还可以转化成三角形、梯形等平面图形来推导面积计算公式。碍于推导过程有一定的难度，且单课时教学时间有限，所以这些推导方法想在课堂教学时间进行渗透是无法实现的。此时可以发挥微视频的作用，

让它成为教学的有效补充。通过精心设计，将其他四种方法通过动画演示同步讲解推导过程，制作成微视频推送给学生。学生通过观看视频讲解，能了解更多的推导方法，以此提升学生思维的广度、宽度和深度。微课视频以其主题突出、目标明确、短小精悍等特点，成为教学资源的有效补充。学生既可以利用它来预习和复习，还可以使用它进行课后的拓展学习，是数字化时代适合个性化学习的资源之一。教师要善于开发微视频教学资源以拓展教学空间，为学生的个性化学习提供条件。

四、结语

综上所述，要提高教学效率，必须有效利用教学资源。教学资源是丰富的，要以学生的兴趣和发展为前提，要考虑教学资源是否与真实情境相适应，要关注对知识的关联及形成过程的"再创造"，统筹协调好各种因素，设计教学资源，才能凸显以学为中心，发展学生的核心素养。

参考文献：

[1] 上海市教育委员会教学研究室. 小学数学单元教学设计指南 [M]. 北京：人民教育出版社，2022.

[2] 中华人民共和国教育部. 义务教育数学课程标准（2022 年版）[S]. 北京：北京师范大学出版社，2022.

[3] 郎宏坤. 用好数学学具资源，促进深度学习——以"圆形的认识"教学为例 [J]. 教育视界，2022（35）：37-40，36.

[4] 孙春育. 利用数学课本思考题为学生思维生长赋能 [J]. 华夏教师，2021（7）：77-78.

基于"素养立意"的初中英语写作教学实践

——以苏州中考英语作文的变化为例

◎王　宇

摘　　要　《义务教育英语课程标准（2022 年版）》要求坚持教、学、评一体化原则，增加了学业质量标准和考试命题建议，明确提出了素养立意的命题思想。这一变化将对我国义务教育阶段的学业评价，尤其是考试命题产生重要影响。本文针对苏州中考英语作文命题的变化，结合日常英语作文教学，浅谈对素养立意命题思想的理解，以及对日常英语作文教学的几点建议。

关 键 词　初中英语；素养立意；作文命题；写作教学

作者简介　王宇，江苏省震泽中学教师，中学一级教师。

依据新课标的理念与要求，义务教育阶段的学校教育教学将以核心素养为指向，重组各种教学要素。比如，以记忆、理解为出发点的教学，将走向以问题解决为出发点的教学；以先学后用为特点的能力培养观念，将走向以做中学、用中学为导向的能力培养模式；从更看重学习的结果水平，将走向更看重学习的过程特点，在认知、情感、社会性等方面发展，体现学习目标的连续性和进阶性等。有理由相信，新课标的颁布，将开启新一轮的教育教学改革。而中考英语作文的命题变化也能体现"素养立意"这一趋势。本文以苏州中考英语作文命题变化为例，探讨对素养立意命题思想的理解，并针对目前作文命题变化，对日常英语教学给出建议。

一、初中英语作文命题方向的变化

笔者通过比较近 10 年的苏州中考英语作文，发现 2020 年之前苏州中考英语作文是材料式的应用文写作。这种命题方式体现了当时英语教学将知识从学科结构和知识系统中抽取，孤立呈现的特点。之后，中考英语作文命题方式发生改变，从半开放式命题作文写作变成了开放式命题。这种命题方式比起对单一知识点的测试，更注重学生整体英语能力的考核。从这一变化，我们可以看出英语教学重心将从重结果回到重过程，学生的思维能力培养、探究能力培养和做事能力培养将成为最重要的教学任务。而初中英语作文命题改革的方向就是强化对思维过程、探究过程和做事过程的测量和评价，从注重考查记忆理解的结果到注重考查思维过程、探究过程和做事过程的发展水平。这种变革，也是标准化考试问世以来不断改进、不懈努力的方向。这样的命题思想与素养立意导向的教学秉持同样的原则：好的教学在于如何激发学生思考、引导学生探究和指导学生做事。这对英语作文的日常教学也提出了更高的要求。

二、初中英语作文命题的素养立意指向

依据新课标的理念，命题作文所秉持的基本思想，就是素养立意。既然教学坚持从真实生活出发，在问题解决过程中培养学生的实践能力和创新精神，那么命题也需要注重考查学生提出问题、形成问题解决方案和评价问题解决结论的素养。在考试等评价活动中，不仅要考查学生是否会解决他人给予的问题，更要考查学生能否自己发现和提出问题；不仅要考查学生是否会用所学方法解决问题，更要考查学生能否形成自己的问题解决方案或方法；不仅要考查学生是否知晓和能否应用已学知识，更要考查学生能否审视、追问、评价、改进已学知识；不仅要考查学生的知识与能力状况，更要考查学生对知识与能力的态度与期待。必须把批判性思维素养与创新素养的培养作为教与考的重要内容。

三、日常初中英语作文教学的变化

命题作文的教学应该跟随时代的发展，与时俱进。为此，笔者在日常的作文训练中，对命题作文进行了不同的分类，对学生进行训练。

（一）供料作文

供料作文包括提供要点、图表、邮件等。供料作文又细分为几种类型，比如应用文书信类，在初中阶段，要求学生掌握并能熟练写作邀请信、感谢信、申请信、推荐信、投诉信等。对于这类书信的写作，基本的框架结构和格式是一致的，包括称呼语、简介、正文、结论、结尾、签名。提供要点、图表、邮件等作文，要求学生能仔细审题，合理分段，注意时态、人称、数的一致性，准确地表达要点，不能遗漏，增加关联词并适当发挥，保持文章连贯流畅。对于能力较强的学生，可以要求他们在写作时，恰当地运用从句、谚语以及丰富的词汇，使文章条理清晰，逻辑性强。供料作文，内容已经提供给学生，对学生构建作文框架，

语言的实际运用能力来说，相对要求较低。

（二）半开放式命题作文

半开放式命题作文对于学生的能力有较高的要求，一方面允许学生在一定的范围内自由发挥，学生可以写自己感兴趣的想要表达的东西；另一方面要求学生自己独立构思文章的框架结构、写作内容，不仅考查学生的英语语法、词汇掌握情况，而且考查学生的英语语言实际运用能力。这类文章可以夹叙夹议，首先，记叙文的几要素要有，时间、地点、人物、起因、经过、结果。其次，可以增加贯穿文章始终的线索，可以是明线，也可以是暗线，或者是两条线索交叉进行。文章的线索可以是时间顺序、空间顺序、演绎顺序、归纳顺序，或者是情感变化的线索，增加环境描写和心理活动描写来烘托人物的内心变化，使得文章层次分明，充实饱满。

（三）开放式命题作文

开放式命题作文让学生有更多自由发挥的空间，同时对学生的能力要求较高，考查也更全面。开放式写作最能鼓励学生进行独立思考和创新表达，有利于培养学生的创新精神和实践能力，符合当前素质教育的要求。

在进行开放式命题作文训练时，可以引导学生从多个角度进行描写。以春节为例。笔者先让学生思考可以从几个角度来进行写作。经过讨论，大部分的同学得出第一个角度，常规写作：这篇文章分为三个部分，第一部分描述春节的时间，在中国的重要性；第二部分描述人们的共性活动，比如，洒扫庭除、看春晚、放焰火、穿新衣、领红包、走亲访友等；第三部分描写自己对于这个节日的感受。也有同学提出第二个角度：第一部分从春节的起源写起，第二部分写春节的演变过程，第三部分写当代春节的重要性，以及人们对节日的感受。笔者提出了第三个角度，从不同人眼中的春节写起。第一部分写春节对于中国人的重要性。第二部分写不同人眼中的春

节。比如，在父母的眼中，他们肩负着一家的重担，春节前采购年货，洒扫庭除，孝敬长辈，给晚辈准备红包礼物；在爷爷奶奶的眼中，春节是一家人团聚，共享天伦之乐的节日；在孩子们的眼中，春节是穿新衣、收红包、走亲访友、没有作业的一段快乐时光。第三部分写不同人对春节的感受。接下来笔者又提出第四个角度，从个性化角度进行叙述。笔者以自己为例写了一篇文章。第一部分写了往年的春节都是在家乡过的，今年寒假前女儿做了攻略准备一家人飞往云南过春节。第二部分具体写春节的几天行程，除夕晚上围着篝火和当地的人民载歌载舞。第二天飞往大理，欣赏当地的风俗人情。第三天去了丽江，品尝了当地的特色小吃。第三部分写此行的感受，期待来年再故地重游。

从以上四个角度对春节这一主题进行描述，锻炼学生写作能力的同时，也培养了他们的发散思维能力、想象力以及多角度考虑问题的能力。通过这种写作训练，让学生学会多角度思考、分析题目，写出有自己个性特色的文字。

（四）续写式作文

续写式作文可以细分为几种类型。一种是单句式续写。比如，给出首句 "When I was in the theater, suddenly I heard someone call my name." 让学生继续往下续写一篇不少于150词的作文。这个写作在续写中相对而言比较简单，主要考查学生的编故事能力以及想象力，当然也考查学生的语法和词汇运用，这种作文要求学生写作时情节可以曲折离奇，跌宕起伏，峰回路转，但是立场要稳，三观要正，要表达正确的价值观和积极的正能量的东西，最后一段要有感悟升华。

另一种是两句式续写。给出一句话，让学生续写一段话，接下来再给一句话，再续写。或者给出文章的开头和结尾共两句话。这就要求学生围绕这两句话进行编故事，编完第一段要能绕回到第二句话上来，形散而神不散。

还有一种是文章续写。给出一段文字，可以是一个故事，亦可以是名著的节选，再给一句话，让学生续写。这种续写对学生的要求更高，比如原文是拟人化口语对白、长短句等，在续写中需要学生模仿文风。续写作文不仅要满足续写要求，而且文字风格要和原文保持高度一致，这就对学生驾驭英语语言文字的功底提出了更高的要求，不仅要求学生进行大量的课外阅读，熟知名著的情节，更要观察模拟作者的写作风格、语言风格、表达方式。笔者让学生坚持阅读《黑布林》《书虫》系列，并摘抄精美语句段落。写书评，推荐分享自己最喜欢的一本英语读物。在平时的作文教学中，进行逐步的有计划的训练，开发学生多角度思维，拓宽视野，同时也关注初高中作文的衔接，会对学生产生潜移默化的影响，受益终身。

（五）时文写作

中考英语作文也会结合时政来进行命题。在进行时文写作训练时，首先要确定清晰、具体的写作教学目标。中考英语作文可以分为十大主题：文化传承、地方风物、绿水青山、时代前沿、故土深情、和谐家园、美食文化、大义情深、英雄传奇、使命担当。这十个主题中绿水青山、时代前沿、大义情深和使命担当可以放到时文阅读写作中来训练。其他的主题可以放到供料作文中去训练。

此外，通过设置真实或模拟的写作场景，激发学生的兴趣和创造力。对最新的时文进行阅读训练，摘抄精美语句，提供写作指导，教授写作技巧、语法规则等让学生进行写作训练。围绕目标设计多样化的教学活动，如头脑风暴、范文分析等。

通过这样的写作训练，鼓励学生从不同的角度，充分发挥想象，开发思维，大胆创新，培养学生的创新思维和表达能力。在写作过程中及完成后，及时给予学生反馈。根据学生的个体差异，提供有针对性的建议。让学生对自己的作品进行评价，培养自我反思能力。定期展示学生的优秀作品，激发学生的写作激情，增强学生的分享意识，提高学生的自信心和成就感。

四、对初中英语写作教学的一些建议

针对中考英语作文命题的变化，从素养立意的角度，笔者对初中英语写作教学给出如下建议：利用新媒体资源，丰富写作素材，引导学生通过网络搜集各种主题的素材，拓宽视野。引入多媒体教学手段，通过图片、音频、视频等激发学生的写作兴趣。强调写作的实用性，结合生活实际，设置真实的写作任务。开展小组合作写作，培养学生的团队协作能力和交流能力。注重个性化指导，根据学生的差异，提供有针对性的写作建议。加强写作技巧的训练，如段落结构、逻辑连贯等。鼓励学生创新思维，培养学生的独特视角和创新能力。增加跨文化写作内容，让学生了解不同文化背景下的写作风格。利用在线平台进行写作交流，实现师生、生生之间的互动评价。举办英语写作比赛，激发学生的竞争意识和积极性。引导学生关注时事热点，培养学生用英语表达观点的能力。强化语法和词汇训练，提高学生的语言表达准确性。培养学生的自主写作能力，鼓励学生自主选题、自主创作。教师自身不断提升，学习新的教学理念和方法，提高教学水平。加强与其他学科的融合，提高学生的综合运用能力。

英语作文命题的素养立意指向，体现于在知识、能力、价值的融通与应用中测评学生的素养水平。本文从不同角度体现了素养立意试题的一些特点：指向素养立意的试题更有结构性、整体性、情境性等真实任务的特点；更关注任务的价值导向；更关注思维、探究的动力状况，以及思维结果、探究结果的价值意义。概而言之，以素养立意为导向的评价方式的宗旨不是考核学生的知识或能力的拥有状况，而是评价学生愿意和能够运用知识与能力去解决问题、造福社会的心智状况、精神状况，旨在培养学生的素养立意，能够真正地提高自己的英语语言解决实际问题的能力。

参考文献：

［1］蔡基刚.《义务教育英语课程标准（2022年版）》：培养科学素养［J］.北京第二外国语学院学报，2024（01）：19-28.

［2］李秀芳.巧妙整合教材，有效训练写作——以《牛津英语教材》为例，议初中写作能力训练［J］.海外英语（上），2019（05）：87-88.

［3］叶丽芬.新课程标准下初中英语"教学评"一体化作业的设计与实施［J］.试题与研究，2023（13）：72-74.

例谈"读者剧场"在小学英语教学中的策略 *

◎许红丽 于海燕

摘 要 "读者剧场"是跨界朗读与戏剧的创意结合,具有具身性、实践性、交互性、创生性等特点。读者剧场是学习空间,也是教学策略,还是展示形式。本文结合教学案列,创设主题情境,引领学生具身参与;建构语言框架,加深语篇的学习理解;探究主题意义,促进语言的应用实践;创演主题故事,实现知识的迁移创新;让英语学习从浅层的知识学习走向深度的故事创演,助力核心素养落地课堂。

关 键 词 读者剧场;小学英语教学;故事创演;核心素养

作者简介 许红丽,江苏省泰州市姜堰区第二实验小学淮海校区副校长,高级教师;于海燕,江苏省泰州市姜堰区第二实验小学淮海校区科研师训中心副主任,一级教师。

我国经历了八次课程改革,从"双基时代"到"三维目标时代",再到"核心素养时代"。2022年,《义务教育英语课程标准(2022年版)》(以下简称《课标》)在继承和发展的基础上,对英语教学提出了新的要求,即以核心素养统领英语课程,英语课程应注重学生语言能力的发展、文化意识的建构、思维品质的提升及学习能力的提高。因此,在英语课堂上为学生创造语言实践机会、提供思维生长空间、搭建语言展示平台是发展学生核心素养的重要保障。

一、读者剧场的概念及育人价值

读者剧场又名朗读剧场,主要包括:Readers Theater, Readers Theatre, Reader's Theatre, Readers' Theatre, RT 等,指两个及以上的朗读者手持台词以合作的方式把剧本朗读出来,不用背诵;其他舞台元素如走位、服饰、灯光等也降至最低,主要以声音传情达意。观众靠听和看接收讯息,同时透过想象在脑海建立自己的艺术世界。

为此,学生开始读者剧场的表演前,需要精选素材,认真研读语篇,探究主题意义,能够触发真实的学习动机,加深语篇的学习与理解;创作剧本时,需要基于现有语篇,围绕主题意义,创造性地再构,能够产生真实的学习过程,促进语言的应用与实践;排演剧本时,需要学会与他人沟通合作,合理分配并完成小组任务,专注其中,表达主题意义,能够形成解决真实问题的能力,实现知识的迁移与创新,最终让学生的英语学习从低通路迁移的知识学习走向高通路迁移的故事创演。相比知识学习,故事创演在英语学科中的应用更加关注实践和创新,它是基于知识学

---

* 本文系江苏省教育科学"十四五"规划重点自筹课题"基于 VAK 学习风格理论的'读者剧场'特色课程开发研究"(课题编号:B/2021/02/146)阶段性成果。

习，更加侧重学生思维发展的高通路迁移的教学方式。故事创演的核心在于"创"和"演"。"创"即创造、创生，"创"的过程是思维发展的过程；"演"即表达、表演，"演"的过程需要学生创造性地表达生成的文本。

读者剧场理念下的故事创演不仅要求学生掌握语言知识，还需要他们准确把握主题，深挖文本背后的意蕴，运用恰当的语言技巧、想象力、创造力和表演技巧来呈现故事。通过故事创演，学生可以培养他们的口语表达、听力理解、写作技巧、团队合作能力。此外，故事创演还可以帮助学生更好地理解文化背景和人物角色，培养他们的跨文化意识和批判性思维。

二、基于读者剧场理论的教学实践

华东师范大学终身教授钟启泉指出，核心素养的核心是真实性。读者剧场是基于真实性、指向素养的学习方式。进入读者剧场，不论是台上的表演者还是台下的观众，皆为"读者"，课堂能够真正实现以学生为主体及全员参与。

笔者运用读者剧场的理念，开展译林版《英语》（三年级上册）Unit 6 Colours 语篇教学课。该课程是前一单元 Unit 5 Look at me（杨玲在前一单元兴高采烈地向妈妈展示她的衣服，并为魔术表演挑选道具）的延续。课程以杨玲在台上以各色短裙为道具开展魔术表演并与台下观众互动的对话方式呈现，学生通过他们的对话学习与颜色相关的词汇和句型，感受色彩的魅力。

笔者通过运用读者剧场的教学策略，围绕主题"Colours"，化身魔术师，选用相应道具（红色丝绒布等），创设相关的主题情境，引领学生"入场"，具身参与；紧扣情境关键词"magic"，以"What colour is...?"为问题链，搭建语言框架，形成结构化的知识，在语言输入和输出不断切换的状态下，带领学生一起探究主题意义，促进语言的应用实践，确保学生始终"在场"。笔者在组织

学生参与活动时，突破了传统课堂不能充分发挥学生主体地位的局限，以读者剧场为展示形式，不固定主角，进行故事创演，焕新"出场"，激发学生的内在动机，让语言发生在真实使用的场景中，实现超越语篇的迁移创新。

（一）创设真实情境，引领学生具身参与

人的身体是嵌入周围环境的，因此课堂上的情境对学生的认知有直接影响。创设真实情境有助于引领学生全身心地参与课堂，触发学生的思维，提高课堂教学效果。

本课是以杨玲在班级进行一场魔术表演为切入点展开的对话语篇，颜色类单词及询问颜色变化的句型"What colour is it (now)?"是本节课的重点内容。教师基于以上分析，化身魔术师，利用读者剧场创设以"Colours"为语言实践中心的情境，将教室打造成剧场，以"Magic bottles"的魔术开场，学生随着瓶中颜色的变化，学习颜色类词汇，感知本单元的主题意义；以"Colours"为主线，师生以游戏的方式唱歌曲《The colour family》，加深学生对颜色类单词的理解和记忆，通过教师唱"_____ colour, _____ colour, where are you"，穿相应衣服的学生起身回答"Here I am, here I am, how do you do?"的真实互动，帮助学生体验颜色变化带来的多感官冲击，从而具身参与到课堂中。

（二）建构语言框架，加深语篇的学习理解

建构语言框架是语篇教学的关键步骤，是加深学习理解的重要措施。结构化的知识有助于提升学生的思维品质，帮助学生建立语言基础，形成系统的语言框架，从而培养他们的语言逻辑思维。系统的语言框架就像一棵大树的主干和关键旁枝，它是有生命力的，能够确保学生在学习的过程中生长出更多的"枝"和"叶"，形成有根系的结构化的知识，触类旁通，提高学习能力。

在本课中，教师以"magic"为锚点，将 cow 从歌曲带出，关联 cow 和 now 中的相同音素，带

领学生学习单词"now";通过动画呈现奶牛喝了果汁后,身体颜色发生的变化,引导学生真实发问"What colour is it now",并教授学生用"It's ..."来回答;通过颜色和衣服配对的游戏梳理本课的重点单词和句型,引领学生从课堂走向生活,巩固与主题相关的语言基础知识。最后,学生以小组合作的方式,从周围出发,与环境中的人、物互动,互相询问文具、衣服等物品的颜色,形成以"Colours"为主干的语言框架。构建语言框架有助于学生在学习语篇时自觉地完善知识结构,容纳更多的知识,帮助学生扫除学习词汇和句型时的障碍。学生将注意力聚焦语篇本身,通过听、说、读、看等一系列的活动进入剧场,逐步从基于语篇走向深入语篇,加深对文本的理解。

(三)探究主题意义,促进语言的应用实践

主题意义是语篇内涵的集中体现,探究主题意义的语言实践活动能发展学生的核心素养。《课标》"课程理念"部分提到,英语课程"倡导学生围绕真实情境和真实问题,激活已知,参与到指向主题意义探究的学习理解、应用实践和迁移创新等一系列相互关联、循环递进的语言学习和运用活动中"。程晓堂教授阐述道,英语课堂教学的关键是语言学习和运用活动,而且这些活动应该围绕主题意义的探究进行。同时,他还强调,基于主题的英语教学,要使教学内容超越语言,要提高教学内容的深度和广度。

为此,笔者在本课中设计了"cow's friends"的教学环节。"cow's friends"都是小动物,而小动物是大部分小学生的兴趣所在,笔者抓住小学生这一心理特点,让"cow's friends"在剧场的加持下,闪亮登场,丰富了教学内容。通过"They drink the juice too"为铺垫,在真实情境中发问"What colour are they (now)?"增加了语言的变换形式,充实了语言框架,提高了教学内容的深度。基于课堂教学情境,学生不难理解生词和句子的含义,能顺利开展真实情境下的对话练习,在情境中探究主题意义,使得本单元的核心语言得以应用实践,学生能内化所学知识。

(四)创演主题故事,实现知识的迁移与创新

围绕主题创演故事,是培养学生迁移能力和创新能力的重要手段。中共中央办公厅、国务院办公厅印发《关于深化教育体制机制改革的意见》,强调学生关键能力的培养,包括认知能力、合作能力、创新能力和职业能力。创演主题故事需要学生围绕本单元的主题意义,合理表达自己的情绪,发挥自己的想象力,与他人合作,将本课所学核心语言迁移到新的情境中创生出新的故事,并共同演绎出来。在此过程中,学生的认知能力、合作能力、创新能力都得到提升。

基于读者剧场理论的故事创编与传统的故事创编有所不同,它是将旁白、对话、拟声词、合唱式朗读等语言形式有机地融合为一个整体的策略载体,它以剧本的形式呈现,其丰富的表现形式触发了独特的、多角度的思维方式。进入读者剧场的每一个角色,不论是台上的演员还是台下的观众都是剧中的读者,读者通过声音在头脑中建立想象,读剧。另外,在读者剧场中呼应是一种重要的表达手段,也是团队合作的特定表现形式之一。呼应是指某个角色在朗读或表演时,其他角色要做出反应。呼应的方式可以是声音、语言、动作,甚至是表情。因此,读者剧场可以最大程度地让不同学习能力的学生都参与故事创演,以此实现差异化学习。

读者剧场的表演主角不固定,在同一主题下,人人皆可成为主角,可以实现每个孩子当主角的愿望。本单元中杨玲表演魔术的道具是一件衣服——T-shirt。小学生有爱模仿、展现自己的天性,在观看过杨玲的魔术表演后,他们也想成为主角,向同学们展示自己的衣服,甚至开展一场魔术表演。教师基于学情,结合语篇特色,挖掘文本内涵,逐步引导学生感受色彩对生活、对世界的影响,将课文进行了读者剧场式的创编,

从单角色到多角色，从一条短裙到多件衣物，文本内容得以丰富与提升，文化意识得以培育和建构，实现了语言和文化的双重迁移，提升了学生的认知能力、合作能力和创新能力。

我们要明确，建立读者剧场理念的评价量规是保障学生健康成长的关键举措。围绕读者剧场的核心概念，评价量规并不是一成不变的，它可以校本化、班本化，甚至可以根据不同的剧本设置不同的评价标准。在开始读者剧场的表演之前，教师需要和学生共同研学剧本，针对性地明确评价的要点，根据要点制定评价标准，进而给学生提供自评与他评的评价表，这利于学生明确成功的读者剧场应符合哪些标准，也利于学生进行有针对性的反思与改进。

三、结语

当语篇教学课遇上读者剧场，两者的相融创新了小学英语教与学的方式，在有限的空间和时间内提升了学生的核心素养。教师以"读者剧场"这一教学手段实施教学，学生在"读者剧场"这一平台学习英语并展示学习成果，这样的结合极大地丰富了英语课堂的样态。学生在相对轻松且开放的教学活动中输出语言，其语言能力得以提升，思维品质得以发展。实践证明，这种以读者剧场为特色的英语课，情境更有趣，内容更丰富，节奏更跌宕，落地更有效，外化更精彩。

参考文献：

［1］中华人民共和国教育部.义务教育英语课程标准（2022年版）［S］.北京：北京师范大学出版社，2022.

［2］徐国辉，尹彧.读者剧场的内涵意蕴、育人价值与实践路径［J］.中小学课堂教学研究，2023（01）：1-6.

［3］刘徽.大概念教学：素养导向的单元整体设计［M］.北京：教育科学出版社，2022.

［4］中共中央办公厅，国务院办公厅.关于深化新时代教育督导体制机制改革的意见［J］.中华人民共和国国务院公报，2020（07）：14-17.

［5］程晓堂.改什么？如何教？怎样考？：义务教育英语课程标准（2022年版）解析［M］.北京：外语教学与研究出版社，2022.

利用民间故事开发学前儿童语言教育课程的探索

◎徐晓英

摘　要 民间故事作为优秀传统文化资源，亦是珍贵的课程资源。本文基于民间故事的课程开发与实践研究，从教师视角共研儿童表达，提升相信儿童的信念；从儿童视角探索课程表达，提升支持儿童的策略；从课程视角寻找成果积淀，提升理解儿童的能力。

关 键 词 幼儿园；民间故事；儿童表达；语言课程

作者简介 徐晓英，江苏省无锡市长安中心幼儿园副园长，高级教师。

长安中心幼儿园从《3—6 岁儿童学习与发展指南》倡导的教育观点出发，围绕"以德启美，陪伴儿童成长"的教育理想，多年来，以民间故事这一优秀传统文化资源作为课程建设重点，充分发挥资源优势和教育价值，积极引导、启发和影响幼儿的道德认知，帮助幼儿进行知识经验、能力情感的整体建构。

园所把游戏作为基本活动贯穿于一日活动中，注重创设足够开放性和适度挑战性的环境来引导儿童自主探究学习，并且根据儿童的兴趣、需求，不断理解与接纳、调整与改进实践行动。我们运用课程审议这一重要抓手，借深层反思和持续实践来推动课程实践。

一、共研教师视角的实践表达：提升相信儿童的信念

（一）阅读与分享：一段理念升级的旅程

课程要聚焦儿童本位，幼儿园的课程旨在建立指向儿童全面发展的目标理念，平衡各年龄儿童在各领域的核心经验，努力让儿童与课程各要素之间建立链接，系统地确立对儿童未来发展有利的教育理念，使课程推动儿童全面发展。依托

"进阶式阅读"等方式开展理论联系实际的学习研讨，对"儿童表达""课程审议"等课程相关理念有深刻认识。我们将一本专业书籍的阅读分三个阶段展开阅读、理解和实践，从"初读，微挑战"的每日读书打卡，到"再读，微研讨"的小组内话题研讨，再到"细读，微实践"的理论联系实践的探索。在专业阅读的过程中，教师对相关理论、理念形成自己的理解和解释，形成"阅读—实践—再阅读—再实践"的良性循环，进而提高反思性实践的能力。我们还成立骨干教师阅读指导团，鼓励教师自主成立读书小组开展泛读活动。定期分享活动，年级组长、骨干教师担任阅读指导教师，在组内开展领读、荐读、导读等活动。开展"重点阅读推荐""阅读打卡""漫谈阅读感悟"等各种形式的活动，获得心灵共鸣与理念理解的升级。

（二）观察与思辨：一些循证引据的故事

在班本课程实践中，我们要真正地落实"儿童立场"，更好地鼓励儿童大胆地表达。那么什么是检验是否树立了"真儿童立场"的标准呢？我想，应该是课程实践是否促进了幼儿的发展。在课程中，幼儿是活动的主体，他们每个人都按

自己的兴趣点自由地选择活动内容，有权决定活动的走向。在课程中，幼儿会围绕问题和困惑展开讨论和收集答案，幼儿用自己喜欢的方式大胆地进行表达。从幼儿园的各个角落里呈现的幼儿的想法、问题、构想、分享、成果等，都能捕捉到幼儿的成长信息。几年来，长幼的教师都会用"长幼叙事"来记录每一个阶段幼儿的故事，不断厘清对"儿童立场"的认识和理解。例如，孩子们发现自然角里的芋头上长了一层"白白的绒毛"，好奇地问："老师这是什么？"教师没有回答，鼓励孩子自己去寻找答案。有孩子说："可能芋头脏了，我去洗洗。"几天后，洗完的芋头上又出现了一层"白白的绒毛"。后续通过讨论和利用资源，孩子们获得了"霉"的认知。如同"洗霉"的由来，在日常的一个个小故事中，教师鼓励孩子观察、大胆提问，并且耐心倾听，不急着给予正确答案，更不去包办代替。长幼教师积极发现生活中的故事，努力使故事成为自己生长教育智慧的资源和途径。在一年中，近30位工作五年以内的青年教师共记录了近10个月中300多篇"生活故事"，教师在"生活故事"中悉心观察和体悟，关注幼儿当下。近15位成熟型教师每个学期根据收集整理的素材形成了近30多篇"学习故事"，她们在"学习故事"中捕捉细节和思考，预估幼儿潜能。而一年多来每学期的班本课程中积累形成了70多篇详细呈现师幼经历的课程故事，在每一篇课程故事中教师用心理解和表达，促进幼儿发展。

（三）审议与研讨：一场合力探索的交流

组织开展理论联系实践的研讨，运用"课程审议""现场微研讨""叙事共研"等方式，将"儿童表达""课程审议"等理念与具体实践案例联系。定期对环境、材料、课程内容进行即时思辨，在具体案例中逐步厘清儿童与课程的关系，促进教师对相关理念、操作方式等有更为深刻的理解。以课程审议之"动态审议"为例，在经历课程的起始审议、班级的动态审议后，教师可能会处于瓶颈期，不知道下阶段该如何来实施课程，园部的"动态审议"帮助教师打开思路。首先，用一句话分享"和孩子们进行课程实践活动的时候，最打动你的课程瞬间是什么"，思考"和孩子一起进行课程活动时，这样的瞬间有多少""我们有没有为了生成性而故意去找一个很牵强的课程活动"。其次，大家聚焦课程实践中的实际困难和问题进行罗列和探讨，教科室基于课程实践参考书籍的学习，对各班级的问题进行解答和回应。最后，总结研讨话题，鼓励教师根据审议的解决策略去实践尝试。

二、探索儿童视角的课程表达：提升支持儿童的策略

（一）班级审议观念重构：唤醒权利，保障儿童自主表达

我们通过阅读学习、经验分享、课程审议等多种研修途径，改变教师的认知，重构教师的儿童观、课程观。在班本课程实践中，唤醒权利，更好地保障儿童的自主表达。首先，转变传统的知识观点，重视儿童一日生活中的"所有经验"。班本课程的起始审议时，班级的所有成员：幼儿、教师、保育员、家长，都是审议的主体，从幼儿的日常生活、兴趣焦点、班级事件中，捕捉主题的生发点，更多地让幼儿来决定课程实践的内容和线脉。其次，树立开放、包容的观念，构建自由与民主的班级氛围。班级内的成人带着欣赏的眼光去看待儿童的表达，包容儿童萌发的各种各样的表达。最后，树立合作的态度，积极参与儿童表达。完全放任儿童探索并不能更好地帮助儿童提升自己，成人要有技巧地参与到儿童表达中，观察与记录他们表达的内容、兴趣变化、遇到的问题与障碍等，达成合作的状态，成人利用更加丰富的知识与经验，刺激与推进儿童进一步思考与表达。

（二）年级审议丰富表达：创造空间，鼓励表达多样纷呈

班本课程应本着丰富的多样表达方式来审议和设计。尊重儿童的个体差异，开展领域综合、方法灵活的班本课程。如"长幼民间故事课程"系列主题，小班的"民间故事游戏节"将主题内容与游戏结合，幼儿通过设置游戏场景、制作游戏道具，在游戏中感受德美的熏陶；中班的"民间故事艺术节"与美术表达结合，通过亲身体验民间故事美好的品德，获得积极的经验；大班的"民间故事演绎节"将主题内容与演绎结合，通过创编以及表演民间故事来感受德美。此外，保障儿童行动多样化，落实儿童表达。对儿童的发展水平进行判断，对儿童有把握做成的事适当放松关注，给予信任感。提供丰富多样的活动情境与表达空间，使儿童深入地参与到活动中，丰富儿童探索与表达的方式。例如，利用户外自然资源，开展"根的秘密""大自然的纹理""沙水游戏"等班本课程。

（三）园级审议关注专业：重视实践，提升教师倾听能力

有表达就要有倾听，教师只有不断地提升自身的倾听能力，才能更好地去理解幼儿，支持幼儿的表达。我们利用园级多层次审议，提升教师倾听、回应能力。首先，教师与儿童建立倾听的共同体，达到理解与移情的倾听。站在儿童视角思考、分析问题，跟随儿童思维开展活动，让儿童充分地表达。教师要诚恳地表达，让儿童体会到教师的关注，从而敞开心扉进行表达；教师要有边听边理解的能力，会透过现象看本质；教师要掌握询问、协商与引导的对话技巧，引导幼儿把话说清楚。其次，教师要认真分析使用的语言策略与非语言策略的恰当性。比如，常用的"追问策略"，希望通过追问启发儿童思考的深度与广度，但是追问很容易走入形式化。教师要让每一次追问都落到实处，比如提问的目的是什么？

只有面对需要解决的重点、难点才进行追问吗？为了收回偏离的问题轨迹才追问吗？等等。这些都需要教师发挥教学智慧灵活应用，而非言语策略的使用对于良好对话的开展也非常重要，简单的话语伴随着肢体的语言，给予幼儿更为深刻的情感体验，达到表达互动的更好效果。

三、寻找课程视角的成果积淀：提升理解儿童的能力

（一）幼儿的变化：德与美的熏陶，获得多元能力的发展

幼儿驱动的课程，体现着课程的价值导向，我们由"点"集结催生课程内容，关注幼儿本身的语言和表达。在课程建设中，尊重幼儿，珍视幼儿的主体地位，对幼儿的能力、情感给予更多关注和理解。我们看到在民间故事"小鲤鱼跳龙门"的活动中，大班的孩子们在操场上搭建龙门，一条条"小鲤鱼们"从高高的龙门上往下跳，热闹的场景吸引了许多小班的幼儿。小班弟弟妹妹想玩龙门，但因为龙门太高，害怕、不敢跳，那怎么办呢？于是，一个改造龙门的计划开始了，教师从问题情境线索出发，和幼儿一起推动课程向纵深方向发展，"300万"的龙门项目也在推进。游戏以小组活动的方式开展，其中基于问题的反思性学习，创设条件下的主动性学习，赋权支持下的整合性学习，三者相容，把课堂搬到户外，形成我们特有的流动课堂形式。通过多维度的方式，来引导幼儿在真实的环境中打开自己的五官，去观察、体验和表达，在实践中去思考和总结，幼儿的科学自然观测等思维素养也获得了深刻的萌发。

（二）教师的变化："德美+"行动，成为典范与传播者

课程文化氛围是幼儿园基于对园本课程的价值期待与发展愿景，有意识在环境中、课程文化活动中创造出的浓厚文化情调。在整个幼儿园的

环境中营造氛围，根据儿童身心发展需要和实现课程价值的需要，对儿童生活的环境进行改造与创设，使环境为文化赋形，使环境成为课程的文化符号。我们通过"师德演播厅""最美长幼人评选"等活动，以及劳动日、开播节、拾民趣等课程活动，营造德美文化氛围。在全体教职工中开展"德美+"（德美微交流、德美微行动、德美微故事、德美微风采）以及丰富多样的实践活动，丰富德美体验，提升人格境界。我们还修订了园本课程审议制度、课程成果奖细则、各类评先评优方案等激励性考核评价体系，引导教师在教育理念上做表率、在教育创新上做标兵、在道德修养上做典范。要使倡导的文化成为教职工实践的文化，不仅需要课程主体的自觉，更需要开展多形式的价值引领。首先要形成共同的课程愿景目标，其次诠释和理解文化理念，最后是明确课程实践的价值追求。课程文化的形成和发展是一个渐进的过程，制度可以促使课程价值与课程行为保持"步调一致"，从而慢慢生成课程文化。还要建立分享展示机制，树立"敢说先于正确"的观念，围绕德美的要点，分享对德美的认识，反思自身德行。设计和组织教研活动时为教师营造平等交流的氛围，积极鼓励教师敢于表达自己的想法和建议。通过开展分享关于提高自身德行书籍的学习感悟、分享身边的德美教师、分享自身的德行表现等，提升教师做德行的示范者和美的传播者的价值认同。

课程中融入的民间故事是中华民族的传统文化内容之一，有着丰富的生活智慧和道德教育价值。如何将经典的民间故事融入现代幼儿的课程中，需要我们以适宜现代幼儿的学习方式和特点，把经典的民间故事与现代的学习模式有机融合。如在"自然探究"班本课程中，不同维度的户外游戏课程，为儿童提供了在自然生活中感受探究、表达创造的"课程学习场"，更好地满足学习与发展的需要。在整个户外游戏区里我们可以看到在亲亲小橘林、一米菜园、樱花树下、乐陶陶沙池等学习场中，孩子们用自己的方式观察记录着大自然的纹理，将收集飘落的各种根做成"根的博物馆"，用各种生活材料做成昆虫小屋……教师积极提供支持，引领和陪伴他们在游戏中追随问题自由探究。

参考文献：

［1］郭小林.权利视角下学前儿童表达与教师倾听的现状研究［D］.金华：浙江师范大学，2022.

［2］刘一曼.提升幼儿园课程审议的有效策略［J］.家长，2022（31）：105-107.

［3］周也.基于儿童的幼儿园主题审议的行动研究——以A园为例［D］.长沙：湖南师范大学，2021.

［4］李晓敏.幼儿园教师课程评价活动研究［D］.南京：南京师范大学，2018.

［5］周小芹.以《盛大的吴文化节》为例谈园本课程审议［J］.新课程研究（上旬），2015（12）：110-112.

小学语文教学中利用教材中名人要素培养学生人文情怀的探索

——以六年级上册第八单元为例

◎陆思含

摘　　要　《义务教育语文课程标准（2022 年版）》规定了课程目标，又在总目标下对各学段提出了具体要求。小学语文教材从第五册（三上）开始，每一个单元的首页上都明确地提出了单元语文素养。在教学六年级上册第八单元时，我们的教学策略是紧紧围绕"借助相关资料，理解课文主要内容"这一单元目标，引导学生理解文本，感悟鲁迅精神，培植学生的人文情怀。

关 键 词　课程目标；语文素养；鲁迅；人文情怀

作者简介　陆思含，江苏省南通师范学校第一附属小学教师。

如何实现语文课程指向学生发展的核心素养，培养全面发展的人？这是值得每一个语文教师思考的问题。如果把语文核心素养比作一棵大树，那么语文课程的总目标就是树干，学段目标就是树枝，单元目标就是树叶。教师心中要有大树，也要有干、枝、叶，只有这样，语文素养才能落地生根。

一、循序渐进提升能力，借助资料理解内容

《少年闰土》是鲁迅先生的一篇经典之作。课文采用倒叙的方式，描绘了少年闰土月下看瓜刺猹的形象，接着按照事情发展的顺序，描写"我"和闰土相识、相处的过程，抓住人物外貌、动作、语言的特点刻画了一个健康勤劳，机智能干，见多识广的乡村少年的形象。课文结构精巧独特，语言精练内敛，幽默中带着自嘲，充分体现了鲁迅的语言风格。

《好的故事》是一篇含蓄优美的散文诗。作者看到的并不是一个具体的故事，而是模糊的画面，是一个美丽、优雅、有趣的梦。梦境中是远方美好的风景，但稍纵即逝，变成碎影，令人惆怅而失望，但鲁迅依旧称之为"好的故事"，让读者感受到他对美好生活的追求与向往，以及捍卫理想的倔强。

如何"借助相关资料"，帮助学生"理解课文主要内容"，引导学生认识鲁迅，走近鲁迅，感受鲁迅的精神品质，涵养学生的人文情怀？教师要调动学生搜集整理资料的兴趣，提高学生学习积极性。"相关资料"到哪里查？怎么查？教师要为学生指明资料搜集的渠道和内容，必要时要进行相应的指导和示范。

（一）搜集资料，可从小处入手

小到一个课题。例如，《少年闰土》选自《故乡》，题目是编者所加。读了这个课题，学生提问：《故乡》中是不是还有中年闰土，甚至是老年闰土呢？教师可以顺势引导，让学生找来鲁迅的

《故乡》，找到相关资料。

学生摘抄了其中对中年闰土的描写："虽然我一见便知道是闰土，但又不是我这记忆中的闰土了……他站住了，脸上现出欢喜和凄凉的神情；动着嘴唇，却没有作声。他的神态终于恭敬起来了，分明的叫道：'老爷！'……"课文中的少年闰土是这样的："其间有一个十一二岁的少年，项带银圈，手捏一柄钢叉，向一匹猹尽力的刺去……""紫色的圆脸，头戴一顶小毡帽，颈上套一个明晃晃的银项圈……他见人很怕羞，只是不怕我……于是不到半日，我们便熟识了。"资料的补充拓展，更显出少年闰土的健康活泼，中年闰土的未老先衰，木讷拘谨。是什么改变了闰土？阅读带来的思考，又吸引着学生去查找更多的资料来解开心中的谜团。

小到一个词语，如《好的故事》中梦的背景为何是"山阴道"？我们可以指点学生搜集鲁迅的生活经历。通过搜集的资料，学生知道"山阴道"是鲁迅故乡浙江绍兴西南一带风景优美的地方。1913年，鲁迅回到家乡，曾同三弟一起乘坐一只乌篷船四处游赏。1919年，鲁迅最后一次回到故乡，之后再也没有机会踏上热爱的故土。借助这些资料，学生就能理解为什么"好的故事"和故乡的山阴道联系在一起，鲁迅把对家乡刻骨的追忆，化成了美丽、优雅、有趣的"好的故事"。借助这些资料，学生就能理解课文内容中"无数美的人和美的事，错综起来像一天云锦"。这梦中的情景是鲁迅记忆中故乡的样子，它是真实的，鲜活的；它又是存在的，是清晰的。"水中的青天的底子，一切事物统在上面交错……""青天上面，有无数美的人和美的事……"鲁迅希望有这样美好的生活，这是文章的主旨。

有了这样的感受，当美梦破碎时"仿佛有谁掷一块大石下河水中，……将整篇的影子撕成片片了"。学生的情感自然而然同作者一样失望，一样痛苦。读到"我真爱这一篇好的故事，趁碎影还在，我要追回他，完成他……"感受到鲁迅对美好生活的无限憧憬和追求，就能理解"何尝有一丝碎影，只见昏暗的灯光"的痛苦与挣扎，就能理解"但我总记得见过这一篇好的故事，在昏沉的夜"。虽然失望但不绝望，鲁迅的积极乐观，与黑暗势力抗争到底的决心，相信学生能从这样的表达中一一触摸。这样的一个过程，才能让学生对鲁迅先生有更全面更真切的了解：这就是鲁迅先生，一个在黑暗中寻求光明的人，一个在绝望中追求希望的人。这也是鲁迅精神，是鲁迅留给我们的宝贵的精神财富。

（二）资料的搜集，亦可从大处入手

大到文章的写作背景。在对照《故乡》的阅读中，学生看到了中年的闰土，是什么改变了闰土？我们不妨指导学生在资料的搜集中回顾那个特殊的时代。《故乡》写于1921年1月，深刻概括了从辛亥革命到第一次国内革命战争之前的农村情况，反映了中国农村经济凋敝，农民生活日益贫困。地主阶级、北洋军阀政府对农民的剥削和繁重的苛捐杂税把闰土压榨成了一个"木偶人"。

《好的故事》写于1925年2月24日。当时的中国，"五四"的余波渐渐平息，"三一八""五卅"惨案正在谋划，北平"黑暗得可以"（鲁迅语）。作者通过梦境中的故事，启发人们毁掉"昏沉的夜"，表现了鲁迅对理想热烈的憧憬和强烈的追求，与黑暗统治抗争到底的韧性和决心。

年少的周晔在伯父鲁迅逝世时，看到各行各业的人来追悼鲁迅，送挽联花圈，甚至失声痛哭……她不明白自己的伯父为什么得到这么多人的爱戴。我们可以引导学生搜集鲁迅先生逝世时的场景。1936年10月19日，鲁迅先生在上海病逝，自发前来送行的上海各界万余名群众绵延十几公里。为什么鲁迅受到这么多人的爱戴？答案就在本单元的四篇课文中，也在关于鲁迅的其他作品中、故事中，在人们对鲁迅的回忆、评价中。

这样的资料搜集，不仅要在学习课文前行动，还要在学习课文时落实，更要延伸到学习课文之后。无论是从小处着手，还是从大处着眼的资料搜集，都很好地帮助了学生对课文内容的理解，而课文内容的理解过程又有助于资料内容的吸纳。学生的能力在实践中得到提升，阅读面、知识面得到了拓展，"借助相关资料，理解课文主要内容"这一语文素养也得到了落实。

二、在阅读中感受名人精神，借助文本培育人文情怀

《义务教育语文课程标准（2022年版）》要求小学高学段的学生能在作品中提升传统文化修养，感受先贤和老一辈革命家的人格魅力、高尚品质。

本单元教学，教师在帮助学生借助资料理解课文主要内容的同时，还要引领学生感悟鲁迅先生的精神品质，培育人文情怀，帮助学生形成正确的世界观、人生观和价值观。

（一）感受鲁迅对劳苦民众的深切同情、关心和热爱

当我们深入阅读鲁迅的作品时，特别是如《少年闰土》和《故乡》等作品，我们能够感受到他对劳苦民众的深切同情、关心和热爱。这种精神感悟不是短时间内能够领悟的，而是需要通过多次反复诵读文本、研究鲁迅的生平和思想演变来培育的。

鲁迅的同情和关怀也在《我的伯父鲁迅先生》中得到淋漓尽致的展现。在这篇文章中，作者周晔生动地描绘了鲁迅与其父亲一起在寒冷的夜晚救助车夫的情景。这些细致入微的动作描写，如"扶""蹲""跪""拿""夹""洗""敷""扎"等，背后透露出鲁迅对生活在最底层民众的真切同情和关怀。

为了更深入感受鲁迅的精神，学生应积极搜集有关鲁迅的生平和他所处的时代背景的资料。

了解他的童年、学术生涯、社会观察和文学创作过程，有助于更全面地理解他的思想和价值观。这有助于培养学生更具人文关怀的社会意识和价值观，理解和尊重社会中底层民众的重要性。这种培育人文情怀的过程不仅有助于学生个体的成长，还有助于社会更多层面的共同进步。

（二）感受鲁迅对自由美好生活的无限向往和不懈追求

少年闰土和"我"相处的日子里，为"我"讲述了许多"希奇的事"，鲁迅发出这样的感慨："阿！闰土的心里有无穷无尽的希奇的事，都是我往常的朋友所不知道的……"这表达了对自由生活的无比憧憬之情。《好的故事》中，鲁迅的这种精神更是贯穿了全文。鲁迅借用一个美丽、优雅、有趣的梦，表达出对美好事物的追求和歌颂。《我的伯父鲁迅先生》中，作者描写了除夕全家去伯父家团聚，着重描写了飞舞的火花照亮了伯父的脸，是那么慈祥，那么愉快，充满自然和谐的美，是她从来都没有看见过的。这样美好的表情，正是短暂而美好的除夕在鲁迅心中折射出来的光彩。

在学习鲁迅的作品时，学生得以深入理解这位伟大文学家内心的梦想和向往，同时也从他的作品中获得启发，培养人文情怀，珍惜自由，欣赏生活中的微小美好。这个过程不仅有助于塑造学生的文学素养，更能激发他们对美好生活的向往，让他们明白美好常常存在于日常生活的点滴之中。鲁迅的作品中所抒发的对人性、底层民众和社会问题的深切关怀培养了学生的人文情怀，激发了他们的社会责任感。最重要的是，通过鲁迅的坚韧与不屈，学生能积极应对生活中的挑战，学会从困境中成长，追求自己的理想，致力于创造更美好、更公平的世界。

（三）感受鲁迅忧国忧民和勇于抗争的精神

《好的故事》写于最黑暗最动荡的时代，鲁迅作为一名勇于和黑暗社会斗争的勇士，当美梦

破碎："趁碎影还在，我要追回他，完成他，留下他。""但我总记得见过一篇好的故事，在昏沉的夜……"这样的语言要采用多种方式引导学生进行诵读，从中读出鲁迅借好的故事，唤醒民众推翻昏沉的夜，以及与黑暗势力抗争的韧性。

在《我的伯父鲁迅先生》中，我们触摸到的是一个有血有肉，幽默风趣，慈祥可亲，爱憎分明，忧国忧民，为别人想得多而为自己想得少的鲁迅。在学习"笑谈碰壁"时，可以引导学生分角色读一读，演一演，在鲁迅含蓄幽默的话语中，体会他不怕挫折、不怕迫害的顽强斗争精神和革命乐观主义精神。

通过对前面几篇鲁迅的作品的深刻理解，学生在自主学习《有的人——纪念鲁迅有感》时，能够与臧克家对鲁迅精神的歌颂产生深刻共鸣。这是因为学生已经感受到了鲁迅的深刻影响，包括他的忧国忧民、勇于抗争、对美好生活的向往等多重精神特质。

（四）感受鲁迅的无私奉献精神

鲁迅在他的文学作品中，一直将自己比作"野草"，愿意等待着地下的火烧，为了多数人更好地活着。这种无私的精神触动了学生，使他们意识到一个伟大的文学家和思想家可以如此倾注自己的力量，甚至情愿舍弃个人的荣誉和利益来帮助他人。这种牺牲精神和对人民的奉献，激发了学生对社会公益和人道主义的追求。

学生也会明白为什么鲁迅被誉为伟大的文学家、思想家和革命家。他的作品不仅令人深思，而且积极影响着社会。当鲁迅逝世时，有许多社会各界的名士和普通市民前来悼念他，这是因为他的作品和思想深受人们尊敬和爱戴。他的名言"其实地上本没有路，走的人多了，也便成了路"，以及"我们从古以来，就有埋头苦干的人，有拼命硬干的人，有为民请命的人，有舍身求法的人……这就是中国的脊梁"，激发了学生去思考如何为社会和国家的进步做出自己的贡献。

三、结语

总的来说，在阅读鲁迅的作品时，学生能够深刻感受到鲁迅对劳苦民众的深切同情和关怀。鲁迅的伟人精神在学生心中树立了积极的人生观和社会责任感。通过阅读他的作品，学生被启发去珍惜自由，努力创造美好生活，同时也积极投身于社会改革，致力于创造更美好的世界。这些精神品质将有助于培养学生的人文情怀，使他们在未来的生活中成为更有社会责任感的公民。

参考文献：

[1] 赵岳榕 . 基于核心素养的小学语文大单元教学设计研究——以统编版四年级上册第七单元为例 [D]. 呼和浩特：内蒙古师范大学，2023.

[2] 赵津京 . 基于语文核心素养的义务教育阶段单元整体教学目标设计研究 [D]. 沈阳：沈阳师范大学，2023.

[3] 李晓男 . 单元教学目标设计的现状与对策研究——以小学语文为例 [D]. 大连：辽宁师范大学，2023.

[4] 王鹏洲 . 以培养学生核心素养为目标的高中语文单元教学设计探究 [J]. 作文，2023（12）：49-50.

[5] 李世丽 . 浅谈核心素养下落实小学语文单元教学目标的研究 [C]// 广东省教师继续教育学会 . 广东省教师继续教育学会教师发展论坛学术研讨会论文集（十六）. 新疆哈密市伊州区五堡镇支边农场小学，2023：5.

[6] 杨洋 . 基于语文素养的小学语文单元学习任务群设计初探 [J]. 语文新读写，2023（01）：35-37.

"双减"背景下小学数学单元作业设计的 "三评合一"

◎黄玉春

摘　　要 新课改要求减轻学生的作业负担,教师用好作业评价这个手段可以有效地达成要求。笔者认为,建立"双减"背景下小学数学单元作业设计的"三评合一"评价机制,从审题习惯、知识系统、思维三方面进行评价,有利于提升未来小学数学教学的整体水平,在满足素质教育要求的同时提高学生的数学能力,确保学生能够在规定的时间内有效地完成数学作业。

关 键 词 "双减";小学数学;单元作业;设计;评价

作者简介 黄玉春,江苏省高邮市第一小学副校长,高级教师。

教学是师生的双边互动,而对作业的批改、评价,则是有助于师生展开良性互动的桥梁。教师在批改作业时可以掌握学生的学习情况,学生从教师的批改中能得到教师对自己的态度、满意度等反馈,与此同时,学生在教师的评价中还能得到针对性的反馈,感受到教师对自己的关注,心理上会产生更强的向师性,从而提升自身学习的效率。

一、作业评价路径探析

(一)合理运用作业评价的作用

1. 给学生以鼓励,增强学生的自信心

人人都需要被肯定、被赏识。得到肯定和赏识后,才会有做事的动力,学习起来也更有内驱力。因此,教师在作业评价中要多用赏识的语言,挖掘学生的闪光点。赏识的语言可以激励学生,让学生变得越来越有信心,帮他们成为更好的自己。特别是对学习成绩不稳定的学生和掌握知识情况不好的学生,教师要抓住这些学生作业中的闪光点,用肯定的语句进行赞赏,并提出要求。

教师的评价对学生有较大的影响力。学生大多会把教师的话语放在心上,在教师的肯定下产生学习的动力,从而主动完善作业中的不足,增强学习的信心。教师从内心深处赞赏、欣赏学生,关注学生每一次的进步,有利于建立和谐的师生关系。在和谐的师生关系下,学生会把每次写作业当作一次与教师交流的机会,在学习知识的同时,体验到教师对自己的理解、信任、尊重和鼓励,获得满足感和成功感,从而建立起学习的自信心。

2. 帮学生养成良好的学习习惯

小学作为基础教育的起始阶段,是培养良好学习习惯的关键时期。因此,小学教师要帮助学生养成良好的学习习惯。小学生正处于身心发展的初级阶段,各个方面还不稳定,教师要根据学生的个性特征、发展阶段及时调整评价内容和方式,促进学生良好习惯的养成。教师需要注重学生自身的纵向比较,善于寻找学生身上的闪光点,及时鼓励与表扬,使他们树立学习的自信心,

从而在教师评价中不断进步。养成良好的学习习惯不是一蹴而就的,但只要教师以平和的态度对待学生,在课堂上做到时时提醒,课下做到适时督促,用真心关怀学生,使用具有针对性和激励性的评价,常抓不懈,就会使学生受到鼓舞,主动完成作业,从而提升学生学习的效率,逐渐帮助他们养成良好的学习习惯。

3. 调动学生学习的积极性

作业评价是一种很好的沟通师生情感的方式,可以拉近师生之间的距离。虽然教师在学生作业上写评语会加重自己的工作负担,但这种方式能帮教师更清楚地了解学生的学习情况,从而更有针对性地开展教学。学生也可以通过作业评价,实现与教师的交流。教师可以运用评价调动学生参与学习的积极性,针对学习成绩不理想的学生,教师要着重关注,写评语时要多花费一些精力,并保持连续性,不断在作业中调整评价语言。当学生感受到教师的关注和呵护,就会改变自己的学习态度,变被动学习为主动学习,增强学习的积极性,体验学习的快乐。

评价不是目的,而是一种手段。评价要求教师用发展的眼光看待学生,发挥自身导向的作用,注重学生今后的发展。教师在评价时要尽量从积极的方面入手,把鼓励和批评结合起来。表扬时要落到实处,并指出学生下一步努力的方向,批评时要肯定学生进步的方面。这样才有利于调动学生学习的积极性,促进学生全面、健康地发展。

(二)优化作业评价的路径

1. "纠错+鼓励"性评语,帮助学生纠错

教师要改变以往单纯用对错来批改作业的方式,打破常规,运用新颖的方式来批改作业,可以在作业评价中加入文字性评语,如"仔细审题,你再试试看怎么改正""注意书写格式的规范哟""这一步应该注意什么呢"等。当学生在作业中出现审题、书写、计算、分析等方面的失误时,

这些文字性评语可以起到很好的指导作用。学生可以根据教师的提示去思考,并改正,在这个过程中,学生不仅能知道哪里做得不好,还能知道如何改正。评语帮助学生提升自主思考、自主学习的能力。当学生在做作业中出现审题不清、计算粗心大意,导致计算结果出错的情况时,教师可以在作业中用彩笔着重画出学生粗心大意犯错的地方,并指出不足,还要加一些鼓励性的话语,如"你的方法很好,细心些准行"等,这些鼓励学生养成良好习惯的语言,会使学生感受到来自教师的关爱以及教师对自己的信心,从而对数学学习产生更加浓厚的兴趣。

2. "引导+启发"性评语,启发学生创新

教师要运用引导性评语给予学生启发,发掘学生潜能,培养学生的创新能力。例如,对于可以"一题多解"的题目,教师可以给相关数学知识掌握得好的学生写如下评语:"你解得很巧妙""想一想还有什么更好的解法""你一定还有更好的方法"等。这样的评语可以激发学生的创新意识,让学生从不同角度、不同方向去分析、思考问题,促使学生灵活运用所学知识解答各种题型,打破思维定式。

3. 创新评语形式

人们在网上交流时会经常用表情包来增加对话的趣味性。对此,教师在写评语时也可以借鉴表情包,采用图画的方式,使自己的评语具有个性化,不再是"优""阅""√""×",而是用一幅幅充满创意的简笔画代替,再配上暖心话语,这样能够充分调动学生学习的积极性。除了配上图画以外,教师还可以将英语加入评语中。学生看到有图画、有英语的评语会感到新奇,从而更加认真地完成下次作业,并期待下次作业的批改结果,以此激发学生学习的兴趣。

(三)评价语言应注意的地方

教师评语应实事求是,而不应只放大学生的优点,对学生的缺点视而不见。教师要切实指出

学生作业中存在的问题，评语要简洁、明了，充满希望，让学生感受到教师的真诚。唯有这样，评语才能起到应有的教育效果，否则会适得其反。

二、作业优化评价机制

批改作业是教师极为重要的一项工作，是数学教学活动中不可或缺的一环。然而在批改学生作业时，教师总能有一些发现，如：有些学生的作业存在抄袭现象；有些学生做题时思路混乱；有些学生在解题过程中照搬照抄教师上课时推导的结论定理，却不知道结论定理的推导过程。面对这些现象，教师需要建立适当的评价机制，因为只有中肯实际的评价才能明确学生的问题，并为学生改正错误提供适当的方法。

（一）审题习惯的评价

数学是一门逻辑性很强的学科，在数学问题的探究过程中，一个运算符号的错误就会导致最终结果出现偏差，从而前功尽弃。"失之毫厘，谬以千里"是数学解题的真实写照。教师在批改学生作业时，往往会发现学生存在最多的问题就是审题出现偏差。学生在解答一道数学题时首要的任务就是审题，但是由于小学生身心发育尚未成熟，天性好动，集中注意力较为困难，学生审题不认真的现象屡见不鲜。教师应当根据学生的这一特性，制订相应的行之有效的整改措施，加强对学生逻辑思维的训练，如对学生提出硬性要求"解题之前必须先读题三遍"等。部分命题人往往习惯于在题目中设置"陷阱"，在题目中设计"迷惑项"，或者将题目的枝干弄得臃肿复杂，这是利用了学生的不良审题习惯。当学生基础掌握不牢靠，对数学概念理解不透彻时，阅读这种题目，就会思维混乱，甚至产生厌倦与恐惧。审题习惯评价是教师建立一个完整评价机制的开始，更是评价机制最基础的部分，教师应该重视对学生审题习惯的培养，锻炼学生的审题意识，增强学生的审题能力，从而提高学生的解题正确率。

（二）知识系统评价

学生在经过适当的审题、解题训练后势必会形成一定的审题技巧，在这种前提下，如何正确、规范地解题成为关键。解决数学问题的过程是一个系统协调的过程，需要多种知识与能力的配合。只有不断变通的思维方式与深厚的数学理论知识相互配合，才能正确地解答每一道数学题。每个学生的思维方式和学习能力都存在差异，因此每个学生的错误类型和错误方式都不相同，每种错误类型和方式都值得教师花时间与精力去分析，整理总结之后制订合适的教学策略，针对学生的问题进行相应的训练。

需要格外注意的是，教师在批改学生作业时不能带有主观情绪，不管学生作业中暴露的问题多么严重、所犯的错误多么低级，都不能只用一个大大的叉号回应学生的作业。不管学生作业对错，学生对待作业的认真态度值得教师温柔以待，大大的叉号不仅是一种简单粗暴的回应，更是教师对学生自信心的打击。学生在解题过程中可能花费了大量的时间与精力，仅用一个叉号就否定了学生的全部努力，未免过于武断。教师应该分析、指出学生在解题过程中出现的错误，指导学生查漏补缺。

（三）思维评价

数学是一门严谨的学科，数学知识之间存在复杂的逻辑关系。无论是小学数学还是更高阶段的数学，都是如此。学生在作业中暴露出的最严重的问题就是逻辑思维混乱，教师从学生作业的涂改痕迹中可以很明显地判断出学生是否存在逻辑思维混乱、解题思路不清晰等问题。反思平时的教学活动，教师在课堂上过于强调知识与技能，却忽略了数学学习中最重要的思想与方法。数学本身具有逻辑性、思维性和抽象性等特质，但是教师对其鲜有提及。教师不注重思维方向的引领，导致学生对教学本质的感悟也就少了。因此，对作业进行评价的同时，教师要注重发掘作业反映出的问题，针对学生的混乱思维和错误理论开展针对性较强的教学活动，助力学生养成思维清晰、逻辑性强的数学头脑。

三、作业优化评价策略

（一）注重激励方法的合理运用

在对小学数学作业进行评价时，教师应充分考虑素质教育的具体要求，从不同的角度对学生的作业完成状况做出合理的评价。在具体的评价过程中，为了促进学生未来的全面发展，激发学生数学方面的更多学习潜能，教师应注重激励方法的合理运用。

第一，结合学生的个性差异及解决实际数学问题的能力，给予数学基础知识薄弱的学生更多的鼓励，避免他们丧失学习数学的自信心。第二，从不同的方面对学生的数学作业完成状况做出评价，充分肯定不同学生的解题思路及问题处理角度的创新性。第三，对于数学作业完成中存在困惑的学生进行更多的指导，培养他们良好的学习和生活态度，提高作业完成质量。

（二）设置合理科学的评价标准

小学数学作业评价需要改变传统的只注重不同题型正确率的评价标准，应从学生作业完成过程中的态度、规范性等方面进行充分的考虑，确保小学数学培养目标的顺利实现。因此，学校需要设置合理科学的评价标准，对学生完成作业过程中的规范性、正确率等进行合理的评价，并给不同的学生进行加分，实现小学数学作业评价标准多样化。比如，教师可以在数学作业评价的过程中，对书写质量良好的学生给予一定的鼓励，提升其学习自信心。

（三）加强创新化评价机制的构建

为了增强小学数学作业评价的有效性，学校需要加强创新化评价机制的构建。具体表现在：

一是以多层次、多角度的方式对学生数学作业完成状况进行评价，保持评价方式的多样化；二是加强对素质教育理念的深入理解，用创新化的思维方式评价学生数学作业完成质量，给予学生在未来完成数学作业上的指导，避免相同的问题重复出现；三是根据不同题型的难度做出客观的评价，如教师可以对独立完成难度较大的数学题型的学生进行表扬，并号召其他学生学习，确保小学数学作业整体完成质量的提高。

四、结语

正确认识小学数学作业的设计与评价策略，从不同的方面对设计思路及评价策略的实际作用效果进行综合评估，有利于提升未来小学数学教学的整体水平，在满足素质教育要求的同时提高学生的数学能力，确保学生能够在规定的时间内有效地完成数学作业。因此，在未来小学数学作业内容设置的过程中，教师应充分考虑其设计的合理性，并运用审题习惯评价、知识系统评价、思维评价"三评合一"的评价方式处理其中存在的问题，促使这些数学作业的完成能够达到预期的效果。

参考文献：

［1］莫宇云.核心素养下的小学数学深度学习途径［J］.小学教学参考，2023（05）：97-99.

［2］汪永贞，郭大鹏.立足课堂　让数学学习走向"深度"［J］.小学教学设计，2023（Z2）：14-16.

［3］陈秀红.有效互动深度学习构建高效课堂［J］.教育艺术，2023（03）：12-13.

［4］台运兵.小学数学高阶思维能力培养的有效策略分析［J］.安徽教育科研，2022（16）：114-115.

［5］张齐华.社会化学习：小学数学高阶思维发展的一种路径［J］.江苏教育，2021（61）：18-21.

挖掘文本育人价值，发挥语文教学思政功能

◎谢跃春

摘　要　思想政治教育未必只有通过思政课才得以体现，语文学科也具备一定的育人价值。为更好地发挥语文课堂思政功能，教师可充分挖掘小学语文文本内容中隐藏的思政育人元素，在教学中适当放大、深入拓展影响学生的思政文本内容，从而更好地发挥小学语文课堂的思政育人功能。

关 键 词　小学语文；文本；教材；思政育人

作者简介　谢跃春，江苏省海安高新区青萍小学教师，中小学一级教师。

《关于深化新时代学校思想政治理论课改革创新的若干意见》中强调"统筹大中小学思政课一体化建设，推动各类课程与思政课建设形成协同效应"。由此可见，思政学科教学在新时代具有丰富的学科教育价值。小学语文与思政相结合的课堂教学依托于学科知识本身所蕴藏的思想政治教育元素，挖掘语文学科在思政教育上的现实意义，凸显学科思政的内在人文价值，可有效发挥语文学科课程的育人功能。

一、追本溯源，增强思政意识

按照语文教材的编排来看，课本文章的编排大多是以不同的主题为模块来进行的。仔细挖掘不同主题所要陈述的文化内容，不难发现，一些主题模块中蕴含着隐性的思想政治育人价值。教师需要用发现的眼光，努力构筑起小学语文文本内容与思想政治之间的桥梁，努力彰显语文教书育人的作用。

（一）善于从主题模块中定方向

准确把握单元模块的主题，努力把主题确定为思政培养的重点。例如，五年级下册的第四单元，选编了《古诗三首》《青山处处埋忠骨》《军神》和《清贫》等文章，这个单元主题是爱国主义和坚定的革命信念。教师要以此为导向，在每一篇课文中都将此作为情感的线索，引导学生去感悟、去领会。

（二）善于从选编课文中析思想

有了单元主题，教师要善于将思政方向落实到具体课文中。例如，在《观潮》一文学习中，教师让学生查阅钱塘江大潮的相关资料，并播放直观的江潮视频，由潮来前、潮来时、潮头过后的视频景象使学生了解钱塘江大潮的雄伟与壮观。学生惊叹于钱塘江大潮的景观之时，可深刻认识到祖国山河的自然美丽之处，从而增强未成年人的环境保护意识。

（三）善于从资料拓展中明事理

树立"大语文"思想，以主题为引领，强化资料拓展与思政引导的结合。例如，在教学《圆明园的毁灭》时，教师提供给学生相应的文献资料，同时播放与圆明园有关的历史文化记录，让学生充分了解当时的中国在科学技术大大落后于西方国家的背景下，被英法联军洗劫、焚毁圆明

园，从而不断增强作为中国公民捍卫国家领土的意识。

在查阅相关资料以拓展文本内容的过程中，学生会逐步了解中华文化的博大精深之处，提升对中华文化的思想认知。

二、凝练精神，升华文化情感

学科思政教育是强调由浅入深、螺旋式上升的教育，小学语文的独特性正承载着这一学科思政教育的精髓。简练通达的文章中寄含着各种深厚的情感，比如爱国主义，保卫祖国大好河山，赞叹善良、勤劳优秀品质等情感。抽离式的语文学科思政教育是肤浅的思政教育，一面是简单的语言文字教学，一面是机械的思政说教。为避免这种肤浅的思政课程，教师在传递文章主旨的同时可有意识地强调文章所弘扬的优秀品质，以简单通俗易懂的话语融入极为深刻的价值观，以文章为载体实现育人的内容。

（一）教师直接说

对于一些学生不太容易理解的品德，教师可以直接点明，然后让学生"按图索骥"，从语言文字中去充分感悟。比如《乡下人家》一课给读者展现出一幅醉人的乡下美景。学生通过阅读，可以感受到乡下景色的美好。但对于作者生发出的对农村生活的向往，以及农村人独有的自豪往往很难体会。教师可以直接讲明："言为心声，作者这样写就是要赞美乡村景色的自然、和谐和美丽，就是要表达农村人民的快乐。大家找找看，哪些语句最能表现这种情感？"

（二）学生反复悟

对于一些相对浅显的文字，教师只需要稍加点拨，让可以心领神会的思想由学生之口说出来，增加思政教育的效果。例如，在《为中华之崛起而读书》教学中，教师以作者的视角看待文章中所描写的周恩来形象，从不解伯父所讲述的"中华不振"的意图，目睹外国人的耀武扬威，以及妇女被欺负、国人的袖手旁观，体会"中华不振"的真正含义，到立志"为中华之崛起而读书"，深度剖析周恩来励志报国的来由，从中感受周恩来思想情感的波动，体悟"为中华之崛起而读书"中所蕴藏的爱国主义情怀以及为国家富强而奋斗的铿锵情感。周恩来励志报国的目标仍然是现代每一个学子的目标，青年兴则国家兴。学生可学习周恩来的精神，立志成为一个为国家富强而学习的人。

（三）资料辅助讲

教学资料是语文最好的助手，教师要引导学生用好包括"课课通"等在内的辅助资料，让学生从资料中归纳的中心思想出发进行逆向思考。这里需要特别强调的是，教师要引导学生用好这些材料，但不能让学生一有困难就去翻阅材料，这样很容易造成思维的缺失，形成教辅依赖症。最好的方式是"用教辅"而不是"查教辅"。让学生先思考，再写下自己的思考，然后再将教辅发给学生进行比对。学生在对照之余，很容易发现自己的问题。而且，有时教师还应该指出教辅上面的缺点，让学生树立"尽信书不如无书"的思想。

三、主题座谈，赋予育人能量

为更好地实现小学语文与思政教育的协同配合，小学语文可选取具有思政教育的主题开展座谈会，召集学生对某一特定的主题展开激烈的讨论。教师提供给学生灵活讨论的支架，学生在支架的建构下提出自己的真知灼见。

（一）需要明确的议题

如同撰写一篇文章需要明确的中心，开展主题座谈也需要确定明确的议题。这个议题的确定一般由教师来确定，也可以确定几个议题，然后由学生自主决定。比如，对于《北京的春节》这篇课文，教师在确定选题的时候做了多元设计，分别设立了"为什么要从腊八开始写起""你喜欢京味儿吗""你心目中的春节和老舍笔下的春

2025年 第四辑

节是不是一样"三个专题，学生根据小组自主确定专题。

（二）需要系统的谋划

有些课文的内容需要教师在设计座谈的时候，进行全面的考虑。例如，《猎人海力布》讲述了猎人海力布为挽救乡亲们的生命，宁愿牺牲自己的生命变成一块僵硬的石头，塑造了一个舍己救人的大无畏角色。教师可借助《猎人海力布》精彩的故事内容，提出"如果海力布没有告诉乡亲们，你们觉得接下来会发生什么""如果你就是海力布，你会怎么做呢""你们从海力布身上学习到了什么样的精神"等递进式、开放性的问题供学生展开具体的讨论。一层层递进的问题讨论逐步引导学生理解集体利益与个人利益相矛盾时个人利益的取舍，以讨论的形式将学生置身于当下的矛盾冲突中，设身处地地站在海力布的角度上思考问题的核心，追逐文本内容核心的同时发展个人道德修养与情操。在学生讨论之后，教师总结学生主要陈述的思想内容，从文本过渡至问题，从问题过渡至育人，有层次地给学生灌输正确的价值观。

（三）需要形式的创新

座谈需要根据课文的内容进行形式上的创新。例如，《为人民服务》一文理解的难点在于"人固有一死，或重于泰山，或轻于鸿毛"。在授课之初，教师就可以将此句专门列出，让学生去思考。然后让学生从两个方面，分别讨论"重于泰山"的表现和"轻于鸿毛"的表现。

主题座谈会的价值在于教师借助主题座谈的思政力量，传达给学生深度的育人价值，让学生在趣味讨论中认识到事物背后蕴藏的思想道德品质的能量。以主题座谈的形式，教师可有效将学生从具体的文本内容升华至抽象的思想情感中，在深刻理解文本内容以及人物形象的过程中学习模范人物的榜样行为，以期在今后同样的处境中学会取舍。

四、对接生活，融入思政实践

在小学语文教学课堂中，教师可将有效的语文教学内容与生活热点、现象实现对接，以简单的生活实际更直观地让学生发现生活中的现象，帮助学生以正确的价值观剖析现象背后发生的缘由。学生可从语文文本、生活实际出发积累更多的人生经验，以正确、积极的态度看待生活。

（一）可以导向于行

《父爱之舟》以直白朴素的平凡语言讲述着平凡中渗透出来的伟大父爱。文中的父亲日常生活极其节省，凑钱供养儿子，因家境不好深深为没有给儿子提供良好的生活环境而自责，细节中渗透着浓浓的父爱。父爱、母爱是隐晦而深刻的感情。教师让学生联系自己父母对自己的关心和爱，具体谈谈父母让自己感动的行为。以《父爱之舟》为载体，学生可回忆父母生活中对待自己的细节，用爱的眼光去发现父母在生活细节中渗透的爱。在细节的讲述中，学生终于明白父母在成长过程中承担着怎样的角色，珍惜父母的关爱与付出，在今后与父母的相处中学会力所能及地关爱父母。

（二）可以导向于思

思政教育的目的在于引导学生形成良好的思想，而思想源于日常生活方方面面的思考。教师要发挥好思想引领的作用，着力引导学生养成良好的思维习惯。如《为人民服务》一课的学习，教师可以引导学生时刻站在别人的角度去思考，做一个乐于奉献的人，做一个乐于助人的人。利用小学语文学科联系生活实际具有的特定的亲和性，让学生明白思政学习与生活息息相关，以身体力行的行为与深刻的思想回应小学语文思政教育的内容，在理论与实践中落实立德树人的学习目标。

五、提升素质，发挥育人价值

在语文学科思政内容不断丰富的同时，学校

要提供相应的思政学习平台或资源，及时组织语文学科教师学习思政的理论和知识，给予合理、适度的教学评价，切实提高语文学科教师的思政综合素质与道德修养，才能在小学语文教学中渗透思政育人价值，引领正确的思政育人方向，从而建设出具备高素质的语文学科思政教师队伍。

（一）促进学科交流

学校建设思政课教师研修班，让不同学科教师共同探讨、学习思政教育理论内容与知识。以研修班为平台，供以不同学科教师交流、学习如何在学科教学中渗透思政教育的思想，通过具体的文本教学细节讨论帮助语文学科教师构建语文学科思政教学思路，从而付诸语文学科思政教学实践中。同时，学校可针对语文学科思政教育要求相关教师参加相关的座谈会，从专家教学的成功经验中寻求正确的语文学科思政教学方法，更好地在教学中渗透思政育人知识。

（二）构建科学评价

评价就是一根"指挥棒"，往往决定了教师教学的方向。学校或教育主管部门要构建完善的语文学科思政教学评价机制，评价内容围绕隐藏文本中的思政教学内容、思政创新内容、思政实践内容等，客观评价小学语文思政育人教学内容的正确性、创新性与实践性，帮助小学语文教师及时发现、查漏补缺，逐步完善小学语文教师的思政教育内容，从而起到良好的榜样示范、引导作用，发挥教师在语文学科思政教学中的重要作用。

（三）促进家校联动

思政课的最终目的是应用到生活之中，学校也应充分发挥好家长的作用，引导家长在指导孩子语文学习的过程中树立思政课与语文课相关联的思想，避免一味地对文本内容简单机械地读写抄背，让增长知识与锤炼思想有机结合起来，以充分的家校联动实现语文课堂思政引领的高效开展。

综上所述，语文学科思政教学正处于不断摸索的过程中，教师要充分抓住小学语文文本具有思政育人的特殊性，联系学生的生活实际，深入挖掘文本内容的育人价值，以易理解的语言传达给学生精练的思政育人内容，从而更好地发挥语文学科的隐形思政功能，实现小学语文课堂教学与思政育人的有机结合。

参考文献：

［1］汪瑞林.中小学"课程思政"的功能及其实现方式［J］.课程.教材.教法，2020，40（11）：77-83.

［2］任辉，刘春桃.社会主义核心价值观在统编小学语文教科书中的分布与呈现［J］.教育科学研究，2021（8）：49-54.

［3］潘希武.中小学课程思政：育人向度及其建设［J］.教育学术月刊，2021（10）：21-26.

小学数学教学中"问学"的内涵、价值和教学实践

◎陈　娟　潘　阳　王兴艳

摘　　要　问题是数学的心脏。本文从内涵表征、价值取向、实践探索和教学表达四个方面，对小学数学教学中的"问学"现象进行阐述和研究，具有一定的理论和实践意义。

关 键 词　小学数学；问学；价值取向；实践探索

作者简介　陈娟，连云港市精勤中心小学校长，正高级教师；潘阳，连云港市精勤中心小学主任，一级教师；王兴艳，连云港市精勤中心小学主任，一级教师。

"君子学必好问"，"问"是一切学习的起点与归宿，数学学习更是如此。儿童在接触数学知识的同时，往往会产生很多问题，这些问题是儿童学习的起点，伴随着一个又一个问题的提出和解决，儿童的有效数学学习得以实现。

一、"数学问学"的内涵及表征

（一）"数学问学"的内涵

"问学"是指通过求教、学习，实现自我修养的提升，亦指学问。"数学问学"是基于儿童在学习数学知识时所产生的心理状态与实践行动的总和，是数学知识和儿童的生活经验、心理特征发生碰撞时所产生的必然反应，也是儿童在产生疑问、提出问题、解决问题、习得知识、提升能力、形成素养的同时，又产生新问题的不断学习和成长的过程。"问"是学习的基础和开始，"学"是行为和过程，是相辅相成的关系，"问学"是儿童数学学习的闭合链的有效体现。

（二）"数学问学"的表征

以问为前提，以学为核心，以发展为宗旨的数学问学教学，具有由疑生问、以问促学、以学促思、思而后疑这四个特征。

1. 由疑生问

"学贵有疑"，有思考才会有问题，问题是学习的开始。儿童刚到这个世界时对世界充满好奇，对每一种物体或每一个事件都会向身边的人问"为什么"，总会有很多问题让我们成年人无法解释，不过这正是儿童融入和理解这个世界的一种方法。在不断地接受教育的过程中，很多学生的"问"却越来越少，甚至不敢"问"，不会"问"，慢慢地失去"问"的能力。而在数学问学教学中，学生的学习始于"问"，有"问"就恰恰说明学生对学习内容有了自己的认知，产生了疑问，即产生了思考。

2. 以问促学

把"问"的权利交给学生，让学生"敢问""会问"。在问题的驱动下，学生自主学习，主动探究，在还未解决的情况下与同伴合作、小组合作、全班交流，给予学生充分思考、充分表达的机会，让学习真正地发生，也培养了学生的学习兴趣，激发了学生求真求知的斗志。

3. 以学促思

在学习的过程中学生由注重解决问题的结果变成享受解决问题的过程，在与同伴合作交流和

教师的适当点拨的过程中对问题再次产生思考，不断地探索最优化的解决方案。

4. 思而后疑

通过不断地思考、论证和比较，对不同的方法进行总结归纳，并进行质疑，在提出问题和解决问题之间循环往复，不断地提高学习能力，形成可持续发展的核心素养。

二、"数学问学"的价值取向

（一）体现数学学科的本质特点

数学是研究数量关系和空间形式的科学，数学学科的本质属性是对基本数学概念的理解、对数学思想方法的把握、对数学特有思维方式的感悟、对数学美的鉴赏、对数学精神的追求等。小学数学教学的目标是培养儿童抽象思考和严谨表达的能力，以及学会自主运用数学思想和方法解决问题，进而形成数学素养和关键能力，为人的全面发展奠定基础，这是我们数学学科育人价值的最终体现。数学家哈尔莫斯说过："问题是数学的心脏。"问题使学生的学习心理始终处于最佳状态，"数学问学"要求儿童理解数学概念，把握思想方法，感悟数学思维，体现了数学学科的本质特点。

（二）顺应课堂教学改革的发展趋势

学生学习应当是一个生动活泼的、主动的和富有个性的过程，学生是学习的主体。"数学问学"强调儿童的自主性与主动性，是让学生主动地"问"，快乐地"学"，使儿童一直站在学习的中央，让学生经历学习的全过程。而教师在学生探究的过程中组织、引导、激励、点拨，让学生有思考的时间来发现真的问题，培养学生的探究意识、独立思考、合作交流的能力，从而使学生的思维能力得到培养，促进学生核心素养的养成与发展。

（三）提升教学质量的有效路径

在课堂上，数学问学要求创造"我有一个问题"的时间与空间，把问题留给学生去"问"。提问体现了学生在课前的自我学习和思考，而筛选出的"关键问题"，让学生"学"得更明确、更有指向性。"数学问学"使学生通过独立思考、主动探索与合作交流，在感悟知识形成的过程中，不断地解决问题，提出问题，体验知识之间的相互联系，从而掌握新知，主动形成一定的知识体系，更好地理解与运用知识，在一个生动活泼、富有个性、主动和谐的学习过程中实现真正的学习。

（四）指向学生学科核心素养的形成

学生的学习需要靠学生自己的主动学习和深入思考，促进学生"学"的是学生的"问"，而不是教师的"教"。"数学问学"以学为核心，以活动为载体，保护学生的好奇心和求知欲，鼓励学生独立思考、自由探究、大胆创新，从而充分激发学生的问题意识和进取精神，关注学生的个性差异和需求，引导学生自主学习、合作学习，指向儿童的核心素养的形成与发展。

三、"数学问学"的实践探索

（一）教材之问学，实现教材空间的挖掘与数学思想的渗透

教材是依据课程标准和知识体系，对学科知识本质与结构的具体表达。在教材中随处可见以问促思、以问促学的例子，只有很好地利用好教材中的这些问题，才能更好地实现教材空间的挖掘和数学思想方法的渗透。

例如，苏教版小学数学教材"分数除法"单元，其算法是"甲数除以乙数（0除外），等于甲数乘乙数的倒数"。利用算法对学生来说并不难，难就难在对算法的理解上，教材为了让学生充分理解算法，主要通过具体情境，在四个例题的层层递进下，用不完全归纳法举例帮助学生理解分数除法的实际意义。在这一过程中，教材中的问题导学起到很好的引导作用。

（二）教师之问学，实现教师的问题引领与主导地位

教师的问题引领是学生进行深度学习的保障之一，学生由于其知识结构的单一和认知经验的缺乏，在学习过程中往往浅尝辄止。教师的进一步追问和引导，有助于学生找到进行深入学习的动力和方向。

以"分数除法"单元为例，在学生通过学习可以利用已有的知识感悟分数除法的意义后，教师可以通过追问"为什么 $4 \div \frac{2}{3} = 4 \times \frac{3}{2}$"，引导学生通过自主认识和小组合作，利用线段图解题，从而帮助学生理解其中的原因，进一步确定分数除法的深层次含义。

（三）同伴之问学，实现生生之间的互动探究与互帮互学

学生之间的生生互动是新课程倡导的学习方式之一。因为学生的认知和生活经验均处于一致的水平，同伴之间所提出的问题往往更能引起其他学生的思考和反思，使得认知进一步完善，从而实现自主建构和自主学习。

"分数除法"例题4是同分母分数的除法，教材为了让学生直观理解同分母分数除法的意义，用分果汁这一具体情境展开新知探究，让学生尝试直接乘式子中除数的倒数，然后通过画图验证结果的正确性。有的学生会提出，能否直接用分数中的分子来计算，此时教师可以引导学生思考为什么可以直接计算，帮助学生进一步认识到同分母分数相除，其实是分子相除，分母保持不变，从而实现了知识间的进一步深入和关联。

（四）自我之问学，实现自我反思与自我知识建构

学生的自我问学是学习高品质的体现，也是发展学生辩证思维、逻辑思维的最好路径，是帮助学生实现自我反思和建构的主要载体。在"分数除法"的学习中，学生会自我反问："既然同分母分数相除可以直接用分子相除即可，那么，异分母分数相除可不可以像异分母分数相加减一样，先化成同分母分数，然后再相加减呢？"教师可以在此时出示新的题目，帮助学生进一步验证和巩固同分母分数除法的计算方法，再进一步探讨异分母分数相除也可以使用同样的方法，理解乘倒数约分的过程。教师也可以借助画图帮助学生从不同角度验证"甲数除以乙数（0除外），等于甲数乘乙数的倒数"这一算法的真正含义。实现知识体系的逐步呈现，也实现学生对知识的完整建构，不仅教会了知识，还教会了方法，提升了学生的学科素养和综合能力。

四、"数学问学"的教学表达

以四年级下册综合与实践版块"数字与信息"一课为例，以下是教学设计片段。

1. 在提出问题中导入新课

师：生活中，我们经常见到一些像电话号码、门牌号码这种用数字编成的号码。这是老师家的门牌号码，你们知道老师家住几楼几室吗？下面这些号码分别表示什么？（出示课件，上面有门牌、路牌、火车票等，请学生自主讨论）

设计意图：出示生活中常见的简单的数字编码，让学生说一说这些号码所表示的意思，并简要介绍数字编码的特点，一是让他们初步感知数字编码在生活中的应用，二是让学生初步走进编码，激发他们探索的兴趣。

2. 在比较分析中学习编码

师：刚才我们见到的都是简单的数字编码，大家平时接触到比较复杂的数字编码是身份证号码。课前我们已经了解自己及家庭成员的出生日期和身份证号码。告诉大家一个小秘密，老师有特异功能，我能从你们收集到的身份证号码中找出哪个是你们妈妈的号码。你们不相信的话我们就试试看。

师：其实老师并没有什么特异功能，只是这些数字编码中隐藏着一些信息，今天这堂课我们

就一起学习"数字与信息"。(出示课题:数字与信息)

设计意图:在学生课前调查家庭成员身份证号码的基础之上,教师提出了"特异功能",即根据身份证号码信息判断所属人身份,并进行验证,进一步激发学生求知欲,并且在这个过程中,教师肯定了学生课前通过不同渠道了解问题,体现了综合与实践活动课的教学目标。

学生合作讨论并汇报讨论结果:① 不同人的身份证号码会相同吗?你能从身份证号码中看出一个人的出生日期吗?② 不同的身份证号码中有相同的部分吗?你知道这一部分所包含的信息吗?③ 你还能发现哪些信息?

师:刚才大家揭开了身份证号码中的许多秘密,正像大家了解的一样,它的编排有着严格的规则。(边介绍边出示课件,进一步规范学生对身份证号码所蕴含意义的理解和认识)

设计意图:这个环节通过寻找不同身份证号码的相同点和不同点,让学生熟知了身份证号码的编排规则,让学生进一步感受数字编码的方法与规则,同时也提高了学生的质疑能力。

在以"立德树人"为教育根本任务的今天,"培养什么样的人"和"怎样培养人"显得尤为重要。课堂是学校教育的主阵地,学校教育要实现"立德树人"的目标,课堂是关键。为提高小学数学课堂的效率,助推"立德树人"教育目标的实现,"问学"现象不可忽视。本文从内涵表征、价值取向、实践探索和教学表达四个方面出发,全面而深入地阐述了"数学问学"的核心意义。"数学问学"充分体现学科特点,符合学生的认知规律,应该是每位数学教师需具备的教学意识和教学主张。

参考文献:

[1] 刘兼,孙晓天.数学课程标准解读:实验稿[M].北京:北京师范大学出版社,2002.

[2] 熊福建,王金涛.回到核心素养:"问学课堂"的范式构建与实施[C]//江苏省教育厅.2015年江苏省小学深化课堂教学改革现场观摩研讨活动论文集.连云港师专一附小教育集团,2015:5.

[3] 潘文彬.指向核心素养:儿童问学课堂的意蕴[J].江苏教育研究,2016(10):20-24.

[4] 梁培斌.从学"问"到"问"学——问学课堂探索与实践[C]//江苏省教育厅.2015年江苏省小学深化课堂教学改革现场观摩研讨活动论文集.连云港市赣榆区黄海路小学,2015:7.

[5] 陈娟.以"主线"引领教学 促学生思维发展——以苏教版四年级上册"认识平行"一课为例[J].小学数学教师,2014(10):67-70.

[6] 刘国文.基于数学关键能力的小学数学"问学课堂"实践探究[J].新课程研究(上旬),2020(08):33-35.

[7] 李倩.指向"深度学习":"问学课堂"的实践意蕴[J].新教育,2020(35):72.

[8] 牛继华."主问"教学法探索实验研究[J].中国教育学刊,2008(11):57-59.

[9] 刘宁霞.问学:走向真实而自由的学习——小学"问学课堂"教学策略微探[J].南京晓庄学院学报,2015,31(05):39-41,45.

基于"问题解决"的中学语文跨学科学习尝试

◎王艳玲

摘　　要 课程改革呼唤跨学科学习已成必然趋势。跨学科学习是基于问题解决的学习方式之一。在跨学科学习中,教师围绕某一阅读主题,构建融合关系,改变教学方式,带领学生与文本对话,使学生的阅读体验更全面,实现融通发展。本文在分析跨学科学习对学生的影响的基础上,结合具体案例,阐述基于"问题解决"的跨学科教学方式。

关 键 词 问题解决;跨学科学习;中学语文;策略

作者简介 王艳玲,江苏省如东县实验中学校长,高级教师。

王荣生教授曾说,语文课程是由两大块构成的,一块是跨学科的过程技能,也就是阅读、写作、口语沟通,一块是语文学科所独有的内容知识。阅读应该与其他学科整合,学生应该在多学科学习的过程中学习写作。2022 年版课标将跨学科学习作为六个任务群之一,充分体现了跨学科学习的重要性。《义务教育课程方案(2022 年版)》和 2022 年版义务教育各学科课程标准,从不同视角表述了跨学科的实施要求、教学建议以及评价建议等。比较可见,跨学科比原有的综合与实践,综合性更强,涉及面更广,要求更高。

一、跨学科学习对学生的影响

首先,跨学科学习能帮助学生更好地理解世界。社会与生活是大语文环境,拓宽学习渠道将使学生视野更开阔,更好地理解他人,懂得从不同角度感受,不苛责,能包容,懂分享。

其次,跨学科学习能引导学生改变学习的方式。跨学科学习非常注重学生的自主学习和实践体验,需要学生主动探究,实地考察,互动交流,一定程度上能有效改变学生升入初中以后变得

内敛、不想互动的状态。在跨学科学习的分工合作、质疑探究实践活动中,学生会慢慢体会"做中学""悟中学""用中学"的裨益。

此外,跨学科学习有利于学生更好地认识自己。学生参与其中,分组合作,分享事物的多面性,只要其中一项或多项是值得自己去认知、去研究、去探索的,学生就会被激发潜能,发挥自己的兴趣和优势。在实践和探究的过程中,不同层次的学生就很可能明确自己的研究方向,找到更适合自己的成长路径,这样就会让学生更有信心找到自己前进的方向。

二、基于"问题解决"的跨学科教学方式

跨学科教学是以一个学科为中心,在这个学科中选择一个中心题目,围绕这个中心题目运用不同学科的知识,开展对所指向的共同题目教学加工和设计的教学。跨学科阅读教学恰好可以打破传统教学中的学科壁垒,将相关的学科知识融入语文阅读,教师在学科之间与知识之间构建融合的关系,围绕某一个阅读主题,带领学生更好地与文本对话,获得更为全面的阅读体验。

教者以三类不同文体跨学科教学，探讨基于问题解决的教学方式的改变。

（一）借历史资料观照人物形象，感受"士"的精神

跨学科学习目标一定是基于单元教学的整体目标设定的。九下第三单元的目标是通过阅读经典作品，汲取思想精华，获得情感的激励，学会选择和坚守。教师精讲《鱼我所欲也》，学生学习了文本严谨的论证思路，体会了舍生取义的精神内涵。教师从自读课文《唐雎不辱使命》阅读提示中的问题"唐雎为什么能让秦王屈服"中读出"舍生取义"这一精神的衍生，把"浩然'士'气"作为阅读主题。这既是教读课文的延续，又使阅读主题更加鲜明：知道"士"的概念，感悟"士气"的内涵，形成完整而有层级的阅读体验。

在教学环节中，安排三个任务。一是借助对比手法认识"士"的形象。二是通过分析认识"士"的精神，此环节，教者适时全面地介绍"士"这一战国末期特殊的平民知识分子群体，在此基础上借助语言、动作等全面看待唐雎。这样就以点带面，深刻感受以唐雎为代表的士及士的精神内涵。教师抓住契机出示两则史料，一是《史记·刺客列传》："而秦法，群臣侍殿上者不得持尺寸之兵；诸郎中执兵皆陈殿下，非有诏召不得上。"二是《资治通鉴·秦纪》："楚、赵、魏、韩、卫合纵以伐秦。"这一环节让学生的思维达到一个新的高度，有学生一眼就看出这是个虚构的故事；也有学生表示，文学作品来源于生活又高于生活，所以我们的关注点应该放在对人物形象的理解上。这样就达到了教师引导学生从历史的角度去思考文本的不合理性，更在此基础上使学生了解了《战国策》作为历史散文的特点，掌握阅读这一类具有历史性的文学作品的具体方法。

当然，要想让精神深入思想，还能内化为引领和行动，仅在课堂学习交流还不够。课后，学生继续采用多种形式巩固反馈。教师布置的第三个学习任务就是用不同形式表现本堂的学习感悟：可以设计一张"我心中的士"的专题海报，可以采访身边具有"士气"的人物，也可以选择一位自己喜欢的士，编写关于他的短剧等。学生有选择，有兴趣，有方法，能在做中学，学中悟，更好地理解"士"的精神品质，达到情感态度与价值观的内化及统一。

（二）美术渗透提升审美观，感受苏州园林的"图画美"

《苏州园林》是八年级上册第五单元的第二篇教读课文。学生系统学习说明文，需要对说明对象的特征了解清楚，学会使用合适的方法进行说明。这需要在各篇阅读中体会，但更多是要用好教材，活用资源，结合本单元介绍的中国建筑、绘画艺术的文章，了解我国人民的卓越成就，感受前人的非凡智慧和杰出创造力。所以教师教学时应把重点定为多角度感受苏州园林的图画美，采用跨学科借鉴法。

课前了解到美术教材的八年级下册第五单元是欣赏中国古典园林，其中就有对拙政园、网师园等布局和特色的介绍，而且图文并茂，便于了解园林艺术特征。因此便收集好美术书，确保学生课前人手一本，布置前置认知，了解古典园林的分类，在与皇家园林、寺庙园林的比较中，初步感知苏州园林作为私家园林代表的独特艺术风格。

师生共同完成三个任务。第一个任务就是走近园林，感知古典园林之美。请学生欣赏两幅图（杭州灵隐寺、苏州园林），目的是让学生站在美术视角，在对中国古典园林有初步认知的基础上，了解中国古典园林的基本要素。由此引出学生熟悉课文时对苏州园林的总体印象："美"，或者是"图画美"。如果学生提及"标本"一词，教师就顺势引导学生理解该词，感受苏州园林是各地园林的代表。第二个任务是走进园林，领略苏州园林之美。抓住句中一词，通过鉴赏和观赏比

较，让学生直观理解读者作为游览者和叶圣陶作为鉴赏者两者间的区别，理解作者把苏州园林看成一件艺术品的心理，体会作者对苏州园林的赞美之意。第三个任务是实地观赏，探究文化内涵之美。此环节调动视觉感官，借助央视航拍，学生亲临苏州园林，再回归文本，结合文中把苏州园林与绘画艺术结合起来的句子，从形象思维到抽象思维，合作探究中国人的审美观。当然，也有学生课前了解到这是叶圣陶为一本摄影集《苏州园林》作序而写，后来演变为专门介绍苏州园林的文艺性说明文。

合作探究过程，依然关注生成，遵循学生视角，重视学生质疑。比如，有学生提问："为什么不遵循中国古代园林的对称美，而追求自然美？"学生思维到了"不愤不启，不悱不发"之时，此刻跨学科思考和引导就尤为重要。美术教师的适时介入和专业性指导就成了画龙点睛之笔。学生更直观地理解了私家园林的设计者首先考虑居住功能，然后是居住环境，以及环境给人的层次感。园林追求人与自然和谐统一，讲求诗情画意的审美感受，符合古代建筑追求浑然天成的艺术效果。由此，通过美术教师的适时提示，借助学科的交错延展，资源的查找利用，学生感受到苏州园林的图画美，感知到园林承载的文化积淀，满足了设身处地体会文人的一切向往，更是对《园冶》中"虽由人作，宛自天开"的艺术美和意境美有了独特的感悟，审美情趣也达到一个新的认知高度。

（三）多学科融合感受母亲河的壮美，品析感悟爱国情

《黄河颂》这首抒情性浓郁的抗日救国诗，是七年级下册第二单元的第一篇。在教学时怎样更好地激发学生的爱国主义情感，是一个难题。仅靠教师的讲解，学生很难感受到黄河的壮美，更不易感受到其中蕴含的坚强不屈的民族精神。所以开展项目化学习的跨学科融合就成了很好的策略。

学校正积极筹备南通市"江海诗教"活动，学生们也都参与其中。教师设计真实情境：学校绿岸文学社策划一期"桦园诗韵"专刊，我班负责"母亲河·爱国情"专栏。从该实践活动入手，借助文学、艺术、历史等学科知识，加深学生们对母亲河的认识。分别从古今诗歌里认识黄河形象，从历史上了解背景，从音乐声中体悟共情，最后落实到青少年本身，放眼世界，做中华儿女民族精神的传承人。该活动有以下四个环节。

1. 跨越古今识黄河

结合古今诗歌了解黄河的形象。以刘禹锡的《浪淘沙》为例："九曲黄河万里沙，浪淘风簸自天涯。如今直上银河去，同到牵牛织女家。"黄河在中国大地上写出了一个巨大的"几"字，几乎每一个大转折都是直角，这种曲折程度，在诸多世界长河中都罕见。因此诗人用到了"九曲"一词。中国语言文字中，"河"最早就专指这条河流。后来"河"才渐渐被用来泛指所有流水。甚至古人看到横亘夜空的巨大星系，也首先想到用"河"来给它命名，这就是诗句中"银河"的由来。

2. 回顾采访明史实

这一环节是基于学生从前置预习中生发的问题，教师希望解决问题，但不直接告诉答案，而是着力指点迷津，鼓励跨界学习。小组成员一行3人共同采访历史教师，深入挖掘黄河的历史背景。历史教师站在学生视角，结合七年级已学的"原始的农耕生活"，并站在地理区域角度解读黄河成为中华儿女摇篮的原因，联系学生还没学到的八年级上册的"中华民族的抗日战争"，让学生知晓抗日战争时期万众一心抵御外来入侵，黄河两岸活跃着广大抗日军民，感受浓浓的家国情怀。课上学生尤为专注，更深层地理解了母亲河的不易，民族屏障的重要性。

3. 艺术融通共传情

初中生因为生活阅历浅，对文字的感悟力还

不够强。想要让抒情味浓的诗歌引发学生情感上的共鸣，音乐是最好的桥梁。教师播放视频《黄河大合唱》的第二乐章《黄河颂》，学生一边观看屏幕上奔腾的黄河景象，一边仔细聆听前面的朗诵词和铿锵的歌曲轮唱，感受气势，从黄河的咆哮、呐喊和怒吼声中体会中华儿女在外敌入侵时的愤怒和不屈。诗歌的主旨是歌颂中华民族坚强不屈的民族精神和抗战必胜的坚定信念，这也是学习的重点。于是，在课前提醒学生查找《黄河大合唱》的其他篇章。学生从《黄河船夫曲》中感受到船夫勇斗波涛的豪迈精神，又聆听了热血沸腾的《保卫黄河》，于朗诵中体会到激昂气势，进而从小家到大国，读出保卫家乡、保卫全中国的豪情。

4. 师生文本同呼吸

学生在歌曲的渲染下，很快发现"朗诵词"的曲调节奏平缓，而歌词则在语速加快中高昂有力。浩浩荡荡的黄河和具有坚强性格的中华儿女交织在一起，学生由人及己，用自己或小组同伴喜欢的方式，选择诗歌(《黄河颂》或《保卫黄河》)片段写一写，画一画，诵一诵，唱一唱，表达油然而生的爱国心和强烈的民族情怀。

无论是拓宽学习路径，还是改变学习方式，提升核心素养，都离不开教师自身思想和行动的改变。教师的设计和实践必须基于课程标准，必须注重学科实践，必须关注协同教学，这样才有可能打破学科界限，真正实现跨学科育人。

参考文献：

［1］任景业.分科之下，何以"跨学科"？［J］.教育研究与评论，2023（03）：10-15.

［2］李俊堂.跨向"深层治理"——义务教育新课标中"跨学科"意涵解析［J］.四川师范大学学报（社会科学版），2022，49（04）：116-124.

［3］李佳颖，陆道坤.语文跨学科学习的定位、设计与实施［J］.文学教育（下），2023（18）：177-179.

小学阶段发展学生数学阅读能力的方法探析

◎徐俊岗

摘　要 有效的阅读是学生课程学习的重要辅助手段，良好的数学阅读能力有助于学生更好地理解数学知识。因此，小学阶段的数学教学中，教师应当有意识地发展学生的数学阅读能力。本文在分析数学阅读特点的基础上，从课堂教学和课外活动两个角度出发，探讨提高学生数学阅读能力的具体方法。

关键词 小学数学；数学阅读能力；课堂教学；课外活动

作者简介 徐俊岗，江苏省盐城市松江路小学副校长，中学高级教师。

有效的阅读是学生课程学习的重要辅助手段，就数学学科而言，良好的数学阅读能力有助于学生更好地理解数学知识。因此，教师可以从激发学生的数学阅读兴趣出发，逐渐进行阅读方法和技巧的指导，让学生的数学阅读越来越顺畅。随着学生数学阅读能力的提升，他们的学科素养会更强，对这门课程的学习也会更加轻松与高效。

一、数学阅读的特点分析

（一）数学阅读的准确性

结合数学课程的特点可以得知，数学阅读首先具备较强的准确性。无论是关于概念的界定，还是数学定理和定义的表述，在语言上都是十分准确的。在培养学生数学阅读能力上，教师要让学生充分认识到这一点，发展学生阅读思维的严密性，让学生掌握正确的阅读方法。只有这样，学生在开展数学阅读时效率才会更高，学生的数学阅读能力也会得到稳步提升。

（二）数学阅读的逻辑性

数学知识的学习对学生的逻辑思维能力有较高要求。数学阅读的逻辑性不仅体现在一些理论层面的概念界定上，还对学生在处理相对复杂的数学问题时，提出了较高要求。学生需要有严密的逻辑，结合问题构建清晰的思路，在数学阅读时准确提炼关键信息，为解题过程奠定良好的基础。在阅读锻炼时，教师要加强学生这部分能力的发展，让学生有独立思考的能力，这样才能够达到预设的培养目标。

（三）数学阅读的自主性

激发学生阅读的自主性，很重要的一点是要让学生感受到阅读的趣味性。对此，教师可以从一些轻松有趣的阅读材料出发，让学生在这些简单易懂，同时又有趣的阅读中建立阅读的主动性。教师还可以引入一些生活化的阅读材料，比如，在设计数学问题时从生活背景或者生活实例出发。这样的阅读内容让学生读起来更加轻松，理解的难度也会相应降低。只有发展学生的阅读自主性，才能够为更深入的阅读能力培养奠定基石。

二、在课堂教学中发展学生数学阅读能力的策略

（一）利用教材内容发展数学阅读能力

1. 利用提问激发数学阅读兴趣

在数学课堂上发展学生的数学阅读能力，教师可以从激发学生的阅读兴趣出发。在平时的教学中，教师要丰富和学生之间的互动，以提问的形式让学生的思维活跃起来，并且在有效的引导过程中推动学生完成各种阅读任务，循序渐进地发展学生的阅读能力。数学阅读的内容十分丰富，教师根据不同的阅读素材，对学生可以采取不一样的指导方法，提问的方式和侧重点也应当有所差异。为了激发学生的阅读兴趣，教师可以从相对具体的阅读内容出发，让学生思考一些特定的数学问题，在有效阅读的基础上完成对问题的解析。这样的阅读训练方式让学生接受起来会更加轻松，起到的训练效果也更为理想。

例如，课本中"数学广角"提到"鸡兔同笼"问题。教师不妨引入一个具体的例题，让学生进一步了解这个经典问题。笼子里有若干只鸡和兔，从上面数，有 8 个头；从下面数，有 26 只脚，鸡和兔各有几只？这个例题从较小的数算起，降低难度，更符合学生的认知规律。教学时教师先让学生猜一猜鸡和兔各有多少只。学生给出了各种答案，显然大部分并不是正确的结果。这时，教师可以让学生回到问题当中，指导学生仔细研读上面的问题表述，将其中的核心信息提炼出来，让学生从问题出发找到正确的解析方法。这是一个很有代表性的基于阅读过程完成问题解析的训练方式。在这个教学活动中，不仅锻炼了学生的数学阅读能力，同时也让学生以直观的形式认识到了何为"鸡兔同笼"的问题，让学生获得了丰富的学习收获。

2. 从教材内容出发进行拓展阅读

随着数学知识教学的逐步推进，教师还可以从教材内容出发，组织学生进行拓展阅读，这也是发展学生数学阅读能力的方法。小学阶段的数学教学对学生的阅读能力较为看重。学生能否很好地吸收、掌握各类数学知识，一个重要的因素便在于学生是否具备较强的数学阅读能力。教师除了要在课内知识的分析解读中发展学生这方面的素养外，也可以透过适当的教学拓展和延伸，让学生的数学阅读能力得到进一步锻炼。

比如，教材在部分知识后安排了拓展阅读材料，有时介绍该部分知识的应用情况，如恩格尔系数与生活水平的关系；有时介绍该部分知识的历史，如圆周率的历史、几何学历史等；有时介绍该部分知识的相关科学小知识，如空气中氧气约占 21%；有时介绍生活中与该部分知识有关的有趣现象，如黄金比等。这些都是值得学生了解的延伸知识，教师要鼓励学生在课后仔细阅读这部分材料，在拓宽知识面的同时，也让自己的数学阅读能力有所提升。如果学生已经养成了较好的阅读习惯，教师还可以适当给学生引入一些补充的阅读材料，可以是知识信息类的素材，也可以是一些需要基于有效阅读解决的数学问题。学生的数学阅读能力的发展与锻炼，需要在不断充分的阅读过程中建立。因此，教师要鼓励学生勤阅读、多思考，这样才能够强化学生的数学阅读技能，提升学生的综合学科素养。

（二）加强数学阅读方法的指导

1. 理解教材内容的设计思路

随着学生对数学阅读越来越熟悉，教师可以加强在阅读方法上的指导，让学生的阅读过程更加顺畅，丰富学生从阅读中获得的学习收获。教师要让学生明确，教材内容在设计上会遵循一些基本思路。比如，知识点的分布是由易到难展开的，在阅读中信息量也会由少到多。同时，在阅读一些复杂的问题，或者是理解一些难度较大的

知识点时，往往需要借助多方面的信息进行思考，要注重阅读内容的前后关联。学生如果能够具备这些基本的意识，懂得解析教材设计的一般思路，那么在数学阅读上会轻松很多，学习的效率也会更高。

比如，在学习"圆的认识"这部分内容时，课本中用对话的形式来介绍圆的半径、直径、圆心。想要充分理解这些重要的概念，需要学生对给定的对话做仔细的阅读分析。为了提升学生阅读的效率，教师可以有意识地指导学生解读教材设计的思路，以辅助学生更加高效地理解对话推进的逻辑顺序。教师可以要求学生研读图中每一句对话，根据对话中的操作步骤动手做一次，找出"……"所表示的意思，并理解其中关键词语的意思。如对于"所有的半径都相等，所有的直径都相等"这句话，教师可以指导学生用尺子量一量，以此来验证。用同样的方法，很容易就能知道"直径是半径的……"中的"……"是"2 倍"的意思。当学生能够理解这一层含义后，就能借助同样的阅读思路完成后续的阅读过程，并且将这几个核心概念梳理清楚，逐渐构建自己的知识网络。小学生还不具备较为严密的逻辑思维能力，因此在阅读数学信息或者知识时可能难以快速找到正确的方向。这时就需要教师及时进行引导和提示，在阅读方式上进行指导，这样才有助于学生阅读能力的提升。

2. 阅读时要善于抓住重点

在培养学生数学阅读能力的过程中，教师要让学生善于抓住重点，这会极大地提升学生的阅读效率。在学生有了一定的阅读经验后，他们能够根据自己的阅读经验、阅读感受形成一些阅读习惯。在这个时期，教师可以让阅读方法的指导进一步深入，训练学生在阅读中提炼重点的能力就是一个很好的方向。不同类型阅读材料，捕捉重点信息的方法会有所差别。比如，在阅读一道数学题时，重点信息往往在数量关系或者具体

的数量上，学生需要将这类信息快速甄别出来。如果是对数学定理或者定律展开阅读，提炼关键信息则有另一套方法，并且需要根据具体情况具体分析。无论是怎样的阅读背景，让学生有较好的抓住重点信息的能力，都会对学生阅读素养的提升起到很大的帮助。

比如，学习完"小数乘法"后，有这样一个例题：妈妈带 100 元去超市购物，她买了 2 袋大米，每袋 30.6 元，还买了 0.8 kg 肉，每千克 26.5 元，剩下的钱是否够买一盒 10 元的鸡蛋？不少学生不知道怎么整理题目中的数量关系，自然也难以形成相应的解题思路。对于这类问题，在指导学生提炼重点信息时要采取合适的方法。比如，教师可以引导学生用表格对信息进行梳理和归类，在画图的过程中将这些信息的数量关系建立起来，学生的解题思路也会慢慢变得清晰。学生会发现，对于这个问题进行了这样的处理后，原本读来混乱的题设内容变得明确了很多，解析方法也变得简单明了。这就是掌握正确的阅读方式所能够带给学生的收获和提升。

3. 对关键信息做仔细推敲

并不是所有的阅读内容都很容易被理解。数学课本中有些数学概念在界定上理论性很强，且有很严密的内在逻辑，这类材料对很多学生来说都是阅读上的难点。在处理这类阅读素材时，教师要训练学生对关键信息进行推敲的能力。这个过程中首先要让学生明确哪些是关键信息，可能是一个相应的描述，也可能是对两个变量之间关系的表述等。在抓住关键信息后，要进一步让学生结合上下文，仔细研读这一信息的意涵，对核心信息做深入推敲。这样学生才能逐渐读懂这部分内容，思维也会慢慢清晰起来，阅读理解上的障碍会逐渐消除。

比如，正比例的概念对很多学生来说是一个阅读难点。在引导学生理解这个概念时，教师可以要求学生逐句剖析概念，并结合课本中的例题来理解

什么是"相关联的量"，什么是"一种量变化，另一种量也随着变化"，什么是"比值一定"。学生如果能够对这些核心信息的意涵准确把握，并且能够将这几个信息的联系梳理清楚，那么学生就能够初步理解这个概念的含义。在后续的学习训练中，教师可以进一步借助各种例题的解析来加深学生对概念的理解程度，促进学生对知识的掌握。

三、在课外活动中提升数学阅读水平

（一）基于翻转课堂发展阅读能力

想要不断发展学生的数学阅读能力，仅仅依靠课内阅读训练显然是不够的。教师可以多鼓励学生在课外活动中丰富数学阅读，让自己掌握更多实用的阅读方法和技能。首先，教师可以多开展翻转课堂的教学。在这种教学形式下，学生需要提前自主完成相应的新课自学，这个过程中学生要对课本仔细研读，这样才能够完成知识学习的任务。这便是一种很好的发展学生阅读素养的训练方式，对于学生的数学阅读感受力的提升很有帮助。

（二）创设多样化的数学阅读活动

除了翻转课堂的教学外，教师还可以有意识地多组织创设各种课外学习活动，在这些活动中进一步发展与提升学生的数学阅读能力。有很多活动类型能够锻炼学生的阅读技能，教师要鼓励学生积极参与，让活动的训练效果更好地达成。比如，教师可以设计一些课外阅读活动，为学生提供展示平台，如黑板报、班会课、数学课前阅读展示等，让每个学生都能尽情地展示自己搜集的趣味数学故事、数学趣题、数学史料、数学家事迹等阅读材料。如此丰富的数学阅读素材，多

方位的阅读成果展示，这既能够丰富学生关于数学知识的积累，拓宽学生的认知范畴，同时，这也是一个很好的锻炼学生自主阅读能力的过程。不仅如此，这类活动还能够让学生进一步体验到数学阅读的乐趣，并且让学生逐渐感受到阅读带给自己的满足感，这对于学生的数学阅读素养的强化能够起到很好的促进效果。

在小学数学课程的教学中，教师要关注学生数学阅读能力的培养，逐渐提升学生的数学阅读技能。具备阅读能力，会让学生学习数学知识更加轻松，学生的理解能力和思维能力也能得到强化。各种轻松有趣的课外学习活动也是学生进行数学阅读的学习阵地。教师要为学生创建更好的学习氛围，组织丰富多样的活动类型，让学生的数学阅读技能可以得到更深入的发展与锻炼。这样学生才能够在数学课的学习上更加轻松，学生的综合学科素养也会大幅提升。

参考文献：

[1] 王艳春. 小学生数学思维培养存在的问题及对策研究[J]. 赤子，2017（14）：269.

[2] 翟荣俊. 高中生数学阅读能力培养现状分析及对策研究[J]. 数学大世界（下旬版），2019（09）：80，79.

[3] 李海红. 小学生数学思维培养存在的问题及对策[J]. 数学大世界（上旬版），2017（08）：37.

[4] 曾志欣. 初中数学教学在创新能力培养中存在的问题及应对策略[J]. 课程教育研究，2016（21）：100-101.

[5] 张晓蕾. 小学数学教学存在的问题及解决对策研究[J]. 现代交际，2020（03）：184-185.

信息技术赋能学生生长性发展评价的实践研究

◎周子钧

摘　要　人工智能技术的爆发，为当前教育实施有效评价提供了新的支持与可能，本文对当前学生发展实施评价出现的问题做一浅析，就新时代学校教育如何融合智能化技术，构建生长性发展评价系统做出行为层面的构想与探索，并就如何依托新理念、新媒体、新技术来构建智能化评价体系，实施学生生长性信息的研判与分析，让学习成长的每一步都能被"看见"，从而促进学生自驱性发展，对生命健康成长做一理性思考与行动探索。

关 键 词　信息技术；生长性发展；教育评价

作者简介　周子钧，江苏省常州市高级职业技术学校教师。

随着现代科学技术的发展和教育信息化建设步伐的不断加快，基于"互联网+"的教育理念、教育手段以及教育评价开始了一场新数字化变革。如何让学习可见，让学生在学习中实现自驱性发展，两大策略或许能得以保障：活动和留痕。

"互联网+"背景下的云计算、大数据、移动互联等技术极大丰富着当前的教育形式和用户体验。如何利用智能技术以及网络优势，融合智能技术，以大数据为基础，观察、描绘学生在校的点滴成长，并认真分析这些可靠、鲜活以及动态的数据或现象，深层挖掘其中的价值，为学生建立一张立体感、多元化的生长性记录单，进而为学生评价方式的创新、学生学习的"可见"提供技术支撑，这或将成为"生长性教育"改革学生评价方式的重要手段，也是更好适应时代发展需要的重要举措。

一、学生生长性发展评价研究构想与现实意义

传统意义上的评价方式采用的大多是单一的评价指标和维度，以主观印象判断为主，很大程度上忽视了学生发展过程中的变化，加上学生的进步与成长记录缺乏系统支持，必然带来不规范、不精准、缺少对学生进步的判断等问题，从而也失去了教育评价是为了学生健康成长的本来意义。

（一）研究构想

从育人环境与心理学角度来看，受家庭环境、文化等影响，当下的学生差异性较大，而教师在教育工作中常常忽视学生发展的起点，过分强调标准化结果，从而致使学生往往容易产生挫败感，形成习得性无助的心理障碍。如果教师处置不及时，往往会导致学生自暴自弃、一蹶不振。而解决这些问题的关键在于迫切需要一种技术来科学精准地记录与分析学生的点滴发展，有效实施生长性发展评价，赋能学生的健康成长。

随着大数据时代的到来，依托 AI 人工智能化技术、大数据可视化平台、区块链、物联网以及丰富多彩的 App 等新平台、新系统、新技术、

新手段，采集、分析学生生长性信息，逐步建立具有学校特质的、适切学生发展内需的信息化、智能化、一体化评价体系，达成适切教育的可能性。因此，我们设想，是否可以借力技术，因势而为，紧紧依托相关技术与平台，为学生的生长性发展提供强有力的数据支持，使得学生的各项评价情况能有后台记录并有效统计，方便教师优效高质地实施对信息与数据的分析，对学生的在校表现（或课内，或课外，或校内，或校外）做出实时科学精准的评价，并动态调整、优化教育教学策略，通过评价积分升级机制有效激励学生好学上进，健康成长。所有这些，或许对于分析把握新时代的学校教育与学生发展有着现实意义。

（二）现实意义

引入新型技术助力教育评价方式变革，赋能学生健康成长是一种必然行动。融合新技术支持服务学生生长性发展，在碎片化研究与积累下必将在实践探索中形成新的评测系统，必将给学生生长性成长、教师专业发展带来具有可信度的信息与真实的数据采集与分析，更加精准化地实施有效评价。构建大数据分析系统，记载学生成长轨迹，并适时分析研判，这对于化解当前学生成长信息杂乱，进一步优化策略将有着重要意义与作用。同时教育评价方式也将从单一的结果评价走向全过程、宽范围、多维度评价，对学生的能力定义也更加客观、公正。

融合智能技术，助推教育信息化从融合应用向创新发展的高阶演进是一种研究趋势。在当下以人工智能技术赋能高质量发展的智慧时代，学校教育必须加强新平台、新技术、新媒体、新方法的教育融合研究，探索智慧课堂教学个性化学习模式，提高新时代课堂教学品质和效能，努力打造"互联网＋教育"的校园新生态模式。

二、新技术赋能学生生长性发展评价的路径与策略

（一）融合智能技术，促进学生个性化学习和可持续发展

1. 集大成于一身

以信息技术与网络平台为依托，融合相关网络资源与平台、AI技术、办公软件、App等，或者与相关企业合作，积极构建"智能＋数据"技术支持系统，或长线，或短线，或碎片化，或结构化，对学生健康成长过程中生成的相关信息与数据进行采集、统计、分析、汇总，形成学生的电子成长记录袋，并依托生长性分析报告，通过问题现象的捕捉，进行研判分析，把握问题关键，实时优化策略，更好地促进每一个生命的幸福成长。

例如，在英语等学科中我们可以依托一起作业网等平台，充分利用其大数据平台的科学便捷性，使作业效果可量化，使教学情况可追踪，使学生发展可观察，最后将作业与教学紧密结合，真正打通最后一公里，高质量实现由教到学的完美闭环。

2. 量体裁衣，个性定制

打造具有校本特色、适宜学生自驱性发展的评价新平台。当下的学生接受新事物的能力优秀，对外界环境变化适应力强，学生处于不断发展变化的过程之中，我们评价的意义在于引导和促进学生能力的发展和完善。个性化、适切性、发展性是其最明显的特点。因此，我们要在学生发展价值导向、目标需求，以及教师不断地鼓舞和激励机制下，从"尊重学生发展，一切皆有可能"出发，根据学校自身环境，遵循课程建设规范与学生自我发展需求，寻求并争取第三方支持，协同开发系统化的发展性评价系统与平台。

3. 择优而选，物尽其用

当下支持教与学的平台很多，我们可以择一

而为，择优而用。如在课堂教学中，我们可以借助相关平台提供的学生数据统计信息对学生的学习过程进行监控，跟踪学生的学习轨迹。对于监控中发现的学习障碍，教师可以通过技术功能精准地把资源推送给学生，提供学习支架与服务，并实时进行反馈交流与助学，从而促进学生优质而高效的个性化学习和可持续学习。

（二）研判学生成长 DNA，促进学生健康成长

1. 学生发展素养的数据采集

在"互联网+"背景下，学生生长性信息的数据的收集与共享非常重要。融合智能技术，收集学生更多的成长信息与数据，并进行现象观察与大数据分析，对于优化育人策略，促进学生健康成长意义重大。其中的行为包括：

学生的基础数据的采集。包括学生个人信息、生长环境、课程信息、线上线下的学习行为数据、学业水平测试数据等。

学生阶段性结果类数据采集。包括创新学习、品德素养、学业成绩、素质等第等。

数字课堂行为数据采集。依托技术平台，通过智慧课堂（如励课平台）收集学生进行课前、课中、课后学习的相关资料，这些活动基本上构成了学生学习的所有过程，通过汇总这些信息数据，可以在一定程度上判断学生能力的发展情况。

其他类数据采集。如利用网络技术收集个性、兴趣、特长、社交信息、校外活动信息等，从而在这些数据中了解学生的业余生活。

2. 学生生长过程的要素分析

基于已有的客观数据与信息，对学生的基本样态、发展水平、学习过程、学业结果进行综合分析，并采集学生在现实生活中遗留下来的过程性数据，将学生放在他们的学习生活环境中进行评价，同时建设学生在线学习与测试系统，网上学习，网上评测，网上反馈，勾勒好学生成长的生长线，让学生发现自己，激励自己，

成就自己。

例如，在高中语文教学过程中，我们可以在"互联网+"背景下，依托智慧课堂平台，分析学生学习语文的环境，包括学生的学习轨迹，在每道作业题上逗留的时间，回答教师问题的情况，这些数据不仅可以包括常规化的结构数据，即考试成绩、平时表现、出勤记录等学业结果数据，还重视了非结构化数据，包括学生在学习中使用的行为数据（如图片、视频等学习资源的学习，计算器、画板等学习工具的学习及教学软件等）。通过这些语文学习的生长性过程要素的分析，教师可以更好地提供学习方案指导，也更有益于学生语文核心素养的自我发展。

3. 学生的非正式学习的行为判断

当下孩子的成长是一个循序渐进的过程，他们不仅参与课堂学习活动，还参与一些课外活动，包括社会实践活动。利用大数据技术，对这些数据进行收集整合，多方面地判断学生在特定学习生活场景下的具体情况，由此对学生的生长性发展做出分析。

在"互联网+"背景下，对学生课内课外、正式学习环境与非正式学习环境、线上线下学习情况的数据进行优化整合，对学生的发展进行多角度、全方位的考查，以此形成基于大数据的学生综合素质画像标签，及时了解学生在发展过程中存在的问题，并及时跟进，采取帮扶措施，促进学生的健康成长。

（三）构建三大评价系统，促进学生生命拔节

1. 构建学生综合素质评价体系

（1）生长性智能化评价系统。依托钉钉网、一起作业网等，采集和分析学生结果性数据和过程性数据，大致形成对学生各方面表现的评价体系，包括学生的道德品质、学习品质、创新精神、实践能力等多方面数据。例如，判断学生在线学习品质，可以通过数据的采集与自动生成的报告来判断学生的学习坚持性（包括能否坚持完成课

程学习、完成率高低、退选率等情况）、学习主动性（报名课程数量、发帖次数数量、展示成果数量等）、学习合作性（包括给别人发帖情况、回答别人问题的情况等）等，通过这几个角度判断学生的学习品质和思维品质，实施跟踪记录与生长性评价。

（2）使用数字化软件。利用文本处理相关软件，进行学生成长性结果的分析处理。例如，运用电子表格的统计、图表、函数功能，把学生个人学习评价表、小组学习评价表、教师评价汇总表中的评价等级数量化，进行横向、纵向对比，并转化为图表形式，以便进行多维度对比研究。

（3）运用互联网技术。充分利用大数据技术、互联网技术对学生的各方面表现进行判断和评价，收集多元化的数据，利用有力的评价工具，对学生的发展进行考查，优化学生健康成长促进方案。

2. 构建个性化的智能课堂

在实践中，我们可以利用励课、一起作业网等平台，或者征集运用一些教学 App，或者引入 AI 赋能课堂教学，为学生的自主学习与个性化学习提供学习资源与工具，构建好泛在学习空间，探索研究智慧教育时代的个性化学习方式，并通过信息技术的数据分析与反馈功能，优化并及时调整学习指导的策略，从而更好更优地构建个性化智能课堂，促进学生核心素养更好地发展。如在实践中，教学组织者可以通过一起作业平台，针对学生往期做题正误率生成学情分析报告，及时了解各个学生的学习水平及知识薄弱点，从而优化并制订新的适切的教学方案，而这整个过程是一个不断优化的动态过程。在此后的课堂中，教师便能呈现更好的课堂状态，实现课堂样式的优化。

3. 构建个性化的育人环境

为教师在教学实践过程中提供个性化的育人环境，这种环境既包括软硬件环境，也包括链接人的软环境，这样做既保持了孩子与生俱来的好奇心，也能让师生更好地展示自己，更好地获得成功的体验。例如，在高中文言文能动性拓展性阅读教学指导前，教师可以利用智能推荐系统，对学生的兴趣爱好等信息进行捕捉与分析，智能推荐适合学生学习的相关史料背景、题材课程、艺术手法、语言特色等多维度的课内外阅读材料，以及学习方法与支架，从而更精准、更适切、更高效地提高学生学习文言文的热情，更好地培养和发展学生的语文核心素养。

三、结语

随着人工智能和大数据技术的不断发展，数字技术赋能课堂革新已成为教育高质量发展的关键要素。在育人环境、育人方式的变革中，我们要善于把握数字化背景下学生发展性评价的全面性、动态性、差异性、多元性等内涵特征，深度融入数字化理念，合理引入数字化技术，加强学习行为观察记录，做好学习数据研判与行为分析，量身定制学习计划，提供个性化学习内容及辅导，增强师生间的互动体验，在行为跟进中不断优化学生生长性发展评价策略，从而构建数字融合的教育新生态，支持学生的精准化学习、个性化培养，更好地促进教学数字化转型的可持续性，为每个学生提供最适合的教育。

参考文献：

[1]约翰·哈蒂.可见的学习：对 800 多项关于学业成就的元分析的综合报告[M].北京：教育科学出版社,2015.

[2]赵慧.未来教育：教育改革的未来[M].北京：人民日报出版社,2021.

基于智慧教育的小学语文核心素养提升策略探析

◎王桂香

摘　　要 智慧教育的出现打破了传统的课堂教学模式，将学习的主动权交还给学生，让学生做课堂的"主人"。本文围绕小学语文教学提升学生核心素养这一主旨，在智慧教育引领下，探究小学语文教学提升学生核心素养的有效策略，以期能够为同行做有价值的借鉴和参考。

关 键 词 智慧教育；教学资源；小学语文；核心素养

作者简介 王桂香，江苏省盐城市滨河路小学校长，高级教师。

小学阶段是培养学生核心素养的基础阶段。小学语文课堂上，教师可以融合智慧教育理念，借助信息技术，打造符合小学生个性及学习规律的特色课堂，活跃课堂学习氛围，激发学生的学习兴趣，使学生的语文核心素养得到有效提升。

一、通过智慧教育优化整合教学资源，激发学生学习兴趣

小学教学过程中，教学资源的收集与应用非常重要。教师根据教材内容，收集合适的教学资源，帮助学生更加清晰简约地掌握所学知识。想要让学生的学习兴趣得到更好的激发，需要教师紧跟时代步伐，引入智慧教育的方式来优化并整合教学资源。

例如，在二年级上册第一课《小蝌蚪找妈妈》的教学中，教师在寻找教材资源的时候，首先想到的关键词应该是"找"，进而联想到"寻人启事"。教师可以选择一个合适的文案代入，让班级学生一同来帮忙寻找小蝌蚪的妈妈。如此，学生的好奇心被"点燃"，学习兴趣得到激发，也有助于培养学生乐于助人的优秀品质。因此，在教学过程中，通过智慧教育优化整合教学资源，能够使课堂效果事半功倍，有效提升学生的核心素养培养效果。

二、通过智慧教育展现虚拟情境，促进学生思维延伸发展

小学语文主要学习汉语语言知识，对小学生来说较为抽象。教师如果仅仅通过语言描述，很难将知识点确切地展现给学生。因此，通过运用智慧环境的虚拟设备，可以打破传统课堂教学模式，轻松地使得事物立体、生动地展现在学生面前，帮助学生更加简单明了地理解知识内容，同时促进学生的思维延伸发展。

例如，在三年级上册《总也倒不了的老屋》的教学中，教师运用多媒体展示动画短片，让学生看到一座一百多岁的破旧老屋：窗户飘零成了黑窟窿，门板破了洞，凄风苦雨渲染出老屋凄凉的情景。学生在这样的情境中，自然进入到新课的学习中，跟随教师一起寻找老屋总也倒不下的原因。通过智慧教育平台的运用，课堂变得轻松、有趣，更好地契合了学生的学习需求，有益于学生核心素养的提升。除此之外，在案例设计过程中，教师可以有意识地让学生同样运用信息

技术搜集相关的辅助资料，并根据自身情况完成课后作业，加深学生对课本知识的理解，进一步提升学生的思维力。

三、通过智慧教育组织学习实践，提升学生学习动力

在传统教学模式中，教师受场地、设备、时间等因素的限制，组织学生进行学习实践的机会有限，且效果不明显。在智慧课堂中，教师应当将智慧课堂本身具有的个性化优势发挥出来，组织学生进行实践活动，激发学生的好奇心及学习兴趣，提升学生的学习动力。

例如，教学四年级下册《飞向蓝天的恐龙》后，教师组织学生进行"我是一只飞向蓝天的恐龙"实践活动，让每个学生扮演一只恐龙，让其他学生猜测。有的学生扮演一只灿烂多彩的恐龙，那么其他学生可以猜测"五彩斑斓"这个词语；有些学生扮演时，缓慢地走来走去，显得特别迟钝，其他学生猜测"钝""笨重"等词语。通过有趣的课堂活动设计，让学生打破只有一个答案的定律，充分发挥想象，根据所学知识尽情联想，让每位学生都能得到个性化发展。

从以上案例可知，教师在组织学生进行学习实践活动时，需要贴合实际教学内容和学生学情，保障学生的活动主导地位，同时注意学生的安全。除此之外，对于对实践活动不感兴趣的学生，需要及时反馈，在今后的课堂上做出调整。

四、通过智慧教育公布教学评价，实现师生共同进步

教学评价是每一门科目必需的。教学评价能够使学生了解自身的学习情况，帮助学生更好地认识自己。智慧教育关注学生的个性化成长，旨在通过智慧教育平台凸显学生的学习成果，让更多学生亲身参与到评价活动中，帮助学生提升自信心。同时，教师通过评价，能及时总结课堂教学经验，查缺补漏，促进自身教学水平的完善与提升，最终实现学生和教师的共同进步。

例如，教学五年级下册《草船借箭》时，教师采取小组讨论的方式，让学生讨论"从哪些地方能够显出诸葛亮的神机妙算""周瑜到底在哪些地方不如诸葛亮"。关于这两个问题，每个小组都有精彩的回答，而教师将这些瞬间记录下来，并通过微信、QQ、微博等平台发布这些精彩内容，记录每个学生的精彩瞬间。借由这些方式，学生能了解自己及其他同学的学习情况，互相学习、借鉴，共同提升。教师还可以通过组织学生开展作业评价、组内评价、组外评价等个性化评价方式，让学生更好地认识自己，并通过评价反馈不断调整自己的学习状态和方法。同时，教师借助个性化评价，关注学生独特的优势，适时给予鼓励，促成学生的个性化发展。

五、通过智慧教育创设问题，促进学生思维发展

日常教学中，我们大多选择通过小组探究或问题教学等实践来促进学生思维能力的培养和提升，这些教学方式同样适用于智慧课。为此，教师需要充分利用各种现代化教学资源，对传统的教学模式进行延伸，以便进一步培养和提升学生的思维能力。

例如，在五年级上册《慈母情深》的教学过程中，教师先给学生播放一段关于母亲的视频，让学生感受母爱的力量。紧接着，教师提出问题，如"结合视频内容，哪些地方让你感触颇深""回想一下，你和母亲发生过的印象特别深的事情"。通过问题的创设，引导学生深入思考，同时匹配相应的图片信息，促进学生思维的深度和广度发展。需要注意的是，教师设置问题时，必须注重问题设定的连贯性、紧密性，以免学生的思维发生混乱。

六、通过智慧教育丰富教学元素，提高学生审美能力

当前，绝大多数教师忽视了语文教学的美育作用。实际上，美育应该贯穿语文教学的始终，美育内容应该充斥课堂教学的角角落落，包括文字的美、文化的美、语言的美、自然现象的美等。基于智慧课堂的小学语文教学，有助于学生审美教育的开展，是符合新课程标准的教学方式，有助于学生语文核心素养的全面提升。

例如，在《四季之美》一课的教学过程中，课前，教师可以搜集变幻的四季风景图片，比如北京的冬景、原野森林的夏天、不同城市街道的秋景、阿尔卑斯山的雪景等，也可以是相关的季节更迭的风景视频等。借助多媒体展示这些美好的图景或视频，给予学生视觉美、音乐美等感官的享受。也可以带学生走出课堂，直观地感受当季的美景；或者在班级内召开主题班会，让学生分享自己的旅行见闻，着重介绍旅途的美景。如此，对于提升学生的审美感知能力有极大助力。

七、通过智慧教育链接生活，培养学生文化理解能力

文化是一个国家、一个民族存在与发展过程中综合力量的重要体现。语文于文化传承有非常重要的作用，是学生学习文化、感知文化、发展文化的核心途径。小学语文课堂教学中，教师要引导学生理解文化，注重学生相关能力的培育。因此，教师可以综合智慧课堂的功能性特征，深化学生对我国文化内涵的理解。

例如，在《为中华之崛起而读书》一课的教学过程中，教师可以搜集中华人民共和国成立时的视频或图片播放给学生观看，或查找一些中华人民共和国成立前后的历史背景资料，让学生深刻感知我国建立初期的艰辛与不易。在此过程中，学生对文化内涵的理解进一步深化，潜移默化中培养了民族精神和爱国情怀。接着，教师播放当前人们的生活场景，并请学生通过小组讨论、自主展示等方式畅谈当下的生活。通过智慧教育课堂的搭建，帮助学生一边追溯往昔，一边着眼当下；通过与实际生活的链接，帮助学生对课本内容的理解不再浮于表面，变得更为深入和深刻。

综上所述，语文作为小学基础性语言学科，语文教学水平高低直接影响了学生核心素养的培养成效。身为语文一线教师，应当顺应智慧教育时代的发展，将"互联网＋"信息技术手段精准应用于教育领域中，将智慧教育的精髓融入自身的课堂教学中，让知识变得更加立体、动态，更加多元化、生活化、趣味化地呈现在学生面前，让学生更容易接受、学习、探索、思考，进而内化为自己的储备，最终促成学生的语文核心素养的全面提升。

参考文献：

[1] 颜若银 . 基于智慧教育基础上构建小学语文智慧课堂的策略 [J]. 文理导航（下旬），2019（01）：50-51.

[2] 张逸武 . 智慧教育下小学语文教学环节关联性研究 [J]. 家长（上旬刊），2020（01）：120-121.

[3] 殷建华 . 智慧教育引领下小学语文教学提升学生核心素养的途径分析 [J]. 学周刊，2020（30）：13-14.

[4] 徐慧玲 . 基于学科核心素养的小学语文课堂教学策略 [J]. 知识窗（教师版），2021（02）：23.

[5] 马秀英 . 基于核心素养的小学语文信息化教学研究 [J]. 考试周刊，2021（16）：23-24.

[6] 黄娅芳 . 小学语文教学如何培养学生核心素养 [J]. 课外语文（下），2021（02）：43-44.

基于项目式学习的小学信息技术教学策略

◎ 何开顺

摘　　要　项目式学习是一种高度自主且富有实操性的教学模式。将项目式学习运用在信息技术课堂上，能促使学生应用所学知识并深化思考，既锻炼了实践技能，也培养了他们的思考能力。本文通过分析具体教学案例，深入探讨了在信息技术教学中实施项目式学习的策略，旨在实现小学信息技术课程的优化提质。

关 键 词　项目式学习；信息技术教学；小学；策略

作者简介　何开顺，江苏省扬州市宝应县安宜实验学校副校长，高级教师。

项目式学习作为一种新型教学模式、一种动态教学方法，使学生能够通过探索复杂的问题、挑战或者真实世界的问题来获取深入的知识。在小学信息技术教学中，项目式学习不仅能促进学生应用信息技术知识解决实际问题，还通过项目合作，培养学生的团队合作精神、道德观念和责任感。

本文结合具体教学实践，从四个方面阐述在信息技术教学中实施项目式学习的策略。

一、坚持学生主体，重构教学理念

（一）整合关键环节，推动项目实施

为了确保项目式学习的成功实施，教师必须进行全面的准备，这包括深刻理解 PBL 的核心原理，参与专业发展活动，获取必要的资源以及建立一个全面的支持体系。这些关键环节共同作用，确保了 PBL 项目的顺利进行和达成既定目标。

以聚焦环保的 PBL 项目为例。该项目旨在深化学生对环境保护重要性的理解，并鼓励他们在日常生活中积极实践环保。该项目的主要目标是激励学生团队共同设计并实行一项持续的环保

活动计划，并通过结合文本与图片的记录形式，向学校及社区展示他们的成果，从而提升他们的文档处理技能。

在项目启动之前，教师做了充足的准备，整合各个关键环节。首先，教师参与专业发展相关的培训，提升设计和实施项目方面的技能。其次，教师探索如何将环保教育有效地融入PBL，并掌握了促使学生积极学习和合作的多种策略。再次，为了支撑学生的项目实操，教师积极整合了包括在线环保教育平台、本地环保组织在内的联系信息，以及可再生资源实验工具包等丰富资源。最后，为了建立一个全方位的支持系统，教师与校内外的其他教师、家长及本地环保组织建立了紧密的合作伙伴关系。这种协作不仅为学生的项目提供了所需的资源和支持，而且通过邀请家长和社区成员参与项目的最终展示，进一步增强了学生的责任感和成就感。

通过参与这一环保主题的 PBL 项目，学生不仅对环境保护的重要性有了更深的理解，还通过亲身实践学会了如何在生活中实现环保。此外，在合作过程中，学生培养了责任感和对社会

的贡献意识，实现了学术学习和德育教育的完美结合。

（二）贴合认知规律，拟定学习项目

教育的本质在于引导学生自主学习和发展，教师应当从学生的认知特点出发，设计符合其兴趣和需求的学习项目。在小学信息技术教学中，教师需要结合学生的年龄特征和认知规律，创设情境，激发学生的好奇心和探究欲，引导学生主动学习和实践。

在以往的教学活动中，教师往往紧扣教材内容并按照"知识点讲解、知识点实操、知识点评价"的顺序展开教学。这种以教师为主体的教学方式不符合小学生的学习心理，导致学生经常无法跟上教师的脚步。引入项目式学习法的同时，教师也要考虑学生的认知规律来进行项目设计和实施，让学生在学习过程中发挥自己的主观能动性。此外，由于小学生的实践能力、操作能力有限，所以教师应主动跟踪项目运行情况并及时调解其中的矛盾。

以"我的环保生活"主题项目为例。为帮助五年级学生学习 WPS 文字处理技能，结合对学生的认知发展水平的考量，我们设计了该项目。在项目的初步阶段，教师精选符合学生认知偏好的视频激发学生对环境问题的兴趣，随后引导学生观察自身生活中的不环保行为，并激励他们思考并提出具体的解决策略。在项目的收尾阶段，学生们通过 WPS，结合文字和图像，以更加生动、直观的方式展现他们的方案，这种展示方法不仅更符合五年级学生的学习习惯，同时也促进了他们信息技术能力的提升。

再以小学信息技术认识键盘为例。在预学阶段，教师考虑到学生的思维处于形象思维阶段，先让学生观察键盘，分析键盘分布规律，引导学生凭借自己的观察能力了解键盘的键位排布，猜测具体的使用方式。在导入部分，教师并不急于讲解教材内容，而是邀请学生分享自己观察到的键盘特点，在学生分享自己的想法后，教师再引入键盘的基本介绍以及简单的使用方法。另外，在讲解如何使用键盘时，教师在正式讲解操作前，邀请学生尝试敲击键盘，用具体的感官感受引导他们理解抽象的操作要求。

（三）融入德育内涵，加大项目深度

随着德育教育以及素质教育的发展，小学信息技术的教学目标得到扩展，信息技术课程不再局限于知识和技能的传授，更加强调德育的融入。在教学活动中，教师除了要锻炼学生的动手操作能力，还要培养他们的道德操守以及行为习惯。从教材内容来看，小学信息技术与实际生活息息相关，所以，教师需要坚持立德树人这一根本思想，致力于通过诸多颇具教育意义的学习项目引导学生明晰"哪些行为是正确的""哪些行为是错误的""哪些思想是正确的""哪些思想是错误的"。依托长期且系统的引导，学生可以形成正向的价值观。

以小学信息技术文字输入比赛为例。为了培养学生集体荣誉感，教师将班级中的学生有序地划分为 6 个学习小组，并以组为单位进行打字比赛。比赛结束后，教师邀请优胜组以及落后组的成员进行经验的分享。学生通过对比发现，优胜组的成员大多能够合理分配任务内容并互相鼓励，防止成员掉队，从而意识到合作的重要性。

在信息时代的大背景下，大量的信息涌入人们的生活。教师要引导学生识别外界危险，避免负面信息，并注重将德育融入教学内容与项目，坚持以学生为本，立德树人。

二、加强教学管理，促进全面发展

（一）加强日常管理，营造学习环境

小学阶段是培养学生良好行为习惯的基础阶段，因此，无论是日常的授课还是学习项目的探索，教师都要抓好常规引导。受学科特点影响，小学信息技术教育需要专用教室，考虑到小

学生的自律能力较弱，为维护教学秩序和规范教室使用行为，教师需要在项目布置之前强调规章制度，将"哪些事情可以做""哪些事情不能做"做出明确阐述。此外，小学生的自我监督能力有限，所以，教师不仅要在项目布置阶段明确项目内容、要求，规划好实践的时间，还应在项目实践过程中加强巡视。通过实践进度的监督，学生能够在自由宽松的学习环境中探索学习项目。

以收发电子邮件项目为例。在课程讲解阶段，教师分别讲解"免费邮箱申请""邮箱账号登录""写邮件""发邮件"的技术要点和具体操作要求。在学生实操过程中，教师时刻监督学生的操作，引导学生总结收发邮件的操作步骤，了解学生的实践情况，确保学生掌握知识技能。

（二）规范错误行为，推动项目进程

在日常教学活动中，我们不难发现，学生在操作中容易出现拔键帽、砸鼠标等不规范行为。因此，为了推动项目进程，提高项目效率，教师要重视行为规范。而教师及时制止其中的错误行为，也能提高学生的参与积极性。一般来说，教师可以从两个方面对学生的错误行为进行规范，其一是加强教学环境的建设，通过八礼四仪、专用教室规章制度、中小学生行为规范守则等提醒，使学生能够意识到科学使用计算机的重要性。其二是加强教学过程评价，分析与引导学生的行为。

以演示文稿创作项目为例。在这个项目的实施过程中，教师发现，其中一个学习小组发生了较为严重的争执。经过了解，该小组的 3 名同学对任务分工有异议，都只想做其中一个环节的任务。此时，为确保学习过程的顺利进行，教师需要进行引导，让能力较弱的学生优先选择并鼓励能力较强的学生尝试更有挑战性的任务。依托循序渐进的引导，学生逐步意识到协调对小组合作的重要性。

三、了解学生实情，贴合实际生活

（一）运用互联网，渗透核心价值观

随着互联网信息的发展，大量的信息涌入生活，这也给学生带来了一定的负担。由于小学生的年龄小，缺乏明辨是非的能力，经常在纷繁复杂的信息中不知所措。为了渗透社会主义核心价值观，贯彻立德树人理念，教师在拟定学习项目之时就要融入德育目标。凭借实际生活与项目主题的结合，让学生一边探索专业知识点，一边分析社会发展趋势，观察社会现象。

以开通微博空间的学习项目为例。学生往往对这种与社会实际相接轨的内容非常感兴趣。然而，互联网信息纷繁复杂，学生往往会被娱乐信息吸引而不去关注真正重要的信息。为此，教师要引导学生在探索微博功能的同时，搜集社会热点，了解社会现象，并在这一过程中渗透核心价值观的教育。

（二）融合范例教学，渗透传统文化

学习项目的落实包含多个步骤，其中在项目布置阶段，教师可以引入范例教学。从范例教学的定义来看，该教学策略讲求以示范性案例为基础，引导学生探索、掌握基本的知识。区别于传统意义上的教学策略，范例教学既能提高学生的知识整合能力，又能调动他们的逻辑思维能力。同时，在新时期的小学信息技术教学中，教育者日益重视传统文化，并努力将其与社会热点融合。

以 Scratch 角色绘制为例。该学习项目要求学生在 Scratch 中新增一个与传统文化有关的角色并让它动起来。考虑到主题内容的宽泛性，在前期的任务布置中，教师引入范例教学。通过介绍历史人物、经典戏剧人物等与传统文化息息相关的角色，使学生能够初步理解项目要求，感受文化底蕴。需要注意的是，小学生的想象力丰富，教师在引导的过程中需要针对他们的思路与想法，及时予以肯定，鼓励他们积极创新。

随着社会的发展，越来越多的教育者致力于将传统文化要素融入日常的学习项目中。在此过程中，教师应借助范例教学等教学策略，在学生面对问题时，鼓励学生最大程度地发挥自己的主观能动性，并提出自己的创新思路。

四、转变教师角色，深化 PBL 与德育融合

在 PBL 的框架中，教师由传统的信息传递者转变为学生的导师、引导者和协助者。这种角色转换对激发学生深入学习和促进其个人成长至关重要，尤其在融入德育教育的项目中更是显得尤为重要。PBL 提供了一个独特的平台，让教师得以将社会主义核心价值观、责任感、公民意识和道德判断力的培养整合进学生的学习过程。

在选择 PBL 项目主题时，应坚持学生的主体地位，着重选择那些与学生的日常生活紧密相关且能体现社会主义核心价值观的主题，如环境保护、社会公平和历史文化传承。以环境保护项目为例，该学习项目可以鼓励学生发现校园之美，并关注校园环境问题。通过拍摄校园美景图片并分享给同学和教师，引导学生关注环境问题并寻求解决方案，如垃圾分类、节水节电等，同时鼓励他们在校园内积极宣传这些实践。通过项目式学习，使学生不仅掌握环保知识，更增强作为环保公民的责任感。

教师应运用多种教学策略在项目式学习中融合实践社会主义核心价值观。例如，通过模拟社会角色或情境，让学生体验在不同社会情境中进行道德决策的过程，增强他们的道德判断力和责任感。为确保学生有效学习和内化这些价值观，教师应构建包括自评、同伴评价和教师评价在内的综合评价体系，重点评估学生的道德思考、决策过程以及团队合作和社会参与能力。

通过上述融合，教师在 PBL 项目中的角色不仅限于知识的传递，更扩展为价值观的培育者、道德的导向者和公民意识的塑造者，通过项目式学习指导学生深入理解和实践社会主义核心价值观，从而促进他们的全面发展。

小学阶段借助项目式学习进行信息技术教学有助于提升学生的信息技术素养。需要注意的是，在项目式学习的过程中，教师要加强对学生的德育引导，促进德育与智育的融合，实现学生全面发展。

参考文献：

［1］娄颖.核心素养下小学信息技术学科渗透德育的路径探析［J］.吉林教育，2022（28）：35-37.

［2］葛雪莲.发展核心素养下的小学信息技术合作学习策略分析［J］.基础教育论坛，2020（10）：32-33.

［3］张丽.立德树人下的小学信息技术教学策略［J］.文理导航（下旬），2022（09）：73-75.

［4］赫英傲.STEAM 教育视域下的小学信息技术应用策略探究［J］.天天爱科学（教学研究），2022（12）：28-30.

［5］王旋.不忘初心，立德树人——浅谈信息技术在小学德育教学中的应用［J］.新课程（小学版），2018（008）：122.

费曼学习法在初中古诗词教学中的价值与实施

◎苏乔明

摘　要 费曼学习法作为一种简单高效的学习和思维方式，有助于促成学习和思考的过程量化。本文旨在通过实例分析，探讨在初中阶段古诗词教学中如何有效地应用费曼学习法，通过目标、理解、回顾、输出、简化等步骤，让学生从被动接受转变为主动传播，以提升学生对古诗词的理解、记忆和内化能力，从而实现深度学习。

关键词 费曼学习法；初中；古诗词教学；教学策略；实施

作者简介 苏乔明，江苏省如皋市实验初中教师，中学高级教师。

《义务教育语文课程标准（2022年版）》明确提出"热爱国家通用语言文字，感受语言文字及作品的独特价值，认识中华文化的丰厚博大，汲取智慧，弘扬社会主义先进文化、革命文化、中华优秀传统文化，建立文化自信"这一课程目标。古诗词作为传统文化的重要载体，对青少年的影响无疑是很大的。初中阶段古诗词板块一直是语文教学的重点，同时难度系数也较高。教师可以引入"费曼学习法"，根据学生情况合理定位和实施，充分调动学生学习的主观能动性，倒果为因，翻转学教，引导学生进行深层次解读和个性化表达，激发学生学习语文的兴趣，提升学生的语文核心素养。

一、费曼学习法的内涵、特征与教学意义

费曼学习法是由诺贝尔物理学奖得主理查德·费曼提出的一种高效学习方法，和西蒙学习法、番茄工作法、思维导图学习法、跨界学习法并称为世界五大学习法。

（一）费曼学习法的内涵

费曼学习法的核心是把复杂的知识简单化，以教代学，让输出倒逼输入，即学习时重在知识的输出和思维的简化，通过向他人解释复杂的内容，来深化个人的理解，从而把知识学全学透。费曼认为，真正掌握知识的验证标准就是能用浅显易懂的语言把复杂深奥的问题讲清楚。从这个维度来讲，这和白居易作诗"老妪能解"的标准如出一辙。如果白居易写诗追求的是"通俗易懂"，那么费曼技巧讲究的就是"深入浅出"，所以也有人趣称费曼为"美版白居易"。

（二）费曼学习法的特征

费曼学习法具有如下几个特征：一是主动学习，强调学生主动参与，通过输出带动输入，促使学生主动去理解和消化知识；二是简化表达，追求知识的本质，去除不必要的复杂性，使学生理解并掌握知识的底层逻辑；三是反馈循环，在教授他人过程中，通过反馈识别自己理解的薄弱点，进行针对性的复习和巩固；四是实践应用，通过模拟教学，鼓励学生将所学知识实际运用到新的情境中，提高知识的迁移能力。

（三）费曼学习法的教学意义

在教学中恰到好处地运用费曼学习法，对

于锻炼学生思维的开放性、批判性、逻辑性以及更为清晰地表达观点这几个层面均有着一定的意义：其一，锻炼思维能力，学生在输出知识的过程中，为了让效果最优化，务必要想方设法地表达概念，这个过程锻炼了学生的抽象思维、逻辑思维和创新思维能力；其二，提高思维深度，要求学生用简单明了的语言解释复杂概念，促使他们深入理解知识的本质；其三，增强学生记忆力，学生在自我输出和教授他人的过程中，需要对知识进行再加工和重组，这种主动的学习方式能够加强记忆，使知识在大脑中扎根；其四，提高课堂教学效果，费曼学习法鼓励学生进行主动学习，清晰地表达观点，相较于传统的被动接受知识，费曼学习法教学效果更优；其五，促进知识转化，通过模拟教学，学生可以把知识转化为可传授的经验，有助于在不同情境中应用知识。

二、费曼学习法对于初中古诗词教学的"锚定"价值

费曼学习法对于初中古诗词教学的"锚定"价值在于以下几点。

（一）知识内化与巩固的关键

费曼学习法要求学生将所学内容以简单易懂的方式传授给他人，这对于初中生理解和内化古诗词至关重要。学生需要深入理解诗词的每一个字句、意象和情感，这样才能将其转化为浅显的语言，这个过程如同抛锚固定知识于脑海中，有助于长期记忆和深刻理解。这在古诗词教学中意味着学生不仅需要记住诗词的字面意思，还需要理解诗词的深层意境、作者情感和文化背景。为此，学生需要将复杂、抽象的诗词内容转化为自己能理解并能向他人清楚解释的形式，这有助于他们深度理解和内化诗词知识。

（二）理解深度与广度的拓展

通过费曼学习法，学生在解读诗词时需从作者身世、时代背景、写作手法等多维度出发，这就如同为古诗词的理解锚定了多个支点，使学生能够在更广阔的语境中把握诗词的精神内涵。古诗词教学中，最常用的一个词就是"知人论世"，作者创作的每一首诗歌都是作者对当时所处时代、社会和个人情感独一无二的映射，学生在理解古诗词时就应该对锚定的这些支点有意识地去感知和领悟，这样在输出时才能更好地表达作者的意思和情感，提高自己对古诗词的鉴赏水平。

（三）学习过程与效果的反馈

费曼学习法强调互动和反馈，学生在向他人解释诗词时，可以获得即时的反馈信息，从而发现自己理解中的漏洞或盲点，进而调整思路，修正错误，犹如锚定船只时调整锚链长度以找到最稳的着力点。在模拟古诗词教学过程中，学生通过与他人的互动交流，可以即时反馈，了解自己对诗词理解得准确与否，及时调整和完善自己的理解和表达，通过有效的自我纠正机制，形成闭环学习，不断提升对古诗词的认知水平。

（四）应用与创新能力的培养

初中生运用费曼学习法教授诗词时，为了提高输出效果，需要运用诸如模仿情境、视频演示、网络配合等创新性手段，这一过程如同为诗词学习找到了现实生活的锚定点，既增强了知识应用的趣味性，也锻炼了学生的动脑、动手以及和媒体协作的创新能力。为了使他人更好地理解诗词，学生需要运用想象力和创新思维，将诗词内容与日常生活、个人经历、其他学科知识等相联系，创造出贴切而生动的比喻和例子，从而培养和锻炼创新联想能力。

三、费曼教学法在初中古诗词教学中的实施策略

下面拟以《〈诗经〉二首》为例，简要阐述费曼学习法在初中古诗词教学中的实施策略。

（一）锁定目标，明晰方向，厘清全文的主要内容

费曼学习法是否成功运用在古诗词教学中，首先取决于目标的确立是否合理正确，合理正确的目标能让教学思维更加清晰，让教学过程更有执行力，引导学生学习古诗词更具方向性。

古诗词基本的教学目标通常有三点：诵读并背诵、品味语言、体会意境。而我们在教学《〈诗经〉二首》的时候，由于其写法的特殊性，还应该有其他的教学目标。通过自主朗读诗歌，学生发现两首诗的节奏、韵律比较独特，在写作上有自己的特点。根据费曼学习法目标"全面性原则、重点性原则、挑战性原则、可行性原则、可调性原则"，教师最终确定了本课的教学目标：① 了解《诗经》的基本知识，理解两首诗的大体意思；② 学习两首诗赋、比、兴的艺术表现手法，体会表达效果；③ 体会诗歌的音韵美、意境美、含蓄美；④ 正确认识古人的情感追求。

如何实现这些教学目标呢？教师首先引导学生通过自己的反复朗读，初步了解文义、尝试理解诗歌情感；然后对学习过程中涉及的相关知识点进行归类、筛选、对比，将知识系统化，找出与本课实际需求相匹配的知识，筛选留下最可靠的知识，并形成教学目标的思维导图，让知识可视化。

（二）自主讲解，尝试复述，凸显输出式学习策略

费曼学习法特别重视"输出"的作用。所谓输出，就是复述你所学到的知识，讲给别人听，让别人能理解。复述不是一遍就成功的，前后需要几次复述。比如，教师要求学生结合注释，疏通全诗大意，要求重点字词、关键字词要落实，且语句顺畅。怎样才能达到这一要求？如何讲给自己听？根据费曼学习法，第一次复述可以分为三个阶段。

第一阶段是凭印象复述。学生根据自己的理解，把自己记得最清楚、印象最深刻的内容讲述出来。不必顾虑是否准确，重在大胆、自由地讲出印象。

第二阶段是复述中提问。在第一阶段的复述后，可以对自己提出一些问题，比如，君子为何思念淑女？强烈的思念之情是如何体现的？君子准备如何博得淑女的芳心？只有解决了这些疑问，才能把知识变成自己的智慧，也才能成功地输出给别人。

第三阶段是复述中加入自己的观点。加入自己的观点，使自身原有知识和新知识有机衔接。有了自己的观点，输出自己的观点，就不是机械的知识搬运工，而能更全面更深入地理解问题，提升自己的水平。

（三）以教代学，倒逼输入，表达简洁明了有深度

以教代学是费曼学习法的核心，前提是自己能真正理解。以教代学最重要的一个要求就是用简洁的语言通过有深度的分析，让别人听得懂。这里有两个关键词：简洁、深度。简洁，让说者方便，让听者轻松，不至于设置理解障碍；有深度，就是有价值，对问题有自己的独特分析，让人听后能解决问题。

比如，在《关雎》一诗中，如何理解"比""兴"的表现手法。学生该如何讲给别人听？可以要求学生用通俗易懂的语言进行阐述："比"，就是比喻，就是打比方；"兴"就是触景生情，先讲其他事物，再讲你要说的内容。有的诗句中既用"比"又用"兴"，可并称为"比兴"。这样说比较简洁，也容易理解。

然后再引导学生联系已学的现代诗歌中的内容举例拓展。如《天上的街市》中"远远的街灯明了，好像闪着无数的明星"，把街灯比作明星，就是用的"比"；《回延安》中"东山的糜子西山的谷，肩膀上的红旗手中的书"中，先说延安的物产，引起下文"我"当年在延安的斗争和学习

生活，用的是"兴"；《回延安》中"树梢树枝数根根，亲山亲水有亲人"，先说树的梢、枝、根的关系，以引起下句写"我"与延安的关系，同时也用梢、枝、根连成一体比喻"我"与延安密不可分，就是用的"比兴"。

接着谈"比""兴"在《〈诗经〉二首》中的运用。"蒹葭苍苍，白露为霜。所谓伊人，在水一方"，写"芦苇""露水"，都是为了引出"在水一方"的"伊人"，这一句用的是"兴"。"关关雎鸠，在河之洲。窈窕淑女，君子好逑"，用水鸟和鸣比喻男女间的和谐恩爱，同时以水鸟在河洲上鸣叫求偶，引出君子对淑女的爱慕之情，用的是"比兴"。

最后融入自己的理解，谈"比""兴"的作用：让诗歌主人公想表达的内容更形象、更生动，特征更鲜明，让读者能感受到主人公热切的情怀，诗歌本身一唱三叹的独特节奏和别样韵味，诗歌主人公与读者的互相感染、共情，使诗歌散发出迷人的艺术魅力。

（四）及时回顾，重点突破，内化整合至知识体系

怎样让所学知识真正变成自己的东西，或者融入自己的知识体系，费曼学习法告诉我们，复述完后要回顾。回顾的目的是反思，从讲给别人听的输出过程中发现自己的薄弱点，不断弥补，不断修正，不断强化，不断总结，日臻完善，直至可以再一次输出。

比如，《关雎》中诗人的情感是如何变化的？由男子对女子的思念与追求，到求而不得的忧思与痛苦，再到想象中的欢聚与愉悦，这个过程在短短 80 个字中是如何体现的？突破点就在几句关键的诗句："窈窕淑女，君子好逑"讲河边邂逅，一见钟情；"寤寐求之""辗转反侧"讲求之不得，相思之苦；"琴瑟友之""钟鼓乐之"讲幻想

相爱，欢快热闹。抓住了这几句话，男子的"执着追求不强求、尊重对方不冒犯、情趣高雅始终如一"的形象跃然纸上，也才能真正理解孔子对《关雎》"乐而不淫，哀而不伤"的评价。

费曼说"好东西太多，也会消化不良"，因此，必须要将所学内容进行"内化"。内化的前提是简化和提炼，不是学得越多效能就越高。在前面回顾和反思的基础上，很有必要将知识条理化、简化，以便将所学内容整合到自己的知识系统中，为我所用。

《关雎》和《蒹葭》所呈现的知识点比较多，涉及字词等基础知识、翻译断句等文言知识、节奏韵律等诗歌知识，还有人物形象、表现手法、主题思想等，怎样把这些内容内化吸收呢？这就需要筛选、简化，看看哪些知识是最重要的，是自己最需要的，把它留下来。

在初中古诗词教学中运用费曼学习法，引导学生从被动接受知识转向主动学习、构建和传播知识，不仅能够让学生深入理解和掌握古诗词内容，达到高效且富有乐趣的学习体验，有利于提高学生对古诗词的鉴赏水平，更使他们感受到中华优秀传统文化强大独特的魅力和感染力，给学生种下了继承和传承中华优秀古诗词等传统文化基因，提升了学生的语文素养。语文教师只要积极探索费曼学习法在课堂教学中的定位，创造性地在古诗词教学中实施费曼教学法，一定会取得更好的教学效果。

参考文献：

[1] 尹红心，李伟.费曼学习法[M].南京：江苏凤凰文艺出版社，2021.

[2] 潘邦飞.高职院校形势与政策课程"目标导航四驾齐驱"教学模式研究[J].吉林教育，2018（31）：46-47.